西北政法大学学术文库

民法上的人与物之支配

张翔 著

法律出版社

总　序

大学之学，大道之学。大学是一个学术中心，以学术为本位。学术水平反映出当代大学的办学水平，学术创新是大学的使命。当代中国“是一个需要理论而且一定能够产生理论的时代，是一个需要思想而且一定能够产生思想的时代”。这样一个时代，对于学术、对于学人，都是幸事。一切有理想、有抱负的哲学社会科学工作者都应该立时代之潮头、通古今之变化、发思想之先声，积极为党和人民述学立论、建言献策，担负起历史赋予的光荣使命。在这样一个时代，法学研究者要抓住这种机遇与使命，潜心科研、勇于担当，有理论勇气去瞄准国家治理领域的一些重大政治、法律命题，进行长期研究。

2017 年 5 月 3 日，习近平总书记在中国政法大学考察时强调，没有正确的法治理论引领，就不可能有正确的法治实践。高校作为法治人才培养的第一阵地，要充分利用学科齐全、人才密集的优势，加强法治及其相关领域基础性问题的研究，对复杂现实进行深入分析、作出科学总结，提炼规律性认识，为完善中国特色社会主义法治体系、建设社会主义法治国家提供理论支撑。这就要求法学研究者要着眼现实，聚焦问题，不断创新理论，研究真学问，深入研究和回答我国发展和我们党执政面临的重大理论和实践问题。

西北政法大学办学历史悠久，文化底蕴深厚，脚踏黄土，扎根西北，从抗日烽火硝烟中我党创办的陕北公学和延安大学，到社会主义革命时期和建设时期的西北人民革命大学、西北政法干部学校、中央政法干校西北分校、西北政法学院，再到改革开放新时期的西北政法大学，具有82年办学历史、61年本科教育历史、40年研究生培养历史，是新中国法学教育“五院四系”之一，被誉为国家法学教育和法治人才培养重要基地、西北地区法学教育法学研究中心、陕西省重点建设的高水平大学。

“西法大人”始终传承的红色育人基因决定了我们始终坚持解放思想、实事求是、与时俱进，坚持以马克思主义为指导的思想；身居黄土文化的中心区域造就了我们始终坚持朴实、自然、厚重的作风；悠久的办学历史铸就了我们始终坚持“严谨、求实、文明、公正”的校训。

学校崇尚学术创新，坚持问题导向，积极服务国家战略和地区经济社会发展需求。积极融入“一带一路”建设，致力于构筑丝绸之路法学理论研究创新高地和法治文化交流传播的重要阵地。近年来，学校采取一系列改革措施，大力引进高水平人才，激励教师广泛开展科学研究，取得了显著的成果。《西北政法大学学术文库》是我校法学学科优秀研究成果的一个展示，是我校一个个法学研究者秉灯夜烛的果实，是法学研究者投身于实践、徒步于田野、潜心于书斋的结晶，是不断在实践和理论上进行的新探索。尽管还存在诸多不足，但衷心希望我们的努力能够在法学研究的浩瀚海洋里留下一些涟漪，能够些微地回答“我国发展和我们党执政面临的重大理论和实践问题”，能够更好地服务社会，能够为完善中国特色社会主义法治体系、建设社会主义法治国家作出我们“西法大人”的贡献。

文库新一批图书出版之际，特作此序。

杨宗科

2019年10月23日

序　言

本书的第一部分，讨论个人法律人格。

随着家庭在氏族社会内部的出现，家庭身份便与氏族成员身份相互对峙，呈现出其最初的“私法人格”属性。在古代罗马国家，私法人格与家庭身份相互融合；公法人格与私法人格之间的关系，本质为国家公权与家长权的动态对峙。及至近、现代社会，随着理性哲学的兴起以及私人领域“社会”与“家庭”的分化，由于公法人格与私法中的社会人格具有共同的理性基础，在民法中被冠以“人格”的称谓，而私法中的家庭人格则因其妥协、包容的特性，掩盖了法律人格的理性基础，被民法从“人格”的概念中剔除，“人”“身”两立的格局从而形成。相应地，人格与家庭身份遂成为近、现代私法领域人之存在的两种截然不同的状态。近代大陆法系的伦理法律人格，起源于西欧中世纪时期世俗人格与宗教人格的分立。在这种分立的基础上，世俗人格与宗教人格各自所孕育的契约社会组织手段与平等性的观念，在商业城市中与资本主义生产关系相互结合，在导致“市民”“商人”的人格形态产生的同时，也导致了西欧中世纪时期的商业城市由“经济特区”向“政治特区”的转变，最终终结了封建制度的采邑割据所导致的人格的区域性，促成了绝对君主制民族国家的建立。在民族国家内部，商业资本的政治要求与血缘的政治特权之间的社会矛盾，则为以契约方式重构一个人格平等社会的政治主张，即为近代自然法思想的产生与发展提供了现实的基础。因此，追溯并考察近代资本主义生产关系的最初萌芽——中世纪商业城市中人与人之间关系的特征及其在封建社会之下的要求，对于我们理解近代大陆法系人格制度之建立的社会背景，进而理解近代大陆法系人格制度本身，具有重要的意义。

在我国民法典的制定过程中，一个富有争议的立法问题，就是如何设计并制定人格的法典化保护。从上述关于近代大陆法系法律人格演进的历程可知，民法典中的人格权，是一项实证法上的民事权利，且民法典通过人格权对人格利益所施加的保护，是一种"人之权利保护"。在诸种人格之保护的法典化模式选择的学说中，只有"独立成编说"才会导向人格权在民法典中的确立。由我国民法上人的基础以及民法典的使命所决定，我国民法具备人格权独立成编所需要的人格权客体外在化条件。独立的"人格权编"应当按照支配权的法典化模式来构建，即立足于人格权宣示及人格支配，至于人格保护规范则应纳入未来民法典中的"侵权责任编"。独立的"人格权编"还需要明确界定人格权客体的边界，按照"权利侵权"的模式来构建人格权的救济方式。

本书的第二部分，讨论团体法律人格与商事法律人格。

团体是基于团体纽带将若干成员联结而成的共同体。团体纽带主要为血缘与契约两大类型。其中，血缘团体的代表即为家庭。罗马法上由家父所有的财产，本质上是家庭财产，即家产。家父所有制不过是实现财产家庭所有的法律技术。这一法律技术以家庭团体中家父人格的单一性为基础。相应地，以成员法律人格的多元性为特征的古罗马合伙团体，则衍生出合伙人共有的团体财产结构。在近代个人主义观念之下，共同共有概念的确立，标志着个人伦理法律人格在团体中的崛起。因此，是否奠基于团体生活关系、是否蕴含团体生活对于个人财产自由之限制的理念，是共同共有与按份共有的根本区分点所在。契约团体首先是一种事实上的存在，其自然地呈现出"对外单一、对内复多"的事实属性。法律规范对于契约团体事实属性的作用，表现为从“干预”到“重构”的历史进程。其中，“干预”是指法律规范对于团体事实属性逐项环节的人为确认或者阻却；“重构”则是指法律规范在以“权利能力”概念为基础的团体法技术框架之下，对团体事实属性的重新组合。相应地，法律规范对于契约团体与个人的类比思维，也便历经了从“比喻为人”到“拟制为人”的两个阶段。以“法人拟制”与“权利能力”为起点的“重构”，导致了契约团体的事实属性与规范属性的断裂。因此，法学在关注团体法律规范的同时，更需要关注团体的自然状态与运作机理。

商事法律人格与商业登记密切联系。商业登记制度的公示意义，蕴含着营业自由的价值基础。在奉行“民商分立”立法模式的国家如法国和德国，商人资格的取得，意味着“商法之适用”，而不意味着“商事经营资格”的取得。其中，“商法之适用”在涉及第三人关系时，以商业登记为条件；“商事经营资格”则纯属营业自由的范畴。因此，商业登记的公示技术，系立足于法律行为与自己责任的一般规则之上，通过公示“适用商法的特殊事实”，以期达到排除民法一般规则之适用的目的。我国商业登记制度中“行政监管”观念对于“商业公示”意义的湮没，恰恰归因于“营业自由”观念的缺失。由商业登记的公示意义可知，自然人的“商事能力”无需商业登记来确认或者拟制，将商业登记作为自然人从事经营活动的正当性的基础，其理由不能成立。因为自然人固有的权利能力以其伦理属性为基础，自然人的行为能力则以其心智水平为基础，所以自然人的民事能力本身便蕴含着成为商事主体、从事商业经营活动的能力。自然人的商业自由源自其固有的民事能力以及私法上的意思自治原则，并且贯穿了独资企业、合伙企业与法人企业，构成了现代商法中商事主体制度与商业登记制度的基础。以“未经登记，不得从事经营活动”为指导思想的商业登记制度，必将在湮没商业自由的同时，导向由准则主义向核准主义的异化。

本书的第三部分，讨论人对物的支配事实与法律构造。

占有是物权的起点。在不具任何法权因素的纯粹占有中，包含了物权法的全部最为基本的特征：意志性、支配性和排他性。虽然物权法以理性的权利设计，取代了占有的事实要求，而成为支配方式的核心，但是占有在物权法中的重要角色并未因此丧失。相反，占有构成物权实现其支配性和排他性的基础。

对于物之支配事实进行法律调整，所面临的第一个问题是物权规范诸范畴与物之支配事实的对应关系。由于物之支配是人的意志对物的支配，意志及于物上的载体有二：一是占有；二是物权。于是物之支配可以区分为物之事实支配与物之权利支配。排他性是物之支配的规律性要求：在物之事实支配中，排他性表现为支配的现实性之争；在物之权利支配中，排他性则表现为支配的正当性之争。事实支配与法律正当性的结合，导致了正权原占有在权利层面具有了对世性；事实支配与法律正当性的分立，则衍生出物权请求权。对于物之支配事实进行法律调整，所面临的第二个问题则是支配事实的多样性与物权法定主义的协调。在罗马法上，当役权从所有权中分离出来，而具有了他物权的性质的时候，物权法定主义便随之确立。由此，物之支配利益的多样性与物权法定主义之间的矛盾就产生了。为了协调社会需求与法律需要之间的矛盾，罗马法向我们展现了诸如详尽细化、适度抽象等一系列物权法定主义的役权法律技术。这些法律技术促成了罗马法役权基础上用益物权体系的建立，为近代大陆法系民法所借鉴，并对我国物权立法具有启迪意义。

将上述物之支配的基本规范向物权变动问题上进行推演，得到的结论则是：物之支配的本质，是人的外在化意志对物的支配。但以法律事实为实证，以物之行为支配为公示的物权，其外在化意志对物的支配却发生断裂。为此，限制物上意志对峙中既存意志的排斥力，成为物权变动理性判断的必然选择。意思主义和折衷主义均以蕴含双重理性意义的合意为基础，而形式主义则以独立的物权合意作为物权变动的理性基础。

本书的第四部分，讨论让与担保与典制、遗失物返还请求权诉讼时效及公物物权。

首先，让与担保作为一种以担保为目的的让与交易，其担保机制系来自于担保财产与担保人责任财产之间的分离。因此，让与担保交易的存在与实现，是在民法的一般规则下进行的，而不以物权法典的特殊规定为条件。物权法典对这种交易的特别规制,本质是强调当事人的担保目的,控制当事人的交易风险,并部分地阻却民法一般规则的适用。然而,物权法典对于这种交易风险的阻却,需要以担保意思之公示作为操作的平台。或是由于让与担保交易的公示困境,或是由于既有公示制度的存在,使这个制定法的操作平台无法建立或者无需建立。因此,让与交易中当事人的担保意思不应提升到制定法的层面,而应在个案中予以关注。上述让与担保所蕴含的"所有权担保"的机理,对于认识我国传统典制富有启迪意义。在不存在抽象的所有权观念及其所派生的归属与支配的分离观念的社会,物之归属乃是商品交易中信用的物上担保的载体。这种物上担保形式在我国传统社会中表现为活卖,而典制则与活卖同其性质。民初立法割裂典制与活卖的联系而将典权定位为用益物权、将绝卖的后果绝对化的典制重构,蕴藏着立法思想上的缺陷与立法技术上的内在矛盾。我国《物权法》颁布后,典制可得回归其担保交易的功能,并作为"所有权担保"的载体,在我国社会经济生活中发挥作用。

其次,遗失物返还请求权诉讼时效问题,源自《民法总则》第196条将"未经登记的动产物权返还原物请求权"纳入诉讼时效的适用范围,由此产生出该条规定与《物权法》第107条之规定的关系问题。将《民法总则》第196条的规定叠加在《物权法》第107条之上,所表现出的失主的未经登记的遗失物返还请求权规则为:失主对拾得人的返还请求权,适用诉讼时效期间;遗失物的受让人及次受让人享有前手的诉讼时效抗辩权;受让人具备善意取得的一般要件,适用《物权法》第107条的规定,但是失主在该条所规定的期间内主张权利的,适用诉讼时效期间;受让人不具备善意取得的一般要件,适用诉讼时效期间,且遗失物的转让行为应具有导致诉讼时效中止的效力。上述解释表明,在遗失物返还问题上,善意受让人并未享有比恶意受让人更大的法律期间利益,即出现了法律漏洞。其弥补方法有三:或是将物权请求权排斥于诉讼时效的适用范围,或是大幅度延长物权请求权的诉讼时效期间,或是将遗失物排除于善意取得的适用范围。

最后,对于以海域为代表的"公物"物权的探讨,有利于我们理解"公物物权”与民法上“私物物权”的机理差异。自罗马法以降,海洋即具有“公物”属性。国家领海主权与国家海域所有权的出现,亦未改变海洋的“公物”属性。由这一属性所决定,海域用益物权的法理基础,不可能建立在国家海域所有权的“权能转移”基础之上,而只能建立在海洋资源的保护与合理利用的公共利益基础之上。由此出发,海域用益物权制度的构建,应通过严格法定主义原则,来适应明确界定公共利益范围的法治要求;在海域用益物权合同的订立中,国家不享有承诺自由,并且合同的相对性原则应受到第三人利益的限制;将海洋渔业养殖许可与海域用益物权相割裂,将前者视为一种资质许可的观点,不能成立。

目录

第一章　近代个人伦理人格的形成及其成文法保护 /1

第一节　家庭身份的私法人格底蕴及其历史演变 /1

一、家庭身份的产生及其与氏族身份的对峙 /1

二、作为私法人格的家庭身份及其与公法人格的对峙 /4

三、"人""身"两立格局的最初理论根源 /8

四、近代、现代民法中"人格人"之间的家庭身份关系 /14

五、结语：人格与家庭身份是人之个体存在的两种不同状态 /17

第二节　西欧中世纪人格秩序与近代大陆法系伦理法律人格 /19

一、背景：世俗法人格与教会法人格的二元划分 /19

二、萌芽：世俗社会中的契约与宗教世界中的平等 /23

三、传承:由"商业特区"到"政治特区"的中世纪商业城市 /27
四、发展:中世纪商业城市对于近代伦理法律人格之形成的意义 /34
第三节 民事权利的法律技术与人格保护的民法法典化模式 /40
一、民事权利的民法保护模式 /41
二、人格保护法典化模式选择的法律技术分析 /42
三、"人格权编"与人格权客体外在化 /44
四、"人格权编"与支配权法典化模式 /47
五、"人格权编"与人格权客体范围的界定 /50
六、结语 /55
第二章 团体事实与团体规范 /56
第一节 团体中的共有及其法律技术演进 /56
一、"家庭之产"与"家父之产":罗马法家庭财产观念之考察 /56
二、家庭与合伙:罗马法团体财产权利构造的法律技术之考察 /59
三、"共同共有"观念的确立与个人伦理法律人格在团体中的崛起 /63
四、余论:我国《物权法》共同共有与按份共有界分点之辨析 /66
第二节 契约团体事实属性与规范属性间的断裂与弥补 /70
一、契约团体的客观性及其自然状态 /70
二、"比喻为人"的法人观念:法律规范对于契约团体事实属性的阻却与认可 /76
三、"拟制为人":法律规范对于契约团体事实属性的重构与颠覆 /81
四、结语 /89
第三章 商事主体的民事能力 /94
第一节 商业登记与营业自由 /94
一、商业登记与"商事主体资格""商事经营资格"关系之辨析 /94
二、商事组织体之"商业登记"的必要性分析 /98

三、我国商事组织法上商事登记制度之检讨 /103
第二节 自然人的民事能力在商业经营中的基础地位 /105
一、商业登记的“商事主体资格确认说”及其质疑 /105
二、自然人的“民事能力”与“商事能力”关系之辨析 /107
三、商业自由原则的确立及其在现代商事主体法中的基础地位 /110
四、结语：商业自由与我国商事主体制度的现代化 /115

第四章 占有与物权 /118

第一节 意志支配于物的两个载体 /119
一、先法权关系时代的物之占有 /122
二、从占有到物权：物之纯粹占有扬弃的结果 /125
第二节 占有在物之物权支配中的地位 /127
一、物之使用价值支配中的占有 /127
二、物之价值支配中的占有 /129
三、占有在物之物权支配排他性中的地位 /131
四、结语 /135
第三节 支配于物的权利诸范畴之事实考察 /136
一、物之支配的排他性：支配事实之争与支配正当性之争 /136
二、法律正当性与事实支配的结合：正权原占有的法律对世性 /140
三、矫正不具正当性的事实支配的法律工具：物上请求权 /143
四、对于物权立法的若干反思 /149

第五章 支配事实与物权制度 /155

第一节 支配利益与物权法定主义
——以罗马法役权制度为角度 /155
一、物之支配利益与物权法定主义之要求 /155
二、物权法定主义之实现：寻求支配利益多样性与物权类型化之间的平衡点 /157
三、罗马法役权制度上协调人的利益的多样性与物权法定主义的法律技术 /161

四、抽象化的役权：近代民法对于罗马法役权技术的沿袭与改造 /163
第二节 论物权变动的理性基础及其实现 /166
一、物之支配的一般理性规则 /166
二、物权的实证与物权的公示 /168
三、物上既存意志的排斥力及其限制 /173
四、意思主义与折衷主义：合意的双重理性意义与“不可对抗” /175
五、“形式主义”立法例理性基础的辨析与质疑 /180
第六章 让与担保及其视野下的典制 /188
第一节 让与担保交易的机制及其与物权法典的关系 /188
一、形式上的“让与”与目的上的“担保” /188
二、“创设”还是“加工”：让与担保的机制与物权法典的调整目标 /190
三、公示困境：让与担保风险控制的可行性分析 /193
四、相得益彰还是弃优逐劣：让与担保登记与固有登记制度的关系 /198
五、结语：让与担保交易中的担保目的不应提升到制定法的层面 /202
第二节 典制习惯及其在成文法上的重构 /203
一、从人身到财产：信用之保障形式的嬗变 /204
二、罗马法与中国固有法：作为他人物上支配前提的物之归属观念的比较 /206
三、“活卖”与“出典”：以物之归属为载体的物上担保 /210
四、“用益物权”与“即取得所有权”规则：民初制定法中的典制 /215
五、“典卖分离”还是“典卖合一”：我国民法典权制度的设计 /219
六、结语 /224

第七章　遗失物视角下的无权占有与诉讼时效 /225

第一节　无权占有之返还制度与相关法律制度的关系辨析 /225

一、引言：无权占有之返还制度 /225

二、“无权占有”之返还与“不当得利”之返还的关系辨析 /226

三、“无权占有”之返还与“无因管理”的关系辨析 /231

四、拾得遗失物：“无权占有”与“不当得利”“无因管理”之关系的实证分析 /233

五、结语：从立法研究到体系解释研究 /235

第二节　遗失物返还请求权的诉讼时效 /236

一、引言及问题的提出 /236

二、对《物权法》第 107 条规定的法律期间的逻辑分析 /238

三、《民法总则》第 196 条与《物权法》第 107 条关系的逻辑分析 /242

四、法律漏洞：遗失物善意受让人与恶意受让人的法律期间利益比较 /247

五、结语 /250

第八章　海域使用权视角下的公物与用益物权 /252

第一节　对海域公物属性的古今考察 /253

一、罗马法之考察 /253

二、国际法之考察 /256

三、行政法之考察 /257

第二节　海域用益物权客体化的法理基础分析 /260

一、私物与公物：用益物权逻辑的差异 /260

二、公物用益物权上的物权法定主义与《海域使用管理法》 /263

第三节　海域的公物属性对海域用益物权设立行为的约束 /266

一、海域的公物属性与民法用益物权原理的内在冲突 /266

二、公物支配自由对民法用益物权原理的介入 /267

第四节 《渔业法》与《海域使用管理法》的协调问题 /272
一、对“两次授权”观点的质疑 /272
二、海域渔业养殖与资质许可 /274
参考文献 /277

第一章　近代个人伦理人格的形成及其成文法保护

第一节　家庭身份的私法人格底蕴及其历史演变

近代、现代大陆法系民法中的人格观念，源自古罗马法，是古罗马国家用以取代氏族社会的血缘纽带，进行社会组织的法律工具。然而，早在国家之前便已经产生的家庭及家庭身份，同样具有对社会组织的功能。于是，国家公权与家长权、政治国家与市民社会、公法与私法以及家庭领域与经济领域的诸多关系问题，均以人格与家庭身份的关系为基点，随着社会的发展而逐次展开。在这个历史发展的背景之下，在相互映衬和比照中对人格与家庭身份的关系加以把握，有利于我们了解人在私法中的存在状态，并揭示民法“人身关系”所蕴藏的丰富的内涵。

一、家庭身份的产生及其与氏族身份的对峙

在人类社会的幼年时代，由于个体的力量相对

于自然界的单薄无力,个体的人只有在团体当中,才能够生存下去。团体之存在,必须依赖于一个特定的、能将各个个体连接在一起的纽带。这个纽带,最初只能是天然的血缘关系。由血缘所连接而成的早期人类的团体,即为氏族。“氏族就是一个由共同祖先传下来的血亲所组成的团体,这个团体有氏族的专名以资区别,它是按血缘关系结合起来的。”①在氏族的初期,集成员之合力寻取食物,以保障成员之生存与氏族之延续,无疑是氏族的首要目标。在此目标下,氏族成员取得的食物,必须在氏族内部由成员共同占有和支配,从而分散饥荒的风险。这种氏族原始共有的经济模式,折射出氏族团体的经济职能。与此同时,氏族的经济职能,又衍生出内部经济活动的管理、组织以及对外防御乃至对外掠夺的公共事务职能,即政治职能。

由此可见,早期的氏族团体集经济职能与政治职能于一身,而成员个体基于氏族的血缘身份,成了氏族经济活动与政治活动的直接参与者,即氏族政治与财产权利的享有者。如果我们将“人格”定义为“作为特定社会的成员,并根据该社会中的法律(包括习惯法)而享有权利、承担义务的资格”的话,那么氏族身份无疑具有“人格”的意义。因此,在人格最初的蕴义中,其与“氏族身份”是融为一体的,且“政治人格”与“经济人格”也是融为一体的。

上述融“政治人格”与“经济人格”为一体的氏族人格现象,与这个时期的婚姻形式密切相关。在家庭出现之前,婚姻只是一种单纯的男女结合。其受人类自然欲望的驱使,并满足自身繁衍的需要。除此之外,并无其他目的附着于婚姻之上。在族内通婚成为禁忌之后,取而代之的族外婚制,仍然以配偶的不固定、不排他性作为当时婚姻习俗的特征。这意味着,此时不可能产生足够强大的动因,在氏族这个大的血缘团体之下,形成一个更小、更为紧密的近亲血缘团体——成员之个体。成员之个体是

① [美]路易斯·亨利·摩尔根:《古代社会》,杨东莼译,商务印书馆1977年版,第62页。

组成氏族团体的基本单位。①

最终在氏族成员与氏族之间形成的那一道真正的屏障，来自对偶婚制向专偶制婚姻的转变。随着剩余财产的出现，这些新增财富的创造者——氏族的男子，成为这些财富的占有者。这些财富首次“把在氏族时代睡眠了的个人（Individual）唤醒了，把他从熟悉的环境中，和田园的和平与隆盛的社会中引导了出来”。② 在了解到父亲与子女在生理上的联系之后，将财产传给子女来继承，便成为这个时期氏族男子最为强烈的愿望。在这个愿望的驱动下，“有了一点可观的财富的男人，就不再到妻子的母亲家里为妻子服劳役了。他就从他的亲属家中把她买来，她必得离开自己的家和氏族而到他的房子里居住……加入丈夫的氏族，共有丈夫的家庭与姓氏”。③ 这一变化的影响是深刻的。随着以父亲的血缘作为氏族纽带的父系氏族逐步形成，为了清晰父亲的血缘关系，从而使氏族的范围得以确定，并保证父亲的财产能够由“自己的”子女继承，配偶间的性关系，尤其是针对女性而言，产生了排他性。于是，在氏族内部，“家庭”出现了。这是一个坚固的近亲血缘堡垒，其取代了氏族的个体成员，而成为氏族的基本单元。在这个堡垒的内部，丈夫、父亲行使着最高的统治权——妻子是“专属”于丈夫的，子女同他们的母亲一样，隶属于父亲

---

① 氏族社会的对偶婚制，就是对上述判断的一个良好的注释。“在食物不甚丰足的地方，小团体比大团体较易获得生活品，而且籍亲切的关系、柔弱的幼儿的要求而结成的团体，比之不负责任的集群，更易于协力求食。”（参见［美］顾素尔：《家族制度史》，黄石译，开明书局1931年版，第14页。）基于此，以配偶相对固定为特征的“对偶婚制”，遂在氏族内部出现。然而，由于对偶婚制的形成，乃是出于获取食物与抚养子女的“自然”需要，而不是以厘清子女父母双方的血缘关系为目的。这种婚姻习俗也并不排斥偶婚的男女与他人的同居，因此对偶婚制之下的“丈夫”，并不把孩子当成自己的财产，也没有命令孩子的权力——孩子是他“妻子”及其兄弟的财产，对于孩子的权威来自于孩子的舅舅——其与孩子的关系只是感情上的关系，这种感情仅仅产生于与孩子及其母亲在对偶婚制下的共同生活。（参见［英］伯特兰·罗素：《婚姻革命》，靳建国译，东方出版社1988年版，第11、114页。）事实上，按照马里诺夫斯基的研究著述，当时的人们并不知道“父亲”在孩子的出生上所扮演的生理角色。（参见［英］伯特兰·罗素：《婚姻革命》，靳建国译，东方出版社1988年版，第11页。）因而，这种婚姻秩序并“没有建立一种亲属制度”，即不能导致家庭的产生。氏族成员作为氏族社会的基本单位的地位，并没有因此而改变。（参见［美］路易斯·亨利·摩尔根：《古代社会》，杨东莼译，商务印书馆1977年版，第25页。）

② ［德］F. 缪勒利尔：《家族论》，王礼锡译，商务印书馆1990年版，第117～118页。

③ ［德］F. 缪勒利尔：《家族论》，王礼锡译，商务印书馆1990年版，第179页。

的权威之下。丈夫、父亲作为家庭的“代表人”，参与氏族活动，而妻子的活动领域，仅仅局限于家庭事务与子女抚养，“她从前在丰腴的田地上的自由就丧失了，逐渐地被限制在屋子里……失去了对粮食的命令，对孩子的权力，在会议中的声音……她们的命运就这样的封闭了好几千年”。①由此可见，家庭的产生，是婚姻在其固有的自然属性之外，承担起了维持家庭私有财产之使命的结果，其“不是以自然条件为基础，而是以经济条件为基础，即以私有财产战胜原始的自然生长的共有财产的胜利为基础”。②

随着家庭承载起维持私有财产的使命，“家庭身份”的权利、义务配置作用——人格意义——便凸显出来。详言之，氏族内部家庭的产生，不仅意味着氏族原先所承担的经济与政治的双重职能发生了分立，即氏族仅保留其政治职能，成了一个纯粹的政治组织，而其经济职能则让位于家庭，而且还意味着原先统一地附着于“氏族成员身份”之上的“政治人格”与“经济人格”也随之分立，即前者继续与氏族成员身份相联系，后者则与氏族成员身份相分离，转而附着于“家庭身份”之上。从此，氏族中的人开始具有了双重属性：作为“氏族中的人”，其人格意义在于政治领域，具有公共性、社会性；作为“家庭中的人”，其人格意义则在于经济领域，具有封闭性和私人性。由此可见，在家庭身份产生之初，其便具有确立主体资格、界定权利义务的人格意义。

二、作为私法人格的家庭身份及其与公法人格的对峙

最初的罗马政治国家，是在部落联盟的基础上建立起来的。作为氏族的联合，部落联盟的政治体制，是以氏族的血缘纽带为出发点的：氏族成员的身份，乃是参与部落联盟政治生活的基本前提。这种以血缘为基础的政治体制，恰恰是氏族社会难以适应后来社会生活变迁的

---

① ［德］F. 缪勒利尔：《家族论》，王礼锡译，商务印书馆1990年版，第179页。
② 恩格斯：《家族、私有财产及国家的起源》，张仲实译，三联书店1949年版，第68页。

关键所在。① 由于作为当时政治组织基础的氏族血缘，在新的社会现实面前所表现出来的狭隘与无力，冲破氏族血缘关系的纽带的束缚，而代之以一种更为包容、有力的政治组织形式，成了时代的要求。这种崭新的政治组织形式，就是国家。国家“奠基于地域和财产两者之上，它必须通过人们的地域关系来和个人打交道”。② 其挣脱了氏族血缘的束缚，摧毁了横亘在个人与社会之间的血缘屏障，从而直接与个人发生联系，使之摆脱了氏族成员的身份，转而成为国家的组成者，即“公民”。由国家来取代作为一种政治组织的氏族，这是一种人类社会政治职能载体的变迁。与之相适宜，氏族时期附着于“氏族身份”之上的“政治人格”，转而附着于“公民”身份之上——作为公民，国家中的人无须再依赖其所隶属的氏族血缘关系，即可直接拥有相应的法律地位，享有并承担各种权利、义务，如享受自由、参加公民会议、担任国家公职、拥有财产、与公民通婚、订立遗嘱、入伍服役等。

与此同时，在这场历史的变迁中，那个原先已经成为氏族之基本组成单位的近亲堡垒，即父权制家庭，却保留了下来。如前文所述，当父权制家庭在氏族内部生成之时，氏族的经济功能，就已经被以财产的私有制为基础的家庭所取代。因此，国家取代氏族成为政治组织者的事实，不可能影响到家庭的延续：家庭的经济基础（财产私有制）并未发生改变。男子

---

① 由于人口流动、迁徙的日趋频繁，在氏族、部落的领地，混居着的外来者、未能进入当地部落联盟的衰败氏族的成员以及被释放的战俘等人员的数量越来越多。古罗马氏族社会末期，“国人”（populus，氏族成员）与“平民”（plebeians，无族籍人）的分立，正是这种混居现象的反映。在强调“庇护权”的当时罗马社会，氏族、部落对于这些外族人的定居并未采取排斥态度，“这些移民在‘王’的保护之下，获得一小份土地，从而形成一个低下的农民阶级”。（参见［意］朱塞佩·格罗索：《罗马法史》，黄风译，中国政法大学出版社1994年版，第65页。）事实上，这些无族籍人已经构成了当地社会的组成部分，并且与氏族成员一样，对于当地社会有着共同的利益。在罗马，国人与平民，均承担着兵役义务，并被编入军籍。（参见［美］路易斯·亨利·摩尔根：《古代社会》，杨东莼译，商务印书馆1977年版，第322页。）然而，在以氏族血缘为基础而构建的部落联盟的政治体系下，这些无族籍人却不能被纳入到政治生活当中，其人身与财产得不到保护，因而始终游离于社会的边缘。在这种背景下，当时罗马一度出现了“靠客”现象，即无族籍人认氏族成员为“靠主”，并通过靠主所属的氏族，寻求政治权利与人身财产上的保护。（参见［美］路易斯·亨利·摩尔根：《古代社会》，杨东莼译，商务印书馆1977年版，第324页。）

② ［美］路易斯·亨利·摩尔根：《古代社会》，杨东莼译，商务印书馆1977年版，第264页。

依然是家庭的经济支柱,其对于妻子、子女的支配欲望与支配能力依然存在。反过来讲,外在于政治领域的家庭,也不会为国家的建立造成障碍。"最初的罗马国家为了瓦解那些最可怕的较大(血缘)团体,不仅想保留而且想巩固那些不大令人担心的较小(血缘)团体的独立性和势力。"①于是,在国家击破了氏族血缘的链条而成为一种新型的政治组织形式的同时,以近亲血缘为纽带的家庭,也跨越了氏族的阶段,与国家形成对峙。

对于人之个体而言,这种对峙意味着氏族中人的双重属性("氏族中的人"与"家庭中的人")在国家中依然存在("国家中的人"与"家庭中的人")。一方面,作为"国家中的人",人之个体隶属于国家,享受并承担政治上的权利与义务。由于国家是一个统一社会的组织者,因此在国家中,人之个体是直接作为国家组成的基本单元的——在这里,国家"把'家父'和'家子'从个人角度视为具有平等权利的市民"。② 另一方面,作为"家庭的人",个人同时隶属于家庭。在罗马共和国早期,家父作为私法上的"自权人"(sui juris),其拥有家庭的一切财产,有权订立遗嘱,并享有诉权。相应地,家父之妻与家子作为"他权人"(aliana juris),则不得享有上述权利,而须置于家长权与夫权的支配之下。家长对子女有生杀、出卖之权,对妻子也有委付予他人的权利——"家属终身在家长权的支配下。家长得监禁之、殴打之、使作苦役,甚至出卖之或杀死之;纵使子孙担任了国家高级公职的亦同"(《十二表法》第四表第 2 条)。③ 根据罗马法,不仅家庭身份的不同,会直接决定着家庭中的权利义务的不同,而且家庭身份的变化,也将引起家庭中权利和义务发生变化。例如,罗马法上的收养行为,即使被收养者在原先为自权人,在收养之后基于新的家子身份,也将成为他权人;又如在有夫权婚姻中,女性基于由"女儿"到"妻子"的身份的变化,其转而受到丈夫或者丈夫的家父的家长权的统治,而原先本家的

---

① [意]彼德罗·彭梵得:《罗马法教科书》,黄风译,中国政法大学出版社 1992 年版,第 115 页。

② [意]彼德罗·彭梵得:《罗马法教科书》,黄风译,中国政法大学出版社 1992 年版,第 115 页。

③ 《十二表法》,载周枏、吴文翰、谢邦宇:《罗马法》,群众出版社 1988 年版,第 365 页。

家长权则归于消灭。[①] 这种被称为“人格小变更”(capitis deminutio minima)的制度,将罗马法上家庭身份的法律人格意义,揭示得淋漓尽致。

将上述人的双重属性放置在罗马国家“公法”与“私法”相互分立的背景之下加以考察,我们可以发现,罗马法上的“人格”一词包括了“公法人格”与“私法人格”两个方面的含义。其中,“公法人格”为人在国家中的地位,即“公民”,而“私法人格”则是指人在家庭中的地位,即“家庭身份”。如果说公法领域的基本组成要素是个人的话,那么在私法领域,其基本单元则是家庭。私人参与私法活动所必需的权利,是被纳入到家庭的框架之下来予以确定的。除过家父可得对外进行民事交往之外,其他的家庭成员,则被限制于家庭这个堡垒之内。“在整个真正的罗马时代,罗马私法就是‘家父’或家长的法。”[②]由此可见,在罗马法中,“公法人格”是以地域、财产等身份要素作为基础的,“私法人格”则是以家父、家子等身份要素为其基础。换言之,在古代罗马时期,身份即人格,人格即身份。人格或者身份只有“公法”与“私法”的性质差别,而不存在近、现代民法中“人格”与“身份”彼此之间的区分观念。

值得指出的是,这种国家与家庭的对峙,并不是静止的。事实上,在这个对峙形成不久,家庭就开始面临国家的“渗透”。[③] 罗马共和末期,基于女子支配其嫁资,以及继承其父亲遗产之愿望,无夫权婚姻广为流行,以至于最终取代了传统的夫权婚姻,而成为唯一的结婚形式。[④] 与对夫

---

① 周枏:《罗马法原论》,商务印书馆1994年版,第121页。

② [意]彼德罗·彭梵得:《罗马法教科书》,黄风译,中国政法大学出版社1992年版,第115页。

③ 例如,罗马的“时效婚”(usus)古俗,即丈夫要在时效婚姻中取得对于妻子的夫权,他必须在一年内维持对于妻子的“占有”状态。倘若妻子在这个期间内,连续离家三日,则夫权不能发生。(参见[美]顾素尔:《家族制度史》,黄石译,开明书局1931年版,第153～154页。)在《十二表法》中,这个习俗得到了成文法的确认。(参见《十二表法》,载周枏、吴文翰、谢邦宇:《罗马法》,群众出版社1988年版,第367页。)值得玩味的是,在当时盛行夫权婚姻的社会背景下,时效婚这样一种“缺乏一切宗教的裁可,或庄重的仪式”的婚姻形式,在“贵族中并不通行”。(参见[美]顾素尔:《家族制度史》,黄石译,开明书局1931年版,第151页。)然而,这个古俗却在成文法中被明确规定,从而赋予了国家意志的色彩,这不能不理解为是国家对于婚姻关系的刻意引导。事实证明,这个打在夫权婚姻制度上的“楔子”,最终为夫权婚姻制度的瓦解,创造了契机。

④ 参见[美]顾素尔:《家族制度史》,黄石译,开明书局1931年版,第165页;[德]F.缪勒利尔:《家族论》,王礼锡译,商务印书馆1990年版,第285页。

权施予的限制相类似,《十二表法》在家父对于子女的出卖权上,也呈现出限制的端倪——“家长如三次出卖其子的,该子即脱离家长权而获得解放”(第四表第3条)。[①] 以此为出发点,大法官法进一步规定,家长出卖其女或孙一次的亦同。[②] 再后来卡拉卡拉(Caracalla)明确地将卖子为奴的权利,规定为“错误可鄙的”,直至戴克里先(Diocletian)根本取消了这种权利。[③] 此外,罗马法律在家长对于子女的生杀大权上,也历经了一个从限制理由、对象,最终到将“杀子”与“弑父”等价齐观的过程。[④]

罗马国家对家庭的渗透,本质为两个政治实体权力的消长,即国家主权对于家父主权的侵蚀。在原先家庭内部的那种支配与依附关系被国家限制乃至取消之处,人就自然地从阻断个人与国家的家庭屏蔽中脱离出来,转而与国家建立起直接的联系。相应地,人在家庭中所享有的权利与承担的义务,也就开始越来越多地来自其“国家之人”的资格,而非“家庭之人”的地位了。罗马共和国末期直至整个帝国时期所发生的国家向家庭的入侵,可以被视为20世纪上半叶那一场家庭变革的预演。

三、“人”“身”两立格局的最初理论根源

随着封建社会在欧洲大陆的形成,在以“土地分封”与“效忠契约”为基础的封建等级社会结构中,人之个体绝非社会的基本单位。个人仅仅是就其所在的等级领域而存在的,由契约的效力范围所限定,他仅仅是上一级领主所辖的社会的成员,而绝非一个“国家公民”——“在当时没有关于社会或领土幅度的意识,也没有民族的或国家的情绪”。[⑤] 产生于罗马国家的“公法人格”观念,已经销声匿迹。再就家庭关系而言,中世纪“家庭关系受到日耳曼人、凯尔特人以及西欧其他民族的传统民俗和惯习

---

① 《十二表法》,载周枏、吴文翰、谢邦宇:《罗马法》,群众出版社1988年版,第365页。

② 周枏:《罗马法原论》,商务印书馆1994年版,第151页。

③ [德]F.缪勒利尔:《家族论》,王礼锡译,商务印书馆1990年版,第288页。

④ 周枏:《罗马法原论》,商务印书馆1994年版,第151页;[德]F.缪勒利尔:《家族论》,王礼锡译,商务印书馆1990年版,第288页。

⑤ [美]汤普逊:《中世纪经济社会史》(上册),商务印书馆1961年版,第312页。

的统治”。[①] 这些民俗法仍然保留着氏族社会末期的家庭关系的烙印，如家长对于家庭成员的支配地位、限制妇女的财产权利等。尽管教会法将婚姻视为一种在上帝面前的两个人自愿结合的圣事，并给予女性一方相当多的保护，[②]但是由于这种来自教义观念上的改良，必须受制于当时社会的等级制结构，而不得不重视“婚姻与教会的和世俗的社会习俗和社会政策之间的协调”。[③] 与此同时，基督教义上，本身也存在上帝对于夏娃“你必须恋慕你的丈夫，你的丈夫必须管辖你”的训诫(《创世纪》第三章第16节)，因此教会法也必须承认，“丈夫是家庭的首脑，由于他自身的地位，他可以选择住所地，可以合理地纠正他的妻子，可以要求她履行与她的社会地位相符合的家庭义务”。[④] 由此可以看出，在欧洲封建社会时期，无论是教会法“婚姻神圣”的理念，还是上层社会优雅的贵族生活以及骑士浪漫的爱情，均无法掩饰未经过国家与人格的洗礼的中世纪家庭身份所具有的“原始的野蛮法律的苛刻性”。[⑤] 社会的领权割据以及人格观念的缺失，致使家庭身份得以在其固有的民俗法的轨道上平缓运行，而少受外力的牵引。

直到欧洲君主制民族国家建立之后，横亘在人之个体与国家之间的各级封建领主权的屏障被摧毁，古罗马时期个人与国家的直接联系则因而恢复。在此背景下，国家与人民之间的关系应当在何种模式之下来加以塑造？这个问题，由日益壮大的资产阶级所提出，并且通过近代自然法思想上体现了出来。近代社会国家人格与家庭身份之间的关系，也正是通过这个问题，得到了集中的反映。按照近代自然法的创始人胡果·格老秀斯的论断，“人追求宁静有序的共同生活，向往互爱。此外，认识和遵

---

① ［美］哈罗德·J. 伯尔曼：《法律与革命——西方法律传统的形成》，贺卫方译，中国大百科全书出版社1993年版，第274页。

② ［美］哈罗德·J. 伯尔曼：《法律与革命——西方法律传统的形成》，贺卫方译，中国大百科全书出版社1993年版，第277页。

③ ［美］哈罗德·J. 伯尔曼：《法律与革命——西方法律传统的形成》，贺卫方译，中国大百科全书出版社1993年版，第277页。

④ ［美］哈罗德·J. 伯尔曼：《法律与革命——西方法律传统的形成》，贺卫方译，中国大百科全书出版社1993年版，第274页。

⑤ ［美］顾素尔：《家族制度史》，黄石译，开明书局1931年版，第278页。

循对己有利的东西为人之天性及本能。人的共同体就是这样以理性,以'正确的理性启示'为基础,而不是基于直觉,建立起来"。[①] 在人的"理性"本质之下,"自然法"的核心就是根据人天然的理性属性的要求,人生而具有人格。国家不过是个人基于理性的选择,通过社会契约达成合意的产物。由此,近代自然法显现出直指君主专制的理论锋芒,"古典自然法在法律与自由及平等价值之间发现了某种联系,而这种联系至少表明,对人施以的压制性的专横的统治与法律的概念不相融合",[②]从而触发了与"君权神授"思想理论的交锋。

在洛克的那篇对罗伯特·菲尔麦爵士的《先祖论》一文予以系统批驳的《政府论》中,我们可以清楚地看出,菲尔麦爵士对"君权神授"观点进行辩护的立论基础,在于将"君主权"与"父权"相互比照:既然父权的存在是合乎自然的,那么君主权就是合乎自然的,其两者均源自于基督教义中人类的男性祖先——亚当。因为亚当在被逐出伊甸园之时,是集最初的父权与君主权为一身的。[③] 值得关注的是,洛克对于这种论调的驳斥,在其所高扬的理性旗帜下,却并没有将君主权与父权一道,归入反自然、反理性之列,而是力图切断君主权与父权之间的可类比性,从而将其区别对待。洛克在《政府论》中,直接声明其并不怀疑格老秀斯的"生育使父母获得对子女的权力"的论断。"的确,生育行为既然使一个人成为父亲,他的作为父亲对儿女的权利,自然不能从父亲的身份以外产生。"[④]他所怀疑的,仅仅是上帝在震怒之下,逐亚当与夏娃于伊甸园之时,是否还有可能授予亚当以君主权——"他在原罪'堕落'中也一样有份……把他逐出乐园去'耕种土地',而同时又赐予他以王位和属于绝对权威的一切特权与舒适生活,有这样的事吗"?[⑤] 洛克的这种主张君主权与父权不

---

① [荷兰]胡果·格老秀斯:《论战争与和平法》,载[德]阿图尔·考夫曼、温弗里德·哈斯默尔:《当代法哲学和法律理论导论》,郑永流译,法律出版社2002年版,第63页。

② [美]E.博登海默:《法理学、法律哲学与法律方法》,邓正来译,中国政法大学出版社1999年版,第63页。

③ [英]洛克:《政府论》(上篇),瞿菊农译,商务印书馆1982年版,第5~13页。

④ [英]洛克:《政府论》(上篇),瞿菊农译,商务印书馆1982年版,第43页。

⑤ [英]洛克:《政府论》(上篇),瞿菊农译,商务印书馆1982年版,第38页。

可类比的思维方式,在卢梭那里也可以看到——“我们不妨认为家庭是政治社会的原始模型:首领就是父亲的影子,人民就是孩子的影子……全部的区别就在于:在家庭里,父子之爱就足以报偿父亲对孩子的关怀了;但是在国家之中,首领对于他的人民既然没有这种爱,于是发号施令的乐趣就取而代之”。[①] 由此,古典自然法的先哲们彻底摧毁了君主制的理论借口,以基于人类理性所达成的“社会契约”,作为解读国家与人民之间关系的法律模型,人民主权的原则因而确立。与此同时,家长权却被自然法学小心翼翼地接纳了。

近代自然法学对于家长权的维护,与其对于家庭的认识密切联系。这种思想是从“生儿育女”乃至“人类繁衍”的“自然”规律的角度来认识婚姻与家庭的,将家庭看作“一切社会之中最古老而又唯一自然的社会”。[②] 在家庭这个自然的社会之中,按照孟德斯鸠的观念,婚姻的目的在于使父亲承担养育子女的天然义务,因为“理性规定:在有婚姻关系的场合,子女承受父亲的身份;在没有婚姻关系的场合,子女则仅仅能够和母亲有关系了”。[③] 正是由于婚姻是为父亲所设置的,所以父亲在家庭中占主导地位,就是理所当然的了。作为结果,一方面,父亲无疑对于其所生养的子女享有父权——这种权力既来自父亲对于子女的“所有权”,也来自于“父亲的爱、父亲的理性和子女理性的模糊”。[④] 但是,父亲对于子女并没有“生杀”的绝对性权力,因为子女的生命并不是来自父亲,上帝才是“生命的创造者与授予者”。[⑤] 另一方面,在夫妻关系中,为了避免夫妻意见分歧而产生对于家庭稳定的妨碍,“有必要使最后的决定——即统治——有所归属。这就自然而然地落在较为能干和强健的男子分内了”。[⑥] 但是,丈夫的权力也仅以维持家庭的稳定之目的为限,“妻子仍然充分和自由地保有由契约规定为她的特有权力的事项……不论那个契约

---

① [法]卢梭:《社会契约论》,何兆武译,商务印书馆1980年版,第6页。
② [法]卢梭:《社会契约论》,何兆武译,商务印书馆1980年版,第5页。
③ [法]孟德斯鸠:《论法的精神》(下册),张雁深译,商务印书馆1963年版,第109页。
④ [法]孟德斯鸠:《论法的精神》(下册),张雁深译,商务印书馆1963年版,第109页。
⑤ [英]洛克:《政府论》(上篇),瞿菊农译,商务印书馆1982年版,第45页。
⑥ [英]洛克:《政府论》(下篇),叶启芳译,商务印书馆1964年版,第50页。

是他们在自然状态中订立的,或基于他们所处的国家的习惯法或法律订立的”。同时,丈夫对于妻子也无生杀之权,因为“这对于婚姻状态是根本不必要的”。[①]

近代自然法对于家长制的维护,也为一个世纪之后的德国理性哲学所延续。康德将婚姻、家庭关系中的权利,视为一种“有物权性质的对人权”,[②]进而基于理性的要求,提出了婚姻平等的观念——“他们每一方都委身于对方。在这种关系中,单个的人把自己成为一种‘物’,这与他本人的人性权利相矛盾。可是,这种情况只有在一种条件下可以存在,即一个人被另一个人当作‘物’来获得,而后一个人也同样对等地获得前一个人。这就恢复并重新建立了理性的人格”。[③] 但是,康德所主张的婚姻平等,并不妨碍丈夫在家庭内部的统治权的存在——“如果这种法律上的优越地位仅仅是基于考虑丈夫与妻子的能力相比,在有效完成家业的共同利益方面具有自然优势;此外,丈夫的命令权仅仅是根据这种事实来作出的,那么,不能认为这违背了人类结合的自然平等的原则”。[④] 与康德相比较,费希特则直接否定掉了婚姻平等的原则,并按照他对于“理性”的解读,人类的“自然欲求”是人类繁衍的驱动力,而婚姻的实质正是这个驱动力的实现。在这个过程中,由于男性是“能动的”,而女性是“受动的”,同时由于“理性的特征是绝对的自我能动性”,因此自然欲求的实现之于男子而言,与理性的要求并不矛盾,但是对于女子,则与理性相冲突。基于此,为了使女子重拾理性,她在婚姻中就不能是为了性欲的满足,而是要将“性爱”作为目的,并在性爱中,找回理性的能动性。女子的性爱,在费希特看来是一种“高贵的自然欲求”,它的内容就是,“心甘情愿地把自己当成男子的工具”——“女人把自己当成满足男人的工具,从而放弃

---

① [英]洛克:《政府论》(下篇),叶启芳译,商务印书馆 1964 年版,第 51 页。

② [德]康德:《法的形而上学原理——权利的科学》,沈叔平译,商务印书馆 1991 年版,第 94 页。

③ [德]康德:《法的形而上学原理——权利的科学》,沈叔平译,商务印书馆 1991 年版,第 96 页。

④ [德]康德:《法的形而上学原理——权利的科学》,沈叔平译,商务印书馆 1991 年版,第 98 页。

了自己的人格;只有她出于对这一个男人的爱而把自己当成满足男人的工具,她才重新获得这种人格和她的全部尊严”。①

由此可以看出,作为新兴的资产阶级政治国家与近代民法之构建的思想基石,近代伦理哲学一开始就将“人格”与“家庭身份”界定在迥然不同的基础之上。人格的基础在于人的理性属性,这种属性不仅赋予人生而具有的主体资格,而且使人能够缔结社会契约而成为国家公民;家庭身份的基础则在于家庭的人类繁衍、子女抚养的使命以及男女之间的差异的事实。这就是近代民法“人”“身”之别最初的理论源头。

近代伦理哲学对于“人”“身”基础的不同界定,直接影响到近代民法的体例和内容。随着经济活动的舞台转向了家庭外部,“私人领域”不再局限于家庭,以商品经济活动为内容的社会领域也被包容其间。当一个以超越家庭的、以商品关系为内容的“私人领域”,在政治国家之外迅速崛起时,私人领域遂分化为“社会”与“家庭”两个方面。在社会领域,理性所蕴涵的人的自治能力、人与人之间对立而平等的关系以及人的自由决定权,得到了充分实现——其与商品经济的要求相互呼应,并通过财产权、合同以及侵权责任等法律的语言表述出来;在家庭领域,人的理性属性则被家庭的“自然共同体”属性所湮没,由此所衍生出的家庭成员间的“支配”与“依附”,使在人与人之间的关系上,家庭成为游离于社会之外的“另类”。在此基础上,基于理性哲学的要求,即法律人格必须建立在人的理性属性基础之上的戒律,以及面对风生水起、波澜壮阔的商品经济大潮,近代民法于是在其“总则”中将“私法中的人”设定为“社会上的人”,即“人格”,并将他们之间的那种“独立、平等”的关系作为贯通民法财产权制度构建的模板。相应地,以婚姻、血缘作为基础的“支配与依附关系”只能在民法的“亲属法编”偏安一隅,被称为“家庭身份”,进而被赋予迥异于“人格人”之间关系的制度模式。于是,伦理哲学上“人”“身”之别得到了实在法上的体现。至此,我们就不难理解,为什么在《人权宣

① [德]费希特:《自然法权基础》,谢地坤译,商务印书馆2004年版,第302、304、305、308、310页。

言》中庄严宣告“人生来且始终自由，在权利上平等”的法国，其民法典的最初文本中却“赋予了丈夫和父亲过分的权利。特别是已婚妇女被剥夺了行为能力，她们对于子女的权利只有在离婚或丈夫去世的情况下才得到法律的承认”。[①] 同样，我们也就不难理解，为什么在第一草案说明书中先已明确了“不论现实中的人的个体性和其意志，承认其权利能力是理性和伦理的一个戒律”[②]的《德国民法典》，原先也保留着诸如家父享有对涉及婚姻与社会事务的决定权、婚姻财产和妻子财产的管理权、妻子对外订立合同的撤销权等内容。[③]

四、近代、现代民法中“人格人”之间的家庭身份关系

对近代民法思想具有决定性影响的近代自然法学和德国理性哲学，在为人格的理性基础提供了理论支撑的同时，也确立了家庭内部家长的支配地位。正如克尼佩尔所言的那样，“家庭抵御所有的进攻，并且在每一次试图动摇家庭的争论中，家庭都无往而不胜”。[④] 从表面上看，人类历史发展的进程，仿佛又轮回到罗马邦国家建立之初的那种“国家”与“家庭”两立的关系上面。然而，近代资本主义国家的社会环境和背景，较之于古代罗马国家，却发生了深刻的变化。

首先，在“国家”与“人格”的关系上，罗马城邦之人格，本质上就是国家成员之资格，即市民资格，其之取得有赖于国家赋予。近代资本主义国家，从社会契约论出发，个人对国家的“授权”才是国家得以成立的根据。个人所拥有的、可得授予给国家的权利，来自其基于理性所享有的自然权利，即天赋人权。正是由于罗马城邦与近代国家在国家与人格的关系上，

---

① ［法］雅克·盖斯旦、吉勒·古博：《法国民法总论》，陈鹏译，法律出版社2004年版，第100页。

② ［德］罗尔夫·克尼佩尔：《法律与历史——论〈德国民法典〉的形成与变迁》，朱岩译，法律出版社2003年版，第58页。

③ ［德］罗尔夫·克尼佩尔：《法律与历史——论〈德国民法典〉的形成与变迁》，朱岩译，法律出版社2003年版，第108页。

④ ［德］罗尔夫·克尼佩尔：《法律与历史——论〈德国民法典〉的形成与变迁》，朱岩译，法律出版社2003年版，第110页。

因果逻辑截然相反，因此在前者，国家享有极大的主动权，它可以根据需要任意地划分、变动个人人格的状态，而在后者，国家则受制于人格的理性基础，实在法只能作为人格的仆从而不能凌驾于人格之上。

其次，在“社会”与“家庭”的关系上，当罗马国家从氏族手中接管了政治公共权力之后，家庭便在国家之下继续发挥其经济职能。罗马法上财产的拥有、处分以及责任的承担，无不以家庭身份作为基点。罗马法中的物法部分，本质上不过是人基于不同的家庭身份（如家父、家属；自权人、他权人），享有与家庭身份相适应的财产权利并从事商品交易的规则。因此，在古代罗马，社会领域与家庭领域是相互融合的，家庭是组成社会的基本单元。随着近代民族国家建立之后，封建庄园没落，民族国家的重商主义政策，使家庭的经济职能开始由农业转向工商业，“家内工作制”（domestic work）因而出现。“十五世纪以后，家内工作制盛行……业主常为有资本的富商大贾，常能自备原料及工具，分配工作于很多的家内工作者。”[①]换言之，在工业革命之前，以家庭为单位的工商业生产，尚能维持下去。及至工业革命，大机器生产方式的采用，一举击破了家庭经济的封闭、自足性。社会化大生产不仅导致了家庭的生产单位属性的终结，而且决定了家庭的生存只有参与社会化的经济活动方能实现。“给古代家庭——生产单位的家庭——以最后打击者，是建筑在机器生产上面的大规模资本主义。具有经济合作与高度力机器的资本主义，成立巨大有效的生产方式之主宰，这种方式，使家庭之微弱生产被逐出于场外了。”[②]因此，工业革命以后的家长制，已经丧失了其此前得以存在的经济基础——由于机器生产方式的采用，丈夫、父亲在家庭经济上的主导性作用已不再具有必然性。

如同古罗马中后期的家庭历史已经向我们演示的那样，沉浸在人格海洋里的家庭孤岛，必然会受到前者侵蚀。事实上，近代民法对于家长制的保留，更多的是以人类长期以来形成的家长制传统以及近代理性哲学对于家长制的辩护作为基础的。因此，在家庭的经济职能转向社会、夫妻

---

① 周谷城：《世界通史》，河北教育出版社2000年版，第636页。

② ［德］F. 缪勒利尔：《家族论》，王礼锡译，商务印书馆1990年版，第359页。

收入的差异日渐式微的背景之下，当人们立足于人格世界中的平等原则，并以之审视家庭关系时，不难发现，家庭关系首先是一种“人格人之间的关系”。当古老的习俗和理论推演所构筑的堤坝，再也抵挡不了人格浪潮冲击的时候，家长制的正义性便受到了挑战。在西方妇女争取政治权利的运动背景之下，同时进行的，就是家庭法的变革。自20世纪上半叶开始，大陆法系国家开始纷纷将男女平等原则运用于婚姻家庭之中——妻子的行为能力被恢复；①原来专属于丈夫的权利，如家庭财产管理权、住所选择权，现由夫妻双方共同行使或者按照双方约定行使（《法国民法典》第215条、《德国民法典》第1421条）；相应地，丈夫对于妻子擅自处分行为的撤销权，则由配偶对于对方的撤销权所替代。② 另外，原先妻子在家庭中的法定角色，如活动范围原则上限于家政、协助丈夫劳动、生养教育子女等内容，亦被废除。③ 这场长达半个世纪的家庭法律变革，最终导致了家长制为夫妻间的平等地位所取代，相应地，丈夫的统治权也就让位于夫妻之间的协商。随着人格世界中平等、谈判的交往模式适用于家庭，家庭这个“自然”的事物开始具有了“契约团体”的色彩。变革之后的家庭法被克尼佩尔揶揄为“如同一个社团章程……该章程中涉及名称、登记、婚姻事务执行权、家庭内部收入平衡与清算程序”。④

然而，我们不能忽略的是，家庭并没有、也不可能因此被人格的海洋所淹没。共同生活的维持，依然是家庭最高的目标，而这个目标则是由人类繁衍、幼童抚养的客观规律以及男女间彼此扶持、长相厮守的心理要求所决定的。因而，妥协而不是竞争，仍然是家庭关系的主旋律，只不过奏响这首旋律的方式，因家庭法的变革，由家长的命令转变为夫妻的协商罢

---

① [法]雅克·盖斯旦、吉勒·古博：《法国民法总论》，陈鹏译，法律出版社2004年版，第117页。

② [法]雅克·盖斯旦、吉勒·古博：《法国民法总论》，陈鹏译，法律出版社2004年版，第117页；[德]罗尔夫·克尼佩尔：《法律与历史——论〈德国民法典〉的形成与变迁》，朱岩译，法律出版社2003年版，第109页。

③ [德]罗尔夫·克尼佩尔：《法律与历史——论〈德国民法典〉的形成与变迁》，朱岩译，法律出版社2003年版，第109页。

④ [德]罗尔夫·克尼佩尔：《法律与历史——论〈德国民法典〉的形成与变迁》，朱岩译，法律出版社2003年版，第114页。

了。相应地,现代家庭法由命令到协商的变革,也就不会导致“家庭身份”的消亡。虽然“丈夫”与“妻子”的身份差异在法律上已被抹平,但是“配偶”身份关系依然无法用一般的人格关系所替代。其所蕴含的两性间密切的联系以及不计报酬的“相互忠诚、相互帮助与救助”(《法国民法典》第212条)的权利义务内容,是无法通过相互对立的人格人之间精明、冰冷的债权契约派生出来的。与此同时,“父母”与“未成年子女”的家庭身份依然存在,后者的成长与心理健康塑造,必须以前者的教育、约束与爱为条件。幼儿园、学校等社会化教育机构的存在,并不能替代父母在物质、精神以及教育上对未成年子女所提供的支持。这种支持无疑具有专属性而难以用一般的人格关系来替代。因此,在摒弃了“父权”的家长制概念之后,《法国民法典》与《瑞士民法典》立即以“亲权”制度取代了“父权”的缺位,并确认了父母对于未成年子女的权力——“子、女受父母权力之管束,直至其成年或解除亲权”(《法国民法典》第371－1条)、“子女在未成年时应服从亲权”(《瑞士民法典》第296条);《德国民法典》则确立了“父母照顾权”,并将父母对于未成年子女的教育方式,寄托于两代人之间平等的讨论与协商——“父母在对子女的照料和教育中……在视子女发展状况而为适宜的情况下,父母应当与子女讨论父母照顾权问题并力求取得一致”(《德国民法典》第1626条)。显然,无论是具有父母统治色彩的亲权模式,还是具有平等色彩的照顾权模式,都不过是实现“父母—未成年子女”身份关系的手段而已。

因此,如果说“家庭关系是人格人之间的关系”的话,那么更确切的表述应当是“家庭关系是一种特殊的人格人之间的关系”。20世纪的这场家庭法变革,改变了人格与家庭身份对峙的边界,但是却并没有、也不可能打破这个对峙局面本身。在理性的审视中,家庭身份孤岛仍将作为人格海洋中的“另类”继续存在下去。

五、结语:人格与家庭身份是人之个体存在的两种不同状态

在近、现代以来的私人领域,人格与家庭身份已经成为人之个体存在的两种截然不同的状态。人格,意味着以彼此独立的个体作为基本单位,

奉行独立个体之间平等、自治、谈判、竞争、诚信的原则——私法上的财产对世效力、契约请求效力、谨慎行为要求以及损害赔偿等制度，皆来自于这种交往规则。因此，人格世界系以“陌生人社会”为基本特征，因而系以参与者个体间的私人利益之对立作为起点。比较而言，家庭则以“共同生活”关系的维持作为最高目标，而家庭身份就是实现这一目标的手段，即家庭中的人必须按照夫、妻、父母、子女的身份角色，享有权利并承担义务。在这里，“人们不以计时工资而工作，也不允许适用商品流通中的会计”，[①]家庭中的权利与义务，不是来自成员间人格的对立，而是来自于身份的妥协。[②] 因此，家庭成员间的关系并不是建立在“陌生人社会”的基础之上的，而是呈现出“人情社会”的特性。在家庭成员的独立人格之间，除生命健康的保障、夫妻平等与协商等若干人格的基本要求之外，其所蕴含的对立与理性的内容，在这里大多被感性的身份规则所覆盖。

由此可以看出，构成近、现代法律体系核心内容的对立人格之间的交往规则，并不是人的生活全貌的总结，因而不能贸然适用于家庭领域。在近年来备受关注、争议的婚内强奸、（排除离婚前提的）婚内损害赔偿以及以支付“违约金”为责任形式的“忠诚契约”等问题的讨论中，我们常常见到的是以刑法上的强奸罪要件来分析婚内强奸、以侵权法上的责任构成来探讨婚内损害赔偿，以及以合同法上的契约自由与违约责任的规定来比照“忠诚契约”的研究方法。这些均表明，彼此独立而陌生的人格关系，在很多时候被误解为人与人之间关系内容的全部，家庭身份中所蕴含的家庭维持、彼此妥协的自然属性，则被淡化甚至遗忘了。进而，倘若立法与司法不对此加以考虑，将强奸罪、侵权和违约责任适用于家庭领域，那么必将导致的一个尴尬的结果，就是以保护“受害者”为初衷的“黑白分

---

① ［德］罗尔夫·克尼佩尔：《法律与历史——论〈德国民法典〉的形成与变迁》，朱岩译，法律出版社2003年版，第107页。

② 值得一提的是，在家庭之外的社会组织中，如果确立起“我们是兄弟姐妹”或者“我们是一个大家庭”的组织方式，这也往往预示着组织者欲在其组织的内部，以“家庭式”的妥协来取代“人格式”的竞争与对立。事实上，“在区别于家庭秩序的制度中，产生过团体认同的成功尝试，其总是一再与家庭模式相连，与商品世界的理性却毫无联系”。（参见［德］罗尔夫·克尼佩尔：《法律与历史——论〈德国民法典〉的形成与变迁》，朱岩译，法律出版社2003年版，第114页。）

明”的责任制度，却与仍欲维持家庭的“受害者”的愿望发生冲突——要么“受害者”维持家庭的愿望通过身份的妥协得以实现，[①]法律强加的人格规则遭到抵制；要么因刑事责任的主动适用，当事人通过身份进行协调的机会被剥夺，“受害者”成为家庭破裂的“二次受害者”。那种相信“过错惩戒”与“家庭维持”可以兼得，后者甚至会因前者而更加良性地发展的观念，其所忽略的，恰恰是家庭领域是身份与感性发挥主导作用的场所，其必须具有与理性的人格领域截然不同的法律预设。派生于人格之间的法律责任在婚姻中的适用，必须以婚姻身份的消除至少是消退为条件。[②]因此，从人格与家庭身份的分立与相异性出发，对于婚内的过错与暴行，与其直接将之作为人格规则的适用依据，不如将之定位为单方解除婚姻身份、还原人格关系的条件，并将选择权交予受害者，更有利于提高法律的调整方法与调整对象性质之间的相适应性。

第二节　西欧中世纪人格秩序与近代大陆法系伦理法律人格

一、背景：世俗法人格与教会法人格的二元划分

北方“蛮族”对罗马帝国的征服过程，是一个对于大量土地的占领过

---

① 据北京民意调查所的调查显示，当妇女受到丈夫的强暴后，虽然她们迫切需要来自社会的帮助，但65.4%的人还是希望通过双方的和解来解决，而希望通过法律途径解决的人只有15.4%，甚至少于通过单位领导解决的人(17.2%)。参见马占超：《婚内强奸的理论争鸣和立法探究》，载《湘潭工学院学报》(社会科学版)2003年第4期。

② 对于上海市青浦县人民法院作出的我国首例“婚内强奸案”的判例而言，其真正的特殊之处，并不在于“丈夫成为了强奸罪的主体”，而是在于案件事实发生时间上的特殊性：一审准予离婚的判决已经送达，且当事人双方对此判决均无异议，只是上诉期限尚未届满。这就是说，本案当事人此时残余的婚姻关系，已经无法再衍生出配偶之间独有的身份交往模式，这才为强奸罪的构成要件——一种人格交往的准则——在本案中的适用提供了条件。事实上，这个条件是为审理法院所明确强调的。青浦县人民法院认为：“被告人王某主动起诉，请求法院判决解除与钱某的婚姻，法院一审判决准予离婚后，双方对此均无异议。在此情况下，被告人王某违背妇女意志，采用暴力手段，强行与钱某发生性关系，其行为已构成强奸罪，应依法惩处……”参见刘涛：《婚内强奸应当犯罪化》，载《国家检察官学院学报》2003年第5期。基于同样的原因，我国《婚姻法》第46条才将因重婚、与他人同居、实施家庭暴力以及虐待、遗弃家庭成员时，无过错方的损害赔偿请求权，限制在因此“导致离婚”的前提之下，而并不允许在婚姻关系存续期间，主张此项权利。

程。这些土地,对于国王而言,最大的用处,就在于其成为国王报酬臣属的手段。由此所直接引致的结果,就是“男爵、宫廷官吏和军队指挥……这些行政官员自然而然地就会成为地主阶级”。[①] 这种土地分封的做法,即为欧洲封建社会采邑制度的开端。封建社会的人格秩序,也就在这种采邑制度下建立起来。

最初的邑地分封,乃是无条件的赠与。至墨洛温王朝倾覆后,法兰克王国宫相查理·马特改革了原先无条件的邑地分封制度,规定受封者必须以服兵役并履行其他封臣义务作为获取邑地的对价。[②] 进而,这种“附条件赠予”模式被用于封臣向下的再次封赐:下级封建主在获得土地的同时,也就负担了土地上所固有的下级封臣义务——其必须向上级领主效忠,履行兵役等臣属义务。在采邑制形成之初,臣属所得的封地在法律上乃属于授地领主所有,因而领主对于臣属的封地,享有着直接的支配、管理权限——“领主有权力进入采邑、监督采邑管理和提取采邑产品,封臣方面没有任何转让采邑的权利”。[③] 其后,基于习俗上的“占有”观念(一个基于正当途径取得实际占有的人,无论其占有的对象是否“归属”于他,在违反他的意愿的情况下,任何人均不得对其占有实施剥夺,包括赋予他物之占有的人,即上级领主),[④]封臣对于土地的“现实支配”的地位得以加强:不仅领主不再有权直接干预采邑的管理,而且封臣可得转让采邑或者向下一级领主再次分封。

由此所导致的结果就是,采邑制在造就了地主阶级的同时,也逐渐形成了封建社会的政治结构。一条以土地分封为内容的纽带开始形成,它从最上端——国王——那里向下延展,直至社会的最底层。在这里,是依

---

① [美]汤普逊:《中世纪经济社会史》(上册),耿淡如译,商务印书馆 1961 年版,第 257 页。

② [法]马克·布洛赫:《封建社会》(上卷),张绪山译,商务印书馆 2004 年版,第276~277 页。

③ [美]哈罗德·J. 伯尔曼:《法律与革命——西方法律传统的形成》,贺卫方等译,中国大百科全书出版社 1993 年版,第 372 页。

④ [美]哈罗德·J. 伯尔曼:《法律与革命——西方法律传统的形成》,贺卫方等译,中国大百科全书出版社 1993 年版,第 372 页。

附于封建地主的农奴，他们包括原先便没有土地的人，以及原先拥有少量土地的自由民。对于前者，由于国王对未被占据的土地的所有权要求，剥夺了他们向外寻求土地的机会，从而投靠地主庄园乃成为唯一的生存途径；对于后者，在社会不稳定的战乱时期，其所拥有的少量土地，难以维持生活所需。同时当来自国家的安全保障事实上已经消失的时候，获得有势力的官员以及富裕地主的庇护也已成为当务之急。于是，大量的（经常是以整个自由村庄为单位）小土地所有制便把自己的土地"让与"给邻近的地主，再通过"请求"，从地主那里获取土地，从而成为农奴。[①] 由此所形成的地主与农奴的关系，其并不仅仅是简单的、以土地用益为目的的"耕作—地租"关系，其还包括基于土地所生的人身依附关系。

由此可见，封建社会中人与人之间的关系，即人格秩序，乃是一个竖直的、多层次的、以"土地授予—宣誓效忠"为内容的等级结构。这个结构自国王始，向下层层递延，直至社会底层。基于此，国王与封臣、上级领主与下级臣属、地主与农奴之间的权利义务关系，就是通过土地的授受连接起来的。在这种因土地授受所引起的人格秩序中，"社会等级的最低和最高层之间有着惊人的相似之处"。[②] 换言之，西欧中世纪封建制国家人格秩序的特点就在于，其是将个体的人纳入一个个封建组织（封邑）当中，再将各个组织通过等级结构排列起来，最终实现社会的整合。"国王对于其芸芸子民的权力，被中间的领主所阻隔。而在事实上，正是领主在行使对于领地的控制权。"[③]在这种割裂的社会结构之下，个人的法律地位与其可得享有的权利和义务，早已通过土地的授受关系，在高低不等的封建组织内部安排就绪。在封建采邑人格制度当中，土地乃是将上下等级的个人连接起来，并确定彼此权利义务关系的人格纽带。

在西欧中世纪时期，如果说"土地"作为一种人格纽带，其将人固定

---

① [美]汤普逊：《中世纪经济社会史》（上册），耿淡如译，商务印书馆1961年版，第259页。

② [英]M. M. 波斯坦主编：《剑桥经济史》（第1卷），郎立华等译，经济科学出版社2002年版，第235页。

③ Graeme Gill, *The Nature and Development of the Modern State*, New York: Palgave Macmillan, 2003. p. 75.

在彼此割裂的封建组织内部的话,那么"宗教"则作为另一条人格纽带,而赋予人更为广泛的法律上的联系。① 换言之,对于个人而言,在他的区域人格被固定在世俗的采邑等级序列之中的时候,他始终同时属于另一个的世界,一个"信徒世界"。

基督教产生于罗马帝国时期,在罗马帝国覆没后,基督教延续到了封建社会。最初,在世俗国家内部,教会被纳入封建等级的体系之中,领有封邑并进行管辖,是一个"国中之国"。其与世俗权力结合在一起,并受到后者的控制和支配。随着教会影响力的逐步扩大,1075 年由教皇格列高利七世所发动的旨在摆脱王权对于教会的控制,并试图将前者置于教权的支配之下的"教皇革命",历经几代人的努力,最终从国王手中接过了各地高级神职人员的任命权,形成了以罗马教廷为核心的整个西欧教会的单一组织系统。由此,在整个欧洲基督教国家的范围中,基督教成为一个跨越国家领域的"超国家"。与欧洲的小国林立以及各国国内的诸侯割据形成鲜明对照的,是基督教这样一个统一的信徒世界——"对基督教世界的认同是超民族的。它不是基于人们实际所能感受到的领土或区域,而是基于某种更广阔、更抽象和超越性的东西"。②

统一的宗教组织体系,使教会具备了有效抗衡国王世俗权威的组织力量。这种力量,推动着教会的职能由原先宗教事务之管理的基础上,衍生出对于世俗事务的管辖。在 11 世纪末至 12 世纪,罗马教会正式确立了"圣职权"和"管辖权"两种教会权力的划分。其中前者,是教士们参加、主持宗教仪式并担任教职的权利,而后者,则是"每一位主教在他的管区之内具有从属于教皇的最高立法、行政和司法权威,正如教皇通过管辖

① 英国学者迈克尔·曼在他新近出版的《社会权力的来源》一书中,设想了一个有趣的角度,即他假设自己回到 1150 前后的英国,来作一次询问"人们属于何种社会集团"的抽样调查,其所得到的"调查结果"将显示,在所"采访"的领主、商人、高级教士、教区牧师、农民以及自由人中,他们家族和民族渊源不同,社会地位各异,其政治观点和所关心的事务也千差万别,但唯一相同的是,每个人均表示,"自己是基督徒"。参见[英]迈克尔·曼:《社会权力的来源》,刘北成等译,上海人民出版社 2002 年版,第 514～515 页。

② [英]迈克尔·曼:《社会权力的来源》,刘北成等译,上海人民出版社 2002 年版,第 514 页。

权而在整个教会内部拥有最高的立法、行政和司法权威一样”。[①] 由于教会对于世俗事务的管理，是通过宣布法律（jus dicere）并主持其实施为手段的，因此这种管辖权进而催生了西方近代第一个系统的成文法体系——教会法。从教会法的管辖范围来看，其由两个方面来予以确定：一是“对特定人的管辖权”，包括：（1）神职人员及其随从和家庭成员；（2）学生；（3）十字军参加者；（4）“不幸的人”（personae misrabiles），包括穷人、寡妇、孤儿；（5）在与基督徒发生纠纷的案件中的犹太人；以及（6）旅行者，包括商人和水手（当为着他们的和平和安全而必要的时候）。二是“对事的管辖权”，其则包括：（1）家庭；（2）继承；（3）财产；（4）契约；（5）刑事及侵权责任等方面。[②]

由教会法的广泛的管辖范围可知，“信徒世界”绝不仅仅是一个非现实的精神世界；相反，其涉及了世俗等级社会的每一个地域和等级层次。“教会提供的规范调节所能支配的地区，大于领主的刀剑所能保卫的地区，大于他的法律所能统治的地区，大于市场和生产关系所能自发覆盖的地区。”[③]因而，“信徒世界”的人，他们一方面在世俗的等级秩序中，有着各自的地域性人格，然而与此同时，他们基于信徒的身份，又享有并承担着来自教会法上的权利与义务。

二、萌芽：世俗社会中的契约与宗教世界中的平等

从根本上讲，西欧封建社会的人格秩序，是建立在身份的基础之上的——在世俗的采邑制度下，人的地位决定于其在封建等级结构中所处的位置；在教会法制度下，人的地位则有赖于其“信徒”的身份。然而，在这种身份人格秩序中，却蕴藏着引人注目的契约思想与平等观念。这种思想观念，应当是近代伦理法律人格在中世纪最初的源头。

---

① ［美］哈罗德·J. 伯尔曼：《法律与革命——西方法律传统的形成》，贺卫方等译，中国大百科全书出版社 1993 年版，第 252 页。

② ［美］哈罗德·J. 伯尔曼：《法律与革命——西方法律传统的形成》，贺卫方等译，中国大百科全书出版社 1993 年版，第 268～269 页。

③ ［英］迈克尔·曼：《社会权力的来源》，刘北成等译，上海人民出版社 2002 年版，第 456 页。

如上文所述,采邑制是以土地的授受作为封建等级人格秩序基础的。然而,土地授受的双方权利义务的确定,却又是通过“契约”来实现的。在这里,契约观念是附着于土地这一纽带之上,成为界定上下等级之间权利义务关系的法律手段。就领主与臣属而言,其上下等级关系的确立,是以双方的同意为前提的——其被具体化为“效忠契约”(contract of homage)与“忠诚契约”(contract of fealty),①这种契约乃是双务性的:臣属的效忠保证包括忠实地经营采邑以及履行兵役等的义务;领主的忠诚保证则包括不逾越法律权限并在许多特定的方面帮助臣属的义务。这种双务契约观念在当时政治领域的适用范围,并不局限于特定的领主与臣属之间的采邑契约,封建国家最大的领主——国王的权力,也仍然是按照这个双务契约的模式构建的。“那些国王必须要尊重的权利,在国王的加冕誓约中被明确列举,而且1215年的‘大宪章’本身就是国王的一项特别的允诺。”②基于这种附着于土地上的契约的“双务性”,在契约的履行过程中,双务契约所蕴含的双方义务之间的“对待性”,于是构成了封建政治关系中的一个重要因素:在君主违背忠诚义务的情况下,臣属的相应义务则可以免除,“撤回忠诚”乃是中世纪西方法律制度中的重要特征——“他的臣民是有权撤销这契约的。按照封建法律,一个附庸有权对他的宗主开战,如果后者拒绝了正义”。③ 与此同时,这种契约观念,也随着土地的授受而一直延续到社会的最底层。“普通的个人只有向权贵者履行了义务与责任之后,他们才能够期待一定的(类似契约的)回报:从教会那里获得灵魂的救赎;从地方领主那里获得一小块耕地或者分享收成;以及从君主那里获得军事保护。”④

值得一提的是,采邑制下的契约观念,同时还决定了这种等级身份人格的相对性特征。在封建等级体系中,个人等级的高低取决于在土地授

---

① [美]哈罗德·J.伯尔曼:《法律与革命——西方法律传统的形成》,贺卫方等译,中国大百科全书出版社1993年版,第373页。

② Colin R. Munro, *Studies in Constitutional Law*, (London: Butterworths. 1987) p. 161.

③ [美]汤普逊:《中世纪经济社会史》(上册),耿淡如译,商务印书馆1961年版,第331页。

④ Ben Saul, "In the Shadow of Human Right: Human Duties, Obligations, and Responsibilities", *Columbia Human Rights Law Review*, vol. 32 (Summer 2001), p. 565.

受关系中的地位。因此,唯有处于结构顶端的国王与底端的农奴,是绝对的土地授予者与土地接受者之外,中间的所有阶层,均同时具有土地接受者与授予者的身份。这种封建等级体系内部中间阶层人格的相对性,决定了在整个封建等级体系中,不同等级的个人之间,总可以寻求到人格上的同质性——就附庸地位而言,上级贵族与下级无异、甚至与农奴有共同之处;就领主地位而言,贵族又与国王无异。这就意味着,如果一个人作为封臣为自己弄到某种利益,而作为领主却可以拒绝受他约束的他人以类似的形式获得这种利益,那么这是不会有人愿意承认的。上下等级之间人格上同质性要素的存在,进一步导致了封建社会特权基础上的平等观念的产生。“从古老的加洛林王朝的教会法令集到作为英国人自由的古典基础的《大宪章》,这种特权上的平等性从最高等级平稳地降至最低等级,它应当仍然是封建习惯最丰富的渊源之一。”[①]在 1215 年的大宪章中,对于国王在收取代役税和贡金、征用封臣领地财物、司法权、赏罚权等限制,[②]均表明了国王不过是贵族中的一个,并无更多的权力,而这恰恰就是封建人格相对性的同义表述,即在领主意义上,国王与封臣是同质的——“迫使约翰国王认可他们所主张的自由的男爵们,已经习惯于认可他们领权内的城市或其他团体的相似的自由”。[③] 以此为观察点,我们也就不难发现,这个宪章第 39 条所规定的“凡自由民除经其贵族依法判决或遵照内国法律之规定外,不得加以扣留、监禁、没收其财产、褫夺其法律保护权、或加以放逐、伤害、搜索或逮捕”,[④]在保护作为附庸的贵族阶级利益的同时,对于当时在封建体系中同样处于附庸地位的城市新兴资产阶级利益保护上也具有积极意义。

---

① [美]哈罗德·J.伯尔曼:《法律与革命——西方法律传统的形成》,贺卫方等译,中国大百科全书出版社 1993 年版,第 373 页。

② 《大宪章》第 12、15、31、32、40 条,见法学教材编辑部、《外国法制史》编写组:《外国法制史资料选编》(上册),北京大学出版社 1982 年版,第 251 ~ 254 页。

③ Magnus Ryan, “Freedom, Law and Medieval State”, in *State and Citizens*, Quentin Skinnerand Bo Sträth, Cambridge: Cambridge University Press, 2003, p. 53.

④ 法学教材编辑部、《外国法制史》编写组:《外国法制史资料选编》(上册),北京大学出版社 1982 年版,第 254 页。

由此可以看出,“封建制度使早期过度的、野蛮的个人主义转化为服从法律与秩序的精神,具体化为宗主权、附庸地位、忠诚、服务和契约的权利义务的制度”。[①] 如果说封建采邑制度是通过土地的授受与封建等级人格的相对性,表述了契约与平等的观念的话,那么教会法对于平等观念的宣扬,就是直接通过教义来进行的。

如前文所述,从教会法所调整的社会关系的范围上,我们可以看出,其均是一些世俗特权因素难以介入的事项。事实上,教会法人格的基础,并不在于封建土地的授受以及附着于土地关系之上的契约允诺,而是在于宗教信仰。教会法上的人格,即“信徒”,是以宗教仪式作为基础的——“洗礼授予一种公民权,而这种公民权进一步保持的条件——1215年成为正式条件——是每一个基督徒忏悔他或她的罪孽,并且最少每年在复活节时领一次圣餐”。[②] 这就意味着,尽管基督教并不反对世俗的等级秩序,但是在教会法人格的基础界定上,却摒弃了世俗人格中的诸项不平等的要素,如土地、血缘等——所有信徒,无论阶级、种族和男女,都具有共同的人性,在上帝的眼中都是平等的。在人格平等的原则上,教会确立起了一系列宗教法律制度。在担任教职的资格上,教会打破封建世俗贵族对于高级教职的垄断,吸收附属的,甚至不自由的人员参与教会要职;在婚姻制度中,中世纪的家庭关系,是建立在日耳曼人、凯尔特人以及西欧其他民族的传统民俗和习惯的基础之上的。根据这些民俗与习惯,婚姻不必以自愿为前提——小孩尚在摇篮之中便结了婚;仅凭男方的单方意愿即可解除婚姻,而无需任何形式要件;女子的财产权受到严格限制;丈夫则是家庭的主宰。[③] 随着婚姻被视为“宗教圣事”而被纳入到教会法的调控之下后,在“上帝面前婚姻双方当事人平等”的原则之下,蛮荒的婚姻习俗被赋予了新的理念:婚姻的双方自愿性得到确认,离婚则原

① [美]汤普逊:《中世纪经济社会史》(下册),耿淡如译,商务印书馆1961年版,第327页。

② [美]哈罗德·J.伯尔曼:《法律与革命——西方法律传统的形成》,贺卫方等译,中国大百科全书出版社1993年版,第277页。

③ 参见[美]哈罗德·J.伯尔曼:《法律与革命——西方法律传统的形成》,贺卫方等译,中国大百科全书出版社1993年版,第274、277页。

则上为法律所否定,婚姻关系的义务,尤其是配偶间的忠诚,也被视为是双方相互的义务。与此同时,“为了保护寡妇,教会法坚持如果不规定一笔扶养寡妇的财产,也就是说不确立一项在婚姻存续期间不得减少其价值的财产,任何婚姻契约均不得订立”。①

与封建社会前期的世俗王权相比较,教会法在其思想和道德上的先进性是显而易见的,其所宣扬的“上帝面前人人平等”,在西方社会的法律传统中深深地打下了人格平等的烙印。

三、传承:由“商业特区”到“政治特区”的中世纪商业城市

中世纪商业城市,是封建社会庄园农业经济体制下的一个“另类”。中世纪的欧洲社会,总体上是一种以土地耕作为生产方式和财富取得方式的农业自然经济社会,甚至在10世纪以前,社会生活中没有货币的出现。尽管在11世纪以前,也存在不固定的、分散的商业活动,但是农业自然经济在欧洲封建社会前期,无疑占据绝对支配地位。因此,商业城市之所以成为封建庄园经济背景下的一个“另类”,原因当然在于城市的社会关系,是在资本主义的商品生产关系的基础上构建的。

这种封建庄园经济背景下“独特”的社会关系,衍生出了一种“独特”的法律体系——中世纪商法。由于商品经济活动需要有与之相适应的法律制度的调整,然而当时封建法、教会法不敷需求是显而易见的。尽管古代罗马万民法的残余习惯、教会法中代理制度以及日耳曼习惯中的善意取得等制度,均在当时意大利北部城市的商业习惯中能够找到,并为整个欧洲城市的商事规则的制定,具有奠基的意义,但是这些支离破碎的规则,仍旧不足以应付当时商品经济活动所涉及的诸如商事组织、商事契约、商业信用、商业结算以及商业风险控制等一系列崭新的经济领域。与此同时,在11世纪晚期以来蓬勃展开罗马法研

---

① ［美］哈罗德·J.伯尔曼:《法律与革命——西方法律传统的形成》,贺卫方等译,中国大百科全书出版社1993年版,第137页。

究的欧洲各个大学里,博学的法学家们也未曾从罗马法的文献中创设出一套新的商事规则体系,就像他们从那些文献中创设出了一种新的民法体系那样。在这个背景之下,一套主要通过"商人之践行"而确立起来的近代商事法律体系,遂在城市中诞生,并迅速蔓延开来,这就是中世纪的商法。

商法的产生,在使城市经济生活获得了一个与封建法、教会法截然不同的法律环境的同时,也使城市成了一个名副其实的、法律意义上的"商业特区"。随着城市的经济关系与封建经济关系之间的"异质性"逐步加剧,城市与封建等级制度之间的关系也便走向紧张。

在城市刚刚兴起的时候,其是作为所在地领主的下级封邑,而被纳入封建等级结构之中的。作为封邑,城市中曾经长期存在封建领主的特权。对于领主而言,"在商业和贸易增长的时候,贵族们发现在他们的领土内有一个商业中心,是对己有利的;……在新的货币经济正代替老的自然经济的情况下,封建主征集现款租税比征集实物租税要容易得多,而且使城市收集这些税款要比自己收集,要较少麻烦"。[①] 于是,封建领主对于城市的兴起与发展,最初也是采取支持与鼓励的态度。然而,这种将城市作为邑地的做法,并没有最终抹平城市与庄园之间内在的矛盾。城市工商业的发展,有赖于有权拥有生产资料和商品,并可独立决定与自由行动的工商业者。然而,对于城市中那些具有农奴身份的人而言,尽管他们自于远方,已经在事实上脱离了他们的领主的控制,但是"事实"毕竟不同于"权利"。在法律上获得自由的认可,于是成为城市日益迫切的要求。而这一需求,在领主的附庸地位上,是不可能满足的。与此同时,附庸身份所带来的苛刻的赋税劳役以及领主几无限制的特权,随着城市力量的壮大,也成为一件不堪忍受的事情。于是,"新形成的资产阶级要求承认城市的权利与特权,这项权利要求从政治上来说是:那在封建世界几百年来有效的契约原则应扩充到非封建世界。……他们不愿再服从封

① [美]汤普逊:《中世纪经济社会史》(下册),乐文译,上海人民出版社 2001 年版,第 427~428 页。

建领主的权力。他们要求在封建统治内的而非在封建制度下的一个地位”。[①] 这个要求的内容包括,承认城市人口的自由身份;城市财产不容肆意侵害;城市自行执行政治、司法、税收、铸币、市场管理等活动;向领主所承担的赋税在性质和数量上必须有严格的限制和确定性,等等。由此掀开了中世纪欧洲的“城市运动”。这个以寻求身份自由与城市自治为目标的,兼具和平争取与暴力反抗双重手段的城市运动,最终获得了成功,其标志就是得到了国王或主教所赐发的承认城市自治地位的“特许状”。在各个城市所获得的特许状——城市的居民们往往将其收藏于城市的塔楼之中,或铭刻于教堂的墙壁之上——中,确认市民自由身份、限制领主权限、保护商人财产、尊重城市的司法、行政自治地位乃是其共同的内容。

于是,中世纪的商业城市,在封建社会的环境之下,完成了其由“商业特区”向“政治特区”的转变。相应地,城市中的人,其不再仅仅是“商人”,还成为了“市民”——其由一种“经济成分”转变为一种“政治身份”,成为封建社会中一种独特的人格形态。“取得市民资格,与受封为武士或出家为僧侣一样,意味着取得一种特殊的法律地位。像僧侣与武士一样,市民也属于一个特殊的等级而不受普通法律的约束。”[②]在城市中,市民所受到的保护与所享有的权利——包括投票权,有权持有武器,未经法律程序,不受任意的逮捕和监禁,不因债务而受到人身拘禁,刑罚种类受到限制等[③]——不是来自封建法与采邑制度,也不是来自教会法,而是来自城市作为“政治特区”的法律标志——城市宪章。

中世纪的商业城市,不仅是近代资本主义生产关系的萌芽,也是近代人格法律制度的萌芽。作为中世纪封建社会背景下的“商业特区”与“政治特区”的城市,已经蕴含了近代资本主义国家最初的人格制度形态。其

---

① [美]汤普逊:《中世纪经济社会史》(下册),耿淡如译,商务印书馆 1961 年版,第 425 页。

② [比]亨利·皮朗:《中世纪欧洲经济社会史》,乐文译,上海人民出版社 2001 年版,第 53 页。

③ [美]哈罗德·J. 伯尔曼:《法律与革命——西方法律传统的形成》,贺卫方等译,中国大百科全书出版社 1993 年版,第 480 页。

这种人格制度形态，在商品经济的社会背景下，通过商法与城市宪章得到了集中的表述。

中世纪商业城市的社会关系，标志着封建等级人格制度中的土地纽带，在城市中的断裂。在以土地作为构建等级结构、确定上下等级之间权利义务的封建社会，新兴城市最大的特性，“就在于商人和工匠的生活不再决定于他们与土地的关系。从这一点说来，他们形成了一个名副其实的脱离土地的阶级”。[①] 详言之，就市民的组成而言，一方面，最初的商人，是那些无地者和庄园无力供养的人。他们相对于主流社会的边缘地位，使之在以土地为坐标的等级制度之下，找不到自己的位置，而天然地处于等级体系之外；另一方面，在城市兴起的过程中，来自于各个国家的各色人等在城市汇集，其中有骑士等贵族，也有逃亡的农奴。由于他们离开了作为价值参照系的土地，这些移民原先的各种各样的等级身份，在城市领域，无法再作为衡量其社会地位的标准。由此，在城市中形成了迥异于封建采邑制度和教会法律制度的个人与社会共同体之间的关系。在这里，在以土地作为确定人的等级身份以及相互关系的封建社会中，与土地关系的断裂，就是切断了这种附着在土地上的封建关系向城市中的蔓延，因此一个不同于封建体系中任何等级的“市民阶级”，才得以在城市中产生。

当失去了封建土地的坐标，城市中的人便需要用其他的方式，建立自己与他人之间的关系。在一个商业经济的环境中，这种关系，只能是商品交换活动所必然要求的平等关系。城市商人之间这种人与人之间的平等关系的建立，传承了基督教平等观念的同时，却赋予了这种观念以世俗化的基础。这个基础，就是商业资本。教会法的平等观念，乃是建立在“宗教信仰”的基础之上的，即现实世界中人与人之间平等关系的“应然性”基础，却是来自非现实的世界。在欧洲中世纪，真正为平等理念寻觅到世俗世界的基础的，则是商业城市，能够在世俗世界中为平等原则提供现实

---

① ［比］亨利·皮朗：《中世纪欧洲经济社会史》，乐文译，上海人民出版社 2001 年版，第 43 页。

需要的基础的，也只能是商业资本。在城市的商业活动中所产生的那种平等交往关系，正是基于商业资本的平等性的需求。相应地，商法的主体即商人，其本质不过是商业资本人格化的体现。

哪些人可以被认定为商人？这个问题就是商人人格的基础究竟为何的问题。如前文所述，城市中的商人，乃是以组成同业行会的方式进行商业活动的。因此商人身份的确定，就形式而言，其首先应是"行会会员"——商法最初作为行会内部的习惯汇集，其首先适用的对象，就是行会会员。然而，就其实质而言，从当时的行会章程的内容来看，一个商品生产者或者交易者，要加入行会，成为行会成员（商人），基础性的条件，就是其必须拥有从事商业活动的物质条件——作为生产资料与劳动力的有机结合的营业体，或者说企业。例如，13 世纪巴黎羊毛织工行会章程规定，"如果自己没有从事手工业的本领，又不是匠师的儿子，任何羊毛织工及任何其他人，在巴黎地方的界限内，不得拥有作坊"。"每个巴黎羊毛织工的家里可以有两台宽织机、一台狭窄的织机，但是在他家以外，不得有任何织机。"[①]从中可以看出，拥有营业体——"作坊""织机"，乃是成为行会会员（商人）的基本条件。换言之，对于商人人格而言，其人格之基础，乃在于一种有机结合的特殊的财产，即营业体或企业，所谓商人，就是企业的业主。

由此可以看出，以营业性财产为基础的商人人格本身，即表明了一种作为普遍意义上的商品经济关系。这种商品经济关系的普遍性在于，其之存在的领域，并不是零散的、偶然的，而是形成了一个常备的市场和一批以商品经济活动为常业的阶层。相应地，商品经济关系成为了城市中占据主导地位的社会关系，而商品经济关系中所蕴涵的商业资本的平等性的要求，则随着商品经济关系的蔓延，在城市中形成了一种新型的平等观念——它不是来自宗教的理想，而是基于现实的需要。由此，人与人之间的平等关系的确立，遂得以摆脱宗教信仰的基础，而在世俗世界觅得

① 法学教材编辑部、《外国法制史》编写组：《外国法制史资料选编》（上册），北京大学出版社 1982 年版，第 221 页。

根基。

在封建土地关系断裂的同时，中世纪商业城市却承受了封建采邑制中附着于土地之上的契约观念。当国王的加冕誓言以及领主与臣属之间“委身仪式”成为一种契约性允诺的时候，我们就不难看出商业城市中的城市宪章的契约色彩。事实上，中世纪商业城市争取自治、自由的“城市运动”，其恰恰是将封建社会的契约观念运用于封建领主与城市之间的权利义务之确定的过程。在这里，基于封建土地关系在城市中的断裂，这种契约的独特性在于，其摆脱了封建土地关系的束缚，不再附着于土地之上。进而，当契约关系的建立不再以土地的授受为其基础的时候，一方面，契约中所蕴含的“自由”观念，便得以凸显。在1155年法国国王路易七世颁布给洛里斯的特许状中，明确规定：“任何人在洛里斯教区居住满一年零一天，没有任何追捕他的要求，他就可以自由居住而不受妨碍。”①——正如当时谚语所讲的，“城市的空气使人自由”！另一方面，契约的社会组织功能便进一步凸显出来。这一功能向我们喻示着，当一个社会不存在先在的、使人们联系在一起的关系纽带（如天然的血缘、土地的授受）的时候，通过契约将人与人组织起来，看来成了问题唯一的解决方案——于是我们也就不难看出这一观念对于近代自然法中“社会契约”思想的启示意义。

需要说明的是，中世纪商业城市的人格秩序本身，并不是一种以人的伦理性为基础的人格，而是建立在商业的基础之上。也正因如此，商业城市中不可避免地存在以财产为基础的人格等级。由市民人格的城市地域性所决定，基本的市民权利乃为所有市民无差别的享有。但是，这种市民人格的无差别性，却并不能保证市民内部人格的相异性。如果说市民人格作为一种“特权”，是相对于城市外部的非市民人口而言的话，那么在城市内部，在市民们中间，仍然存在一部分市民相对于其他市民的特权。这种特权植根于城市的经济领域，而延伸至城市的政治领域。在经济领

① 转引自赵立行：《商人阶层的形成与西欧社会转型》，社会科学出版社2004年版，第28页。

域,城市商人并不是作为自主、独立的经济单位而存在的,他必须隶属于其所从事的行业的行会,才能够获得从事商业经营的资格——行会制度,构成了中世纪城市结构的重要组成部分。行会作为一种垄断性的经济组织,它规定着大到本行业内部学徒身份和成员身份条件(行业的"准入"条件)、工作质量标准、行会内部竞争的禁止性要求、限制进口等贸易保护主义措施,对于城市商业活动,小到工作日和假日的日程表、商店之间的距离、外部赊销之禁止规则,①对于城市的经济活动具有决定性的影响。起初的行会,是一种开放性的、具有民主色彩的同业商人社团。随着行会力量的壮大,行会中的业主阶层(行东)开始设法维护既得的垄断地位:他们将成员的入会费涨到最高点,排斥小商人的加入;同时提升学徒的"出师"标准,在限制出现新的业主与之分享利益的同时,使之长期作为熟练工人而无偿地付出劳动。② 于是,在城市行会蜕变为一种关门主义的大资本家的团体的同时,行会的业主成为经济领域的贵族。这个背景之下,世袭制在城市的出现并不会令人感到惊讶——行会的"会员资格,限于已属于行会的富裕家庭中间,是由父传子、子传孙的职位"。③ 经济特权向政治特权的转化,乃是社会规律的必然:穷人与富人在被选举权即担任市政官职资格上的差异,得到中世纪城市法的确认。"在 14 和 15 世纪的欧洲……无论什么地方,只要行会制度占了优势,那里的市政府就被行会所控制。行会的成员及其家族形成了一个城市贵族阶层,这是由富裕的、有显赫政治地位和社会影响的上层市民构成的社会集体……管理着贸易和地方政权。"④这种以财产为基础的人格等级差异,迅速在城市市民内部形成了阶级的鸿沟,出现了人类历史上最初的无产阶级与资产

---

① [美]哈罗德·J. 伯尔曼:《法律与革命——西方法律传统的形成》,贺卫方等译,中国大百科全书出版社 1993 年版,第 474 页。

② [美]汤普逊:《中世纪晚期欧洲经济社会史》,徐家玲译,商务印书馆 1992 年版,第 542 页。

③ [美]汤普逊:《中世纪经济社会史》(下册),耿淡如译,商务印书馆 1961 年版,第 439 页。

④ [美]汤普逊:《中世纪晚期欧洲经济社会史》,徐家玲译,商务印书馆 1992 年版,第 547 页。

阶级的对峙。

然而,中世纪商业城市内部的人格秩序,是建立在商业而非伦理的基础之上,但是其传承了封建社会平等与契约的观念,并且使这一观念,发生了由封建土地关系向商品经济关系、由宗教领域向世俗领域的转变。这一转变,为近代伦理法律人格的形成,创造了条件。

四、发展:中世纪商业城市对于近代伦理法律人格之形成的意义

由前文的叙述我们已经看到,中世纪商业城市作为封建社会领主权、教会权之外的特殊区域,其割裂了封建土地关系的束缚,而在商品经济关系的基础上,重新塑造了契约观念和世俗的平等观念。由城市所表彰的商品经济的强大的生命力,及其相对于封建社会关系的"异质性",对封建制度和教会治权形成了巨大的冲击。正是这种冲击,为城市带来了以城市宪章与市民人格为表征的政治自由,以及以商法和商人人格为表征的经济自由。事实上,城市商品经济关系所引起的冲击力远远没有结束,随着它的影响力的扩张,它还导致了封建与宗教权力的解体,并最终导向了近代资本主义国家的建立。换言之,近代资本主义国家人格制度的建立过程,其实就是萌生于城市之中的以商品经济关系为基础的人格关系,放大到整个国家领域的过程。在这个过程之中,中世纪商业城市对于近代资本主义国家伦理人格法律制度之形成的意义,表现在以下方面:

第一,城市商品生产关系的发展,促成了民族国家的建立,终结了封建制度的采邑割据所导致的人格的区域性,从而为城市的那种建立在商业基础上的"独特"的人格关系扩展至整个国家领域,创造了条件。在采邑制度下,封建等级制度的社会结构乃是一种割据与分裂的结构,这是由附着于邑地授受的契约的"相对性"所决定的。由此所导致的结果就是,个人仅仅是就其所在的等级领域而存在的,由契约的效力范围所限定,他仅仅是上一级领主所辖的社会的成员,而绝非一个"国家公民"——"在当时没有关于社会或领土幅度的意识,也没有民族的或国家的情绪"。①

① [美]汤普逊:《中世纪经济社会史》(上册),耿淡如译,商务印书馆1961年版,第312页。

伴随着城市的产生及其发展,商业活动所创造的巨大财富,使封建国家的中央政府积极奉行重商主义政策,将商业的发展作为经济振兴、国运昌隆之道。在重商主义政策之下的,是国王对于经济领域控制的加强,变经济的民间自由发展,为国家的主导、推动。于是,城市工商业从封建体制之外的边缘行业,开始跻身于社会的主流,并在王权的监护下加速发展。相应地,新兴的工商阶级与国王之间,在重商主义的国家政策下,形成空前密切的关系。这种关系,改变了世俗权力与教会权力、中央权力与地方权力的力量对比。国王在商业资本的支持下,一方面从教会手中夺去权力,另一方面消除地方割据,建立起了中央集权的民族国家——在封建社会,"领主区域,教会区域,城市国家都是构成地方主义的。但超乎这些破碎区域之上的,有一个精神的统一世界,即所谓的基督教世界是也。……民族国家之成长,一方面把破碎的连合起来,另一方面则又把统一的予以分裂。两种相反的过程,一使小的变大,一使大的变小,恰恰成立民族国家"。[①]

在这两个方向相反的过程中,教会治权向王权的移交,带来的是整个国家的政治、经济重心,由宗教向世俗的转移,这进而构成了意识形态上由"神文"到"人文"的转变的社会基础与背景;相应地,国家由地方割裂走向统一,使得原先地方割据下的人身依附性被打破,"国家由一个以人身依附性为基础的组织,转变为一个以统一的领土地域为基础的组织——在固定的国家领土范围之内,君主建立起了统一的政府组织"。[②]其结果就是,个人取代了"封邑",成为国家最为基本的构成单元,"国家公民"的观念因而产生。在商品经济关系的推动下,人格的形态发生了由宗教到世俗、由地方割据到统一国家的转变。这一转变,为近代伦理人格的建立,奠定了社会结构上的基础。

第二,随着社会权力结构由宗教到世俗的转变的,是宗教意识形态上

---

① 周谷成:《世界通史》,商务印书馆2005年版,第617页。

② Charles J. Reid, Jr., "A Brief Account of Western Constitutional History: Raoul Van Caenegem's An Historical Introduction to Western Constitutional Law", *Emory Law Journal*, vol. 46 (Spring 1997), p. 791.

的重心由“来世”向“现实”的转变。在商品经济发展壮大的经济背景下，16 世纪，马丁·路德在德国拉开了宗教改革的序幕，创建路德教会。宗教改革的主要内容之一，便是将人生的意义，从原先对于来世的关注，转向现实生活。在中世纪的经院哲学中，人生的本质意义，在于死后“享受上帝的荣光”，而并不在于现世的生活。后者的意义仅在于通过德行，为最终目的的实现创造条件。至于追逐财富，在中世纪的宗教伦理上则更被看成是“最卑鄙的贪婪，是一种完全没有自尊的心态”。① 然而，上述观念在新教那里，却发生了改变。按照路德的论断，人在现实生活中的职业和分工，“为神意所直接决定，恪守上帝为他安排的位置，循规而不逾此矩，这就是人的宗教责任”。② 巴克斯特则进一步提出，现实生活中的职业，是“上帝向人颁发的命令，要他为神圣荣耀而劳动”。③ 据此，劳动被赋予了宗教的神圣意义，成为一项宗教义务。一方面，教士的修道生活并不能作为逃避劳动义务的借口，因而更不比劳动来得更为崇高，因为“上帝更乐于人各事其业以积极践履他的意志，何况礼拜日已为人进行沉思提供了充裕的时间”。④ 另一方面，作为劳动的必然结果，物质财富之取得获得了肯定性的评价，甚至被认为是衡量人们的劳动能否得到上帝青睐即劳动成效的标准。在清教徒的心目中，“要是上帝为你指明了一条路，沿循它你可以合法地牟取更多的利益（而不会你自己的灵魂或者他人），而你却拒绝它并选择不那么容易获利的途径，那么你就会背离从事职业的目的之一，也就是拒绝成为上帝的仆人……你必须为上帝而辛劳致富，但不可为肉体、罪孽而如此”。⑤ 在此，我们不难看出新教教义背后

① ［德］马克斯·韦伯：《新教伦理与资本主义精神》，于晓等译，三联书店 1987 年版，第 39 页。

② ［德］马克斯·韦伯：《新教伦理与资本主义精神》，于晓等译，三联书店 1987 年版，第 125 页。

③ ［德］马克斯·韦伯：《新教伦理与资本主义精神》，于晓等译，三联书店 1987 年版，第 125 页。

④ ［德］马克斯·韦伯：《新教伦理与资本主义精神》，于晓等译，三联书店 1987 年版，第 123 页。

⑤ ［德］马克斯·韦伯：《新教伦理与资本主义精神》，于晓等译，三联书店 1987 年版，第 127 页。

强大的工商势力的影子。事实上,按照韦伯所给出的统计,“在任何一个宗教成分混杂的国家,只要稍稍看一下其职业情况的统计数字,几乎没有什么例外地可以发现这样一种状况:工商界领导人、资本占有者、近代企业中的高级技术工人、尤其是受过高等技术培训和商业培训的管理人员,绝大多数都是新教徒”。[①] 新教伦理所倡导的朴实、节俭、刻苦的美德,塑造了早期的资本主义精神,哺育了近代的经济人。

第三,在绝对君主制民族国家内部,商业资本的政治要求与血缘的政治特权之间的社会矛盾,则为以契约方式重构一个人格平等社会的政治主张,提供了动因。绝对君主制的民族国家,是在资本力量的推动下,瓦解了封建采邑制度后建立起来的。但是,采邑制下的封建领主的优越地位并没有因此而丧失,“在封建时代领主们是作为一个个人,而具有重要性;而在后封建时期领主们则是作为一个阶级,而具有重要性。他们中越来越多的人,转而在国家的机构当中,扮演越来越重要的角色”。[②] 封建采邑制度中的诸侯领主,在丧失了其领地的统治主权的同时,却将其保留下来的贵族身份,带进了民族国家,形成了君主制国家中的贵族人格,并且继续享有民族国家中的政治特权。“绝对主义保持了不容低估的封建主义特性。它是一个建立在贵族至高无上社会地位上、受到土地财产规律制约的国家。……在绝对主义国家中,贵族的‘政治’地位从未下降过。其封建属性常常使绝对主义国家背弃或扭曲对资本的承诺。”[③]在以法国为代表的绝对君主制国家中,世袭血缘作为厘定贵族身份的标尺,其界定了贵族与平民之间的界限,清晰而僵化。相应地,包括了商业资本者在内的出身卑微者,作为国家中的平民阶层即所谓“第三阶层”,并无法在以“贵族血缘”为政治权利基础的人格制度之下,寻找到自己的政治地位。西耶斯愤怒地指出:“概括起来

① [德]马克斯·韦伯:《新教伦理与资本主义精神》,于晓等译,三联书店 1987 年版,第 1 页。

② Graeme Gill, *The Nature and Development of the Modern State*, New York: Palgave Macmillan,2003. p. 97.

③ [英]佩里·安德森:《绝对主义国家的系谱》,刘北成等译,上海人民出版社 2001 年版,第 26 页。

说:迄今为止,第三等级在三级会议中并无真正的代表。因此他们的政治权利等于零。"[①]由此所导致的结果就是,在僵化、封闭的新的制度放任乃至强化人格间的对立的同时,封建贵族的对手们,却拥有着富可敌国的力量。既然所有的大门都关上了,那么唯一的办法就是把门撞开。当等级特权成为资产阶级在封建体制下寻求其政治权利不可逾越的障碍时,矛头指向封建体制本身的革命之火便被点燃了。

第四,绝对君主制国家内部的商业资本与特权血缘人格之间的矛盾,为近代自然法思想提供了现实的基础。从历史的角度观之,哲学思想,其作为对包括法律在内的人类社会的现象进行思考和总结的产物,其之产生,是法律产生之后的事情。在人类的哲学思想产生之前,实然的法律制度,"仅安身于人的传说、童话、宗教礼仪、习俗、神话中,且当然地被接受"。[②] 因而其具有当然的权威性。然而,尽管每一个社会的法律、习俗,据说都有着使之披上神圣外衣的传说和神话,但是这些各式各样的神圣性,并不能阻止这样一个问题的最终产生,那就是"怎样的法律才是正当的"?这个问题的提出,意味着实然法秩序的内容,已经由原先的人们思考的依据,降格为哲学思考的对象了——"真正的社会秩序生长于井然有序的哲学家们的心灵中,来自哲学家拒绝屈从于他周围无序的环境的敏锐意识"。[③] 进而,要对现行法的正当、合理性进行评判,人们就必须在作为评判对象的现行法的权威之外,另行寻找新的权威,使之成为评判的依据。在这里,人们最终觅得的这个至高、恒定的依据,即是所谓的"自然",而由"自然"所引导出的社会组织规范以及人类的行为规范,即是所谓的"自然法"。

如果说自然法的本质,在于对实然秩序的应然性评判的话,那么近代自然法,其对于现实秩序的评判,则无疑是建立在新兴的商品经济关系的

---

① [法]西耶斯:《论特权 第三等级是什么》,冯棠译,商务印书馆1990年版,第28页。

② [德]阿图尔·考夫曼、温弗里德·哈斯默尔:《当代法哲学和法律理论导论》,郑永流译,法律出版社2001年版,第54页。

③ Patrick H. Martin,"Voegelin and The End of Legal Philosophy",*Louisiana Law Review*, vol. 62(Spring 2002),p. 879.

要求基础之上的。一方面，近代自然法思想以“自然状态”为理论起点——在“自然状态”下，约束人的行为的，并不是实在法法权，而是人的“理性”——总结出一系列人与人之间关系的“理性”准则。这些准则，格老秀斯将其归纳为：不欲求属于他人的东西；归还属于他人的东西并用我们自己的财产使他人的财产恢复原状；遵守合约并践履诺言；赔偿因自己的过错而给他人造成的任何损失；给应受惩罚的人以惩罚。[①] 霍布斯则将其归纳为：所有人必定无法维持他们对所有东西的权利，必须转让或放弃某些权利；遵守信义、诺言，不要让相信你的信义的人失望；应当体谅他人，并宽恕有悔改表现的过错者；报复或惩罚应当着眼于未来的利益而不是过去的恶行；不得侮辱他人；与他人平等相处，承认他人享有与自己相同的权利；无法分割的东西应尽量共享，等等。[②] 显而易见，这些自然法准则，其本质不过是中世纪商业城市中的“市民关系”，借助于“理性”名义的再一次表述罢了。另一方面，在“自然状态”下，由于人为的法权因素被排斥在外，因此人与人之间的关系呈现出“互不隶属”的特性，这正是自然法思想中“生而自由”与“人人平等”观念的由来。以此为出发点，自然法思想全面反思了个人与国家的关系问题，针对当时宣扬君主绝对权力的“国家理由学说”，以及以血缘特权为基础的人格秩序，近代自然法所提出的质疑就是：“如果一个统御众人的人享有充当自己案件的裁判者的自由，可以任意处置他的一切臣民，任何人不享有过问或控制那些凭个人好恶办事的人的丝毫自由，而无论他做的事是由理性、错误或感情所支配，臣民都必须加以服从，那是什么样的一种政府，它比自然状态究竟好多少？”[③]基于此，自然法思想提出了人民主权、有限政府、权力制衡等政治主张。

由此所奠定的个人与国家的“应然”关系就是：由于个人的“自然权利”先在于国家，故而国家面前的个人，乃是基于“自然理性”而具有伦理

---

① 参见 De Jure Belli ac Pacis，BK. Proleg. 8. 转引自［美］E. 博登海默：《法理学、法哲学与法律方法》，邓正来译，中国政法大学出版社 1999 年版，第 43 页。

② ［英］霍布斯：《论公民》，应星等译，贵州人民出版社 2003 年版，第 15、26 ~ 35 页。

③ ［英］洛克：《政府论》（下篇），叶启芳等译，商务印书馆 1964 年版，第 11 页。

价值的个人。作为国家产生依据的“社会契约”，其缔约目的既然在于更好地实现个人的“自然权利”，那么国家就应当以个人“自然权利”之实现作为自己存在的意义。相应地，实在法作为实现国家目的的手段，其必须以尊重和保护个人的“自然权利”为立法的基点。换言之，个人之所以成为实在法的主体，即具有实在法上的“人格”，依据即是其所具备的伦理价值。不言而喻，这种以伦理价值为基础的人格观念，就是伦理人格观念。

与以斯多葛学派为代表的古代自然法思想相比较，斯多葛学派与近代自然法思想均具有鲜明的现实批判意义。然而，与古代自然法不同的是，近代自然法思想却是建立在更为坚固的社会经济基础之上，即在近代自然法思想的背后，乃是不断壮大的资产阶级的政治要求。因此，当近代的自然法思想与资产阶级的力量结合起来的时候，它的意义就不再像斯多葛学派在罗马帝国时期所表现的那样，仅仅是一种现实批判的理论，或至多是一种社会改良的方向了，而是成为一种社会重构的方案、一种以社会重构为目的的革命武器。进而，当资本主义国家在自然法基础上构建其人格秩序的时候，意识形态上的伦理人格观念，便转变为实在法上的伦理人格制度——原先封建社会中的“异类”，商业城市中以商品经济为基础的“市民关系”及其所蕴含的契约、平等与自由的观念，在历经与封建领主、教会、贵族与君主的斗争之后，终于在以“伦理”为基础的实在法人格制度下，在整个国家领域，得以确立。

第三节　民事权利的法律技术与人格保护的民法法典化模式

在我国民法典的编纂过程中，人格权的民法法典化模式的选择，成为了一个极具争议的问题。这一问题，不仅是“人格权应规定于民法典的哪一部分”的形式安排问题，而且与民法典中民事权利的法律技术密切相关。鉴于此，笔者拟立足于民事权利的法律技术，对人格之保护的法典化模式选择加以讨论。

一、民事权利的民法保护模式

民事权利由作为实在法的民法所塑造，是一项对应于自然权利的实在法权利。与自然权利相比较，自然权利以人与生俱来的理性属性为依据，其并非实在法赋予的结果。由于实在法权利并不能根据人的理性属性而自然产生，因而必须通过实在法的规定作为条件。尽管自然权利与实在法权利均可纳入实在法保护的范畴，但是由于其两者产生的依据不同，实在法所采用的保护模式则大相径庭。

实在法对于自然权利的保护，采取“人之本体保护”①的模式。在认可自然权利哲学观念的前提下，立足于实在法的角度来看，基于人的存在，人的自然权利就当然存在。由于实在法无需、也不可能通过实在法权利来赋予人自然权利，故而实在法直接通过保护“人本身”（而不是保护人的实在法权利），即可实现人的自然权利保护。与对自然权利的保护模式不同，实在法对于实在法权利的保护，则采取“人之权利保护”②的模式。在自然权利的范围之外，当“人拥有某事物”的判断，并不能凭借人的理性属性而获得时，实在法便只能以实在法权利为工具，将“人”与“事物”连接起来，使“事物”成为人根据实在法权利所拥有的东西。进而，实在法以“保护实在法权利”为手段，来实现“人对事物的拥有”之保护的目的。在作为实在法的民法中，物权、债权、亲属权、继承权等权利，均为民法施行“人之权利保护”的实在法技术手段。由此可见，从实在法的角度以观，“法律保护”与“实在法权利”并非同一含义，后者不过是前者的方法之一。

由此出发，当我们在民法典编纂的语境下讨论“人格权”话题时，我们所论及的，应该也是一种实在法权利，即应存在于民法典之中的、并列于物权、债权、亲属权、继承权的民事权利，而不是一种自然权利。相应地，如果民法典欲以“人格权”为手段来实现人格之保护的立法目的，其

① 马俊驹、张翔：《人格权的理论基础及其立法体例》，载《法学研究》2004年第6期。

② 马俊驹、张翔：《人格权的理论基础及其立法体例》，载《法学研究》2004年第6期。

所采用的只能是"人之权利保护"的模式。这就意味着,只有当我们将人对于生命、身体、健康、姓名、名誉、隐私、肖像等事物的拥有,界定为实在法权利赋予之结果的前提下,作为民事权利的"人格权"在民法典中方能确立。

二、人格保护法典化模式选择的法律技术分析

立足于上述判断,我们来审视人格之保护的民法法典化思路。众所周知,我国未来民法典中应当如何对人格之保护问题加以安排,主要有三种学说:一是"民事主体说",即在民法总则中的民事主体制度中,对这一问题加以规定;二是"独立成编说",即在民法分则中独立设置"人格权编";三是"侵权责任说",即在民法分则中的"侵权责任编"中,对这一问题加以规定。毋庸置疑,上述三种立法主张,均可以实现民法典人格之保护的立法目的。然而,上述三种立法主张,是否均可以称为"人格权"的法典化模式?依笔者所见,答案是否定的。

"民事主体说"的理论基础,在于"人"与"人格利益"之间的密不可分性。"作为人格权客体的人的生命、身体、健康、自由、姓名、肖像、名誉、隐私等,是人格的载体。因此,人格权与人格相始终,不可须臾分离,人格不消灭,人格权不消灭。……人格权就像权利能力、行为能力、出生、死亡一样,属于主体自身的事项。"①由此学说所导向的结论就是,人对于生命、身体、健康、自由、姓名、肖像、名誉、隐私等事物的拥有,是以人的存在为前提,而无需以民法的赋予为条件。可见,"民事主体说"语境下的人格权性质为自然权利。如前所述,民法对于自然权利的保护,系采用"人之本体保护"的模式。由于民法不可能将人与生俱来的价值,改造成实在法权利所赋予的东西,因此,将人格权界定为自然权利的论点,将导致对作为民事权利的"人格权"的否定。例如,《瑞士民法典》在"自然人"一章中规定了"人格的保护"小节。该小节由三部分组成,即"防止过度约束"

---

① 梁慧星:《中国民法典编纂的几个问题》,载《山西大学学报》(哲学社会科学版)2003年第5期。

“防止侵害”“姓名权”。① 我们可以看出，《瑞士民法典》在自然人制度中所规定的仅仅是“人格的保护”，并非是“人格权”。从“人之本体保护”模式出发来审视该法典的规定，我们就不难理解，《瑞士民法典》中何以除过“姓名权”外，并不存在一个抽象的“人格权”概念的原因了。

“侵权责任说”的理论基础，在于民法典之于人格保护的意义，仅在于在人格受到侵害时提供救济。在以《德国民法典》为代表的传统民法中，“个体对其人格存在不具有任何主动支配和决定的权能，人格权的内容仅限于既有人格的完整性受到尊重和保护层面”。② 然而，问题在于，由侵权责任制度所规定的“人格之保护”，是否就意味着“人格权”在侵权责任制度中得到确立？回答依然是否定的。侵权责任制度中规定“人格之保护”，其所蕴含的法律逻辑在于“侵犯他人人格，应承担侵权责任”，而与人对自己人格利益的拥有是否为“人格权”无关。一方面，在前述“人之本体保护”与“人之权利保护”的区分下，无论是侵害人之本体，还是侵害人之权利，都会导向侵权责任的承担；另一方面，在“权利侵权”与“法益侵权”的区分下，无论是侵害绝对权利，还是侵害应受法律保护的利益，也都会导向侵权责任的承担。因此，侵权责任对于人格的保护，并不能表明其所保护的对象就是“人格权”。例如，《德国民法典》在其“侵权行为”一节中规定：“故意或有过失地不法侵害他人的生命、身体、健康、自由、所有权或其他权利的人，负有向该他人赔偿因此而发生的损害的义务。”（第823条第1款）③该条规定作为德国民法中“权利侵权”的基本条款，“生命”“身体”“健康”“自由”的罗列，仅仅表明对这四种人格利益的救济，应适用“权利侵权”的构成要件，而并不意味着该条款确立了上述四种“人格权”。正如拉伦茨所言，“第823条第1款还列举了四种在受到侵犯时就同权利立于同等地位的‘生活权利’……这样并不是说，有一种生命、身体、健康和自由的不可侵犯的权利”。④

---

① 《瑞士民法典》，殷根生、王燕译，中国政法大学出版社1999年版，第9～13页。

② 刘绍成：《人格权主观权利地位的确立与立法选择》，载《法学》2013年第6期。

③ 《德国民法典》，陈卫佐译注，法律出版社2006年版，第306页。

④ ［德］卡尔·拉伦茨：《德国民法通论》，王晓晔等译，法律出版社2003年版，第170页。

由此可见,前述关于“人格之保护”的法典化模式选择学说的分歧,并不仅仅是“民法典应如何规定人格权”的立法技术的分歧,而事关“民法典是否需要确立人格权”的判断。由于“民事主体说”与“侵权责任说”并不能导向“人格权”的成立,故如欲在我国未来民法典中确立“人格权”概念,则“以独立的人格权法承载人格权权利化的立法表达”[①]就是唯一的选择。

三、“人格权编”与人格权客体外在化

人格权独立成编,意味着民法典选择了“人之权利保护”的模式,意图通过“人格权”来实现人格之保护。如前所述,在“人之权利保护”下,实在法之所以需要以权利将“人”与“某事物”相连接,原因是基于人的存在,不能自然地得到“人拥有该事物”的判断。这意味着,“该事物”并非“人”的组成部分,而是人的身外之物,其存在于人的外部。因此,以“人之权利保护”模式保护人格,逻辑前提必须是:民法典将所欲保护的对象——生命、身体、健康、自由、姓名、肖像、名誉、隐私等——界定为外在于人的事物,使之成为实在法权利的客体。那么,人格权客体外在化是否可能?人的生命、身体、健康、自由、姓名、肖像、名誉、隐私,其与人的关系究竟如何?

考察大陆法系民事立法及理论,我们可以发现,其对于这一问题的回答,存在鲜明的二元区分。

首先,在大陆法系民法中,自然人人格所蕴含的自然法理念与法人人格所具有的法律实证主义思维判然有别。“自然人的民事主体地位是一个先于实证法的伦理问题,法人则是立法者有目的的法律构造物、是目的的联合体。”[②]从自然法理念以观,人的生命、身体、健康、自由,被视为人与生俱来的东西,即内在于人的事物。因此,民法对于人生命、身体、健康、自由的保护,系采用“人之本体保护”模式,这是大陆法系民法典普遍

① 蔡立东、曹险峰:《中国特色社会主义民法学理论研究》,载《当代法学》2013年第3期。
② 王雷:《我国民法典编纂中的团体法思维》,载《当代法学》2015年第4期。

不承认生命权、身体权、健康权、自由权等民事权利的存在，更没有作为实在法权利的“人格权”概念的重要原因——正如《德国民法典》的立法者所指出的，“不可能承认一项‘对自身的原始权利’”。[①]

其次，在大陆法系民法中，姓名被视为外在于人的事物。正是由于姓名与人的关系，远不及生命、身体、健康、自由来的密切，民法典将人的姓名保护纳入“人的权利保护”模式，在法典逻辑上并无障碍。因此，《德国民法典》第12条、《瑞士民法典》第29条均明确地承认了姓名权的存在。此外，在德国司法对于“一般人格权”的塑造技术，也表明人的肖像、隐私、名誉等，可以视为外在于人的事物，并成为权利的客体。具体来讲，德国司法为了将“读者来信案”“骑士案”“录音案”“索拉雅案”中所涉及的人格保护，纳入前述民法典第823条第1款所规定的“其他权利”的范畴，从而适用“权利侵权”的要件，其首先将“一般人格权”理解为自决权，进而将这项自决权限制在一个特定的领域内，即司法认定客观载体之上。[②]这种做法表明，被纳入“一般人格权”框架予以保护的人格利益，是附着于信件、话语等外部的客观载体之上的人格利益，是外在于人的事物。正因如此，“一般人格权”在法律技术上才具备了成立的可能。

由此可见，“实在法权利只能以外在于人的事物为客体”的判断，已经被大陆法系民法从正反两个方面反复印证。如果我们遵循上述大陆法系民法的认识，将导向我国未来民法典“人格之保护”立法的二元模式，即民法典对于人的生命、身体、健康和自由的保护，应采取“人之本体保护”模式，在总则民事主体制度中加以规定，而对于人的肖像、隐私、名誉的保护，则应采取“人之权利保护”模式，在分则中独立成编。问题是，我国未来民法典需要采用这种二元立法模式吗？回答是否定的。

人对于其生命、身体、健康、自由的拥有，是与生俱来的，还是实在法赋予的，这并非是一个事实判断，而是一个价值判断，两者不可混淆。仅

---

① ［德］霍尔斯特·埃曼：《德国民法中的一般人格权制度——论从非道德行为到侵权行为的转变》，邵建东等译，载梁慧星主编：《民商法论丛》（第23卷），金桥文化出版（香港）有限公司2002年版，第413页。

② 周晨、张惠虹：《中德民法中一般人格权制度之比较》，载《德国研究》2003年第2期。

依据“人活着就离不开生命、身体、健康”这一事实，即得到“生命、身体、健康与生俱来”的判断，是不可靠的，因为古罗马的奴隶也是依赖其生命、身体、健康而生存的，但是由于其生命、身体、健康可以被家父任意的限制、剥夺，故奴隶的生命、身体和健康并不为其所拥有。同理，一个人可以自主行动、自主表达的事实，也并不当然表明其即拥有自由。因此，只有当一个人的生命、身体、健康、自由构成了对他人（包括国家）的约束，成为后者自由行动的禁区的时候，人才“拥有”了自己的生命、身体、健康和自由。由此可见，大陆法系民法关于“人对于其生命、身体、健康、自由的拥有与生俱来”的判断，依据并不在于人的生存与其生命、身体、健康、自由事实上的联系，而是在于伦理哲学对于人的价值的认识。例如，《法国民法典》因直接立基于近代自然法哲学思想之上，被誉为“自然法典”。该法典最终草案的序编曾经明确指出，“存在着一种普遍的永恒的法，它是一切实在法的渊源：它不过是统治着全人类的自然理性”。[①] 这种立法思维导致了《法国民法典》上的人，植根于自然法思想中“人是自己和自己生命的主人”[②]的判断之上。同样，《德国民法典》浓厚的法律实证主义色彩，也未能阻断法典与伦理之间的联系。该法典关于“人的权利能力始于出生完成之时”（第1条）的规定，在其第一草案说明书中被诠释为，“不论现实中的人的个体性和其意志，承认其权利能力是理性和伦理的一个戒律”。[③] 从中不难发现，这一“戒律”与康德“只有一种天赋的权利，即与生俱来的自由”[④]这一判断之间的关系。由此可见，大陆法系民法作为近代启蒙运动的产物，自然法思想与理性哲学关于人的论断，构成了民法典中“生命、身体、健康、自由均为内在于人的事物”之判断的价值基础。

---

① ［法］阿·布瓦斯泰尔：《法国民法典与法哲学》，钟继军译，载徐国栋主编：《罗马法与现代民法》（第2卷），中国法制出版社2001年版，第290页。

② ［美］列奥·施特劳斯：《自然权利与历史》，彭刚译，三联书店2003年版，第233页。

③ ［德］罗尔夫·克尼佩尔：《法律与历史——论〈德国民法典〉的形成与变迁》，朱岩译，法律出版社2003年版，第58页。

④ ［德］康德：《法的形而上学原理——权利的科学》，沈叔平译，商务印书馆1991年版，第50页。

比较而言,我国自清末开始的民法典移植,归根结底是一种无机移植,西方民法所赖以生根发芽的哲学基础,为我国社会所不具备。法律的可移植性与价值的不可移植性之间的冲突,导致了我国民法中"人"的哲学基础的虚无。例如,在我国民法中,前述"人生而具有权利能力"这一判断的依据,不可能来自"理性和伦理的戒律",而只能是《民法通则》第9条的规定。同理,在我国民法中,民事活动中当事人之间互不隶属的关系与自主决定,也不会被解读为这是"自然法哲学"由人的理性属性所演绎出来的人与人之间关系在实在法上的反映,而只能被解读为这是"民法基本原则"的要求。由此可见,大陆法系民法上的人,既具有法律基础(权利能力),也具有哲学基础(理性),而我国民法上的人则是一个法律上纯粹的"权利能力者"。在欠缺伦理哲学注释的情况下,从实在法逻辑以观,这个"人"除了权利能力之外的一切,均为其身外之物。因此,如果说大陆法系民法是启蒙的产物,那么我国民法则肩负着启蒙的使命,即在独立成编的人格权法典化模式之下,通过"人格权"这一实在法上的权利,来塑造人的伦理价值。"在民法中直接列举各种人格权,确定法律保护的人格利益,不仅使侵权法明确了保护的权利对象,而且通过列举的方式,可以使广大公民明确其应享有的并应受法律保护的人格权,这种功能是侵权法难以企及的。"①

四、"人格权编"与支配权法典化模式

人格权独立成编的立法,以法典语言宣示了"人格权"与民法分则中其他民事权利之间的并列关系。在支配权与请求权的民事权利基本分类中,"人格权"应当属于支配权范畴,具有支配权属性。由此决定了我国未来《民法典》中的"人格权编",应当按照支配权的模式加以构建。

按照支配权的模式构建"人格权编",是彰显独立成编的人格权法典化模式的社会效果优势所必需的。在当代社会,人体器官移植、遗体捐献、姓名、肖像乃至隐私的商业利用等现象层出不穷,人对于自身人格利

---

① 王利明:《人格权与民法典》,载《求索》2002年第5期。

益的支配现象已经司空见惯，并且有学者针对此类现象，将“自我决定权”与“商业利用权”界定为人格权的权能。① 如果民法典欲适应当代社会的发展，对上述现象予以认可并加以规制的话，那么只有在独立成编的人格权法典化模式之下，其社会关系的调整功能方可实现。回顾前述三种人格之保护的法典化模式学说，以“人的伦理价值属于人的范畴”之判断为基础的“民事主体说”，面对上述人格支配现象，其法律逻辑会陷入两难困境：或者对上述社会生活的事实视而不见，或者将“人”置于交易的客体地位。“侵权责任说”只能实现对人格侵权的救济，其对于人格支配关系的调整则无能为力。比较而言，由于“独立成编说”是以“人的伦理价值外在于人”为基础的，由此人自然可以像支配自己的财产那样，对人格利益加以支配。相应地，民法典对于人格支配关系的调整，也便如规制财产支配关系一样的顺理成章。

此外，按照支配权的模式构建“人格权编”，也是回应针对独立成编的人格权法典化模式的理论质疑所必需。我国民法学界对人格权独立成编的法典化模式所提出的理论质疑，主要指向两个方面：一是“防御性权利说”，即认为人格权是一种纯粹的防御性权利，已如前述。二是“总则不能统辖说”，即认为“其他民事权利均可以根据权利人自己的意思，依法律行为而取得，均可以根据自己的意思，依法律行为而处分，而人格权因出生而当然发生，因死亡而当然消灭，其取得、发生与人的意思、行为无关，且人格权原则上不能处分，不能转让、赠与、抵消、抛弃。因此，民法总则的法律行为、代理、时效、期间、期日等制度，不能适用于人格权”。② 立足于前述人格支配的社会生活现实，“防御性权利说”与社会生活的事实并不相符，自不待言。至于“总则不能统辖说”，人格权固然不能依据法律行为而取得，但是却可以依据法律行为而支配，如血液、器官、遗体的捐献行为，其性质均属于法律行为。由于受到公序良俗原则的制约，人格权的法律行为支配，并不会导向人格权的转让或者放弃，而是表现为临时受

---

① 刘绍成：《人格权主观权利地位的确立与立法选择》，载《法学》2013年第6期。

② 梁慧星：《中国民法典编纂的几个问题》，载《山西大学学报》（哲学社会科学版）2003年第5期。

到限制、使用许可等负担行为，由此所产生的债权关系自然有诉讼时效制度适用的余地。此外，作为负担行为的人格权支配，既不属于身份行为，也无人身专属性，其通过代理方式为之应无疑问——经纪人代理明星与厂商订立代言合同，和与晚会组织者订立演出合同并无实质区别。

在此，需要着重讨论的问题是，在支配权模式的“人格权编”中，是否应当对“人格侵害”的构成与救济加以界定？这一问题，涉及民法典内部“支配权法”与“侵权法”之间的关系。

以《德国民法典》为代表的大陆法系传统民法，采取“救济权两分”的立法模式，即支配权受到侵害所产生的救济权利，被区分为支配权请求权与损害赔偿请求权两种类型。前者作为“支配权消极权能”或“支配权的保护”，直接规定于该支配权编之中，后者则因具有债权请求权的性质，被纳入侵权之债。这种能够在支配权编中，为支配权救济保留一席之地的模式，其前提条件是民法典中的“侵权责任”仅指侵权损害赔偿责任，即侵权之债。比较而言，在我国已经颁行了《侵权责任法》，且该法将构成未来民法典的“侵权责任编”的背景下，上述“救济权两分”的前提条件便不复存在。从《侵权责任法》第 15 条的规定①即可看出，脱离了债法体系的“侵权责任”所规制的，并非仅以损害赔偿关系为限，侵害绝对权及法益所产生的一切法律后果，均被纳入了侵权责任的规制范围。因此，在侵权责任独立成编的民法典中，其支配权编就丧失了规定支配权侵害的构成与救济的余地。

基于上述分析，我们来考察《民法通则》中“人格权”与“侵权责任”的关系。《民法通则》“第五章‘民事权利’”之“第四节‘人身权’”计有 8 个条文，其中姓名权（第 99 条）、肖像权（第 100 条）、名誉权（第 101 条）、荣誉权（第 102 条）和婚姻自主权（第 103 条）5 个条文，均使用了“禁止（不得）以……（方式）侵害”的句式来进行规定。进而，《民法通则》在“第六章‘民事责任’”中，则对人格侵权责任的“过错”要件（第 106 条第2、3

---

① 《侵权责任法》第 15 条规定：“承担侵权责任的方式主要有：（一）停止侵害；（二）排除妨碍；（三）消除危险；（四）返还财产；（五）恢复原状；（六）赔偿损失；（七）赔礼道歉；（八）消除影响、恢复名誉。以上承担侵权责任的方式，可以单独适用，也可以合并适用。”

款)和"承担人格侵权责任方式"(第119、120条)作出了规定。由此可以看出,《民法通则》处理"人格权"与"侵权责任"关系的办法是:人格侵权的"侵害事实"要件,由人格权部分加以规定;其"过错"要件及"责任承担"的方式,则由侵权责任部分加以规定。《民法通则》的这种体例安排,其实并不符合民法典结构的逻辑要求。从法律层面观之,侵权责任法律制度所需要界定问题,不仅包括归责原则与侵权责任的承担方式,也包括侵权责任的构成要件。蕴含着"法律事实"与"法律关系"间的法律因果关系,是一个独立的法律制度体系所必需的内在逻辑要求。从理论层面以观,尽管侵权责任的构成要件究竟应归纳为几项、其各自内容为何,学者众说纷纭、莫衷一是,但是"侵权责任的构成要件"问题从来都是侵权法中的问题,且"侵害事实"与"过错"均应属于侵权责任的构成要件,理论上则并无争议。因此,《民法通则》的上述立法体系,本质上是割裂了人格侵权的构成要件,将本应由"侵权责任"加以规定的问题,放在了"人格权"部分。

因此,我国民法典的制定,应当重新矫正"人格权编"与"侵权责任编"之间的关系,而"人格权编"的支配权模式正是居于基点的位置。由于现行《侵权责任法》并未对人格侵权作出系统性的规定,故而人格侵权的界定工作,仍需在"人格权编"的制定过程中来完成。但是,由支配权体系所决定,"人格权编"对于各种人格权的规定,应当立足于"权利宣示"和"人格支配"来进行,而不应与界定人格侵权的条文混杂在一起。后者应从各种人格权的规定中剥离出来,专门组成"人格的保护"一节。在未来民法典中,该"人格的保护"一节应当纳入"侵权责任编"。

五、"人格权编"与人格权客体范围的界定

"人格权"作为一种支配权,自然应当具有排他效力,且其应当具有与物权的排他效力相同的内在逻辑结构。拉伦茨对于物权排他性的阐释是,"(物权)是一种无限制的、全面的排他的对物进行支配的权利,根据这种权利,一切他人都不得对此物施加影响。……物权具有一个外在于人身的而在空间和时间上存在的'客体'。……这种和客体相联系的性

质对所规定的所有权人的活动划定了一定的范围：所有权人可以对‘他的物’随意处分，用益权人可以实施所有使用这个物的行为”。[①] 由此可见，支配权本质上不过是权利人的外部自由领域，该领域的范围就是支配权客体所存在的范围。支配权人在这一领域，享有自主地支配权利客体的自由。对于其他人而言，这一领域则是其自由的禁区，擅自入侵这一领域的任何人，其行为即自动具有不法性，均构成对支配权的侵犯，均应受到支配权排他性的排斥。由此可见，在支配权客体所存在的范围内，面对支配权人与入侵者之间的利益冲突，民法无条件地向支配权人一方倾斜：支配权人与入侵者之间只存在一种关系，即“排斥”与“被排斥”，舍此再无其他。

需要说明的是，“权利的行使应当受到法律、公共利益、公序良俗原则、诚实信用原则及第三人权利的限制”的原理，并不妨碍上文判断的成立。因为，支配权行使所受到的“法律”和“公共利益”的限制，其本质是个人利益与公共利益之间的冲突，而我们所称的支配权人与入侵者间“排斥”与“被排斥”的关系，所体现的是个人利益之间的冲突。另外，支配权行使所受到的“公序良俗”“诚实信用”“第三人权利”的限制，是指支配权人不得作为“入侵者”侵犯他人的个人利益，而与其作为“被入侵者”而受到侵犯无关。事实上，在支配权人所享有的外部自由范围内，任何人均承担着不得侵害这种自由的义务，这正是支配权作为“绝对权”的要义所在。

在上述支配权的排他性逻辑中，存在一个必要的条件，即支配权所表彰的那个外部自由的范围，或者说支配权客体的边界，必须是清晰、明确的。否则，不仅他人无从辨别其自由行动的禁区所在，法官也无从辨别被告挑战原告利益的行动是否构成一种“不法入侵”。因此，客体的边界能否确定，不仅是支配权排他性逻辑能否适用的前提条件，也是人的某种外部自由究竟是一项“支配权”还是仅仅为一项“利益”的“分水岭”。事实

---

① ［德］卡尔·拉伦茨：《德国民法通论》，王晓晔等译，法律出版社2003年版，第284、286页。

上,民法理论中“权利侵权”与“法益侵权”的区分即立足于此。

尽管在我国《侵权责任法》上,并没有对“权利侵权”与“法益侵权”的构成加以区分,但是在德国民法理论与实践中,其两者则“必须小心地加以区别”。[①]《德国民法典》中“权利侵权”与“法益侵权”的区分,表现为第823条第1款[②]与第826条[③]的并立。根据上述条文,《德国民法典》上“权利侵权”以致害人的故意或过失的主观心态为条件,至于致害行为的实施方式如何则在所不问。比较而言,“法益侵权”则不仅要求致害人具有故意的主观心态,且致害行为的实施也必须具有违反善良风俗的特征。由此可见,在致害人仅具有过失的心态,或者其行为并未违反善良风俗的情况下,倘若侵害他人权利,其行为将构成侵权;倘若侵害他人非权利的利益,则并不构成侵权。《德国民法典》将“权利侵权”与“法益侵权”区别对待的原因,在于侵害对象——“权利”与“非权利的利益”——属性上的不同。对于“权利”而言,“在依照第823条第1款受保护的权利中,权利人被赋予的追求和实现特定利益的权能的排他性程度如此之高,以至于只要是因故意或过失的对此种利益的损害本身就足以构成侵权行为”。[④]对于“非权利的利益”而言,由于其“未达到权利的属性密度”,故只有在“通过特别应受谴责之方式损害利益”[⑤]的情况下,方才构成侵权行为。在此,“权利”与“非权利的利益”因“密度”不同而展示出的不同排他效力,恰恰表现出其两者“边界”上的相异性:由于“权利”的边界是清晰明确的,因此民法典在“权利侵权”的认定上,只需要判断致害人是否具有故意、过失即可,而无需对当事人双方之间冲突的民事利益进行衡量。换言之,“权利侵权”的构成,在立法层面足以明确界定,因而禁止法官在司

---

① [德]迪特尔·施瓦布:《民法导论》,郑冲译,法律出版社2006年版,第192页。

② 《德国民法典》第823条第1款规定:“故意或有过失地不法侵害他人的生命、身体、健康、自由、所有权或其他权利的人,负有向该他人赔偿因此而发生的损害的义务。”参见《德国民法典》,陈卫佐译注,法律出版社2006年版,第306页。

③ 《德国民法典》第826条规定:“以违反善良风俗的方式,故意地加损害于他人的人,负有向该他人赔偿损害的义务。”参见《德国民法典》,陈卫佐译注,法律出版社2006年版,第307页。

④ [德]迪特尔·施瓦布:《民法导论》,郑冲译,法律出版社2006年版,第192页。

⑤ [德]迪特尔·施瓦布:《民法导论》,郑冲译,法律出版社2006年版,第191、192页。

法程序中进行自由裁量,在致害行为符合立法上的侵权行为构成要件,而司法上却判决受到侵害的权利不应受到保护,这是不可能的。比较而言,由于"非权利的利益"范围并不明确,因此受到侵害的利益是否即为"应受法律保护的利益",则需要对冲突双方的利益加以衡量方能确定——《德国民法典》第826条所界定的"故意"加"违反善良风俗"的"利益侵权"构成要件,正是从致害人角度衡量当事人双方利益冲突的一种方法。"第826条的规定宣告……受保护的是可能受到损害的人的全部利益,但却并非不是针对每一项损害,甚至也不是针对每一项因故意或过失所致之损害。"[①]因此,在"非权利的利益"受到损害的情况下,只有其中"应受法律保护的利益"方能得到救济。至于特定的受损利益是否属于这一范围,立法只可能提供一个一般性原则,其最终的确定则为立法所力不能及,因而必须交予司法进行个案衡量。

由此可知,独立成编的人格权法典化模式,也需要以人格权客体边界的确定为必要条件,否则基于这一模式所确立的人格权的排他性效力便无从谈起。在人格权所涉及的诸种利益形态中,以身体为依托的生命、健康、身体等利益的范围,因"身体"的边界明确而具有确定性,这也是前述《德国民法典》第823条第1款将生命、健康、身体侵权纳入"权利侵权",适用权利侵权构成要件之所以可能的原因。与此同时,毋庸讳言,姓名、肖像、名誉、隐私、个人信息等人格利益的范围,其边界具有较大的不确定性。例如,曾经备受我国法学界关注的"权利冲突"问题,大多即与人格利益相关,如人格权与自由表达权、知情权、舆论监督、公共安全、知识产权的冲突[②]等,不一而足。人格利益容易与其他权利或者利益发生冲突的事实,清晰地折射出了人格利益边界所具有的不确定性特征。又如,德国司法对于"一般人格权"的塑造,则是从另一方面印证了客体范围的确

---

① [德]迪特尔·施瓦布:《民法导论》,郑冲译,法律出版社2006年版,第191页。

② 熊静波:《表达自由和人格权的冲突与调和》,载《法律科学》2007年第1期;马特:《隐私权制度中的权利冲突》,载《法学论坛》2006年第1期;杨立新、曹英博:《论人格权的冲突与协调》,载《河北法学》2011年第8期;高立忠:《隐私权与知情权的法律边界》,载《社会科学家》2008年第6期;李琛:《质疑知识产权之"人格财产一体性"》,载《中国社会科学》2004年第2期。

定性对于“人格权”概念的意义。前述德国司法将被视为自决权的“一般人格权”的支配领域限制在客观载体之上的做法,即具有厘定客体边界的用意,即“在上述特定领域内,在中等程度的抽象高度上,根据人民大众中行之有效的生活准则与礼仪规则,进行法益权利与利益权衡”。[①] 在此,所谓“中等程度的抽象高度”表明,一方面,德国司法对于“一般人格权”所涉及的“人我自由”边界的确定,并非采取纯粹的个案利益衡量的做法,而是在个案利益衡量的基础上做类型化总结,[②]从中归纳出具有普遍适用性的要件,从而使“一般人格权”的客体边界在“中等抽象”的程度上得以确定,并在此客体范围内获得了支配权的排他性。这是“一般人格权”这项这项框架性“权利”得以成立并被置于“权利侵权”救济模式的法律技术基础。另一方面,由于“一般人格权”是由司法所创设的,其依托于个案利益衡量的归纳对权利客体的厘定,依然具有“中等抽象”程度上的不确定性,使“一般人格权”客体边界的明确程度与法典化权利的要求相距甚远。“‘一般人格权’没有具体的权利客体……对于没有具体客体的权利,也就意味着无法满足私法权利的具体化的要求。”[③]这也是“一般人格权”至今未能在《德国民法典》中得以确立的原因。[④]

可见,在我国民法典的制定进程中,确定人格权客体的范围,不仅事关作为支配权的人格权的排他性的成立,还事关独立成编的人格权法典化模式的成立。从逻辑上讲,人格权客体边界的确定,有“正向规定”和“反向规定”两种方法:前者是指明确规定各类人格权客体的范围,从正面确定人格权的排他领域;后者则是指明确规定各类人格权侵权的构成要件,从反面厘定他人自由的禁区。比较而言,“反向规定”的方式更为简单易行,其不仅是大陆法系民法典的常见做法,也符合《民法通则》对于对于人格保护的立法习惯。如前所述,在人格权独立成编的民法典体

---

① 周晨、张惠虹:《中德民法中一般人格权制度之比较》,载《德国研究》2003 年第 2 期。

② [德]迪特尔·施瓦布:《民法导论》,郑冲译,法律出版社 2006 年版,第 209~214 页。

③ 马俊驹、王恒:《未来我国民法典不宜采用“一般人格权”概念》,载《河北法学》2012 年第 8 期。

④ 马俊驹、王恒:《未来我国民法典不宜采用“一般人格权”概念》,载《河北法学》2012 年第 8 期。

系中,“人格之保护”属于侵权责任范畴,不应规定于“人格权编”。但是,规定于“侵权责任编”的“人格之保护”,却承担着从“反向规定”的角度界定人格权客体范围的重任。这一任务虽然艰巨,但并非不能完成,不过是需要对《民法通则》及相关司法解释的现有条文加以梳理,并扩展至新型的人格权类型,同时考量国外人格保护的立法、司法经验及我国当代社会生活的事实,自不待言。在此需要强调的问题有二:一是“人格权编”中应当避免将“人格权”与“人格利益”并列规定的语句,因为这种语句下并列于“人格权”的“人格利益”,只能解读为“非权利的利益”,因而对导致“人格权编”对于“人格权”概念的自我否定;二是“侵权责任编”中的人格侵权要件,应当在立法层面加以明确,从而获得普遍适用性,而不应将人格侵权的认定交予司法进行个案利益衡量,从而避免在“权利侵权”的名义下实行“法益侵权”救济模式的矛盾。

六、结语

在我国已经具备规模庞大的“实质民法”的背景下,民法典编纂的首要意义,并不在于法律规则的完善,而在于法典化体系的构建。如果仅仅以规则的完善为立法目的,那么对现行法进行修订,通过简单的条文增补即可完成,而无须采取法典化的形式。通过法律编纂来构建法典化体系,意味着原先自行其是、互不隶属各单行“实质民法”需要被纳入统一的体系之下,这就要求构成法典要素的各概念、制度,应当服从于统一的法典内在逻辑结构。作为民法典编纂的组成部分,人格权立法自然也是如此。独立成编的人格权法典化模式,要求立法者按照“民事权利”的标准来加以构建,使人格权与民法典中的其他民事权利获得相同的内在逻辑结构,并与整个民法典血脉贯通。唯有如此,我们才可以说,传统民法典这一参天大树在我国生长出了新的枝干。

第二章　团体事实与团体规范

第一节　团体中的共有及其法律技术演进

一、"家庭之产"与"家父之产":罗马法家庭财产观念之考察

众所周知,在罗马法上,家庭财产为"家父所有"。按照韦伯的论断,"家共同体是恭顺与支配的原始基础,也是家之外的其他许多共同体的基础。……家共同体不论在经济上还是在人际关系上都意味着:对外的连带性与对内的共产主义式消费共同体(家共产制)性质"。[1] 这一论断界定了家庭的"团体"性质。倘若我们将"家庭"置于"团体"的背景之下来加以审视,那么在罗马家庭财产"家父所有"的制度之下,另一个基本事实就是,家庭财产总是为全体家庭成员所共同支配,并为全体家庭成员的共同生活需要而存在的。从家庭财产支配的"正当性"角度以观,全体家庭成员(包括家父,也包括其他家庭成员)均"有权"支配家庭财产。正因如此,在罗马法上,"一般观念把财产视为家庭的共同权利并认为它是为共同福利服务的,这

---

① [德]马克斯·韦伯:《韦伯作品集》(Ⅲ),康乐等译,广西师范大学出版社2004年版,第90页。

是很自然的。法学家们自己也宣称:家子‘在活着时也被父母视为主人’(filiifamilias vivo quoque parente quodammodo domini existimantur)”。[①]由此,一个值得辨析的问题就是:古罗马家庭的财产,究竟是“家父之产”还是“家庭之产”?

这个问题,我们可以通过对罗马法的“非限定继承制度”的考察来寻找答案。

罗马法的继承制度分为两种形式,即“生前继承”(successio)与“死因继承”(eredita)。前者是基于人格变动,被继承人丧失“自权人”身份而引起的;后者则是基于“自权人”死亡而引起的。在死因继承中,一个引人瞩目的现象,就是继承人对于被继承人债务的“非限定承受”——“继承人不仅取得财产,而且还应当对死者债务负责,即便这些债务超过了遗产的盈额;甚至遗产可以只表现为债务,这在当时被法学家称为‘损益遗产’(hereditas damnosa)”。[②] 罗马法上的死因继承制度,究竟是基于何种考虑,要求继承人对被继承人的债务,承担这种漫无限制的责任?对此,罗马法学者尝试从各个方面来寻找原因。

一种常见的观点认为,“继承人对债务负责是因为他取得一份概括财产,其中包括债务”。[③] 也就是说,罗马法上的死因继承,是继承人对被继承人的法律地位的承继,继承人不仅承受被继承人的财产,而且也承受被继承人生前的所有法律关系——当然包括法律关系中的债务。然而,这种解释无法全面覆盖死因继承标的的范围。在罗马法的死因继承制度中,继承人可得继承的遗产范围,其实并不以“财产”为限。许多非财产的标的,如家庭中的圣物(sacra)、墓葬、庇护等,也均在继承范围之列。因此,罗马法上的死因继承,并非全然是对被继承人“财产”或者“财产法律关系”的继承。

---

① [意]彼德罗·彭梵得:《罗马法教科书》,黄风译,中国政法大学出版社 1992 年版,第129 页。

② [意]彼德罗·彭梵得:《罗马法教科书》,黄风译,中国政法大学出版社 1992 年版,第423 页。

③ [意]彼德罗·彭梵得:《罗马法教科书》,黄风译,中国政法大学出版社 1992 年版,第424 页。

此外,还有观点试图从"被继承人的债权人利益保护"的角度对之加以说明,即认为债之关系中,被继承人所负的债务,乃是以其财产作为担保的。[①] 在债务人死亡时,担保债权的财产,遂扩展到了债务人之继承人的财产之上,于是便会引起继承人无限制地承担继续清偿责任的后果。然而,这一观点同样有令人疑虑之处。在发生死因继承的情况下,"继承人接受继承之后,继承人和被继承人的财产就混为一体了。本来,被继承人的债权人是以被继承人的财产作为自己债权的担保的,而继承人的债权人则是以继承人的财产作为自己债权的担保的。因此,当继承人的财产与被继承人的财产混为一体之后,此一混合财产就成了双方债权人的共同担保了,双方债权人对这一混合财产享有同等的权利,都只能就混合后的财产而受偿"。[②] 由此所导致的结果,未必有利于被继承人的债权人保护。因为,在被继承人的财产足以清偿债务,而继承人却陷入"资不抵债"的情况下,这种基于财产混合观念而产生的无限制的债务清偿,只能使被继承人的债权人遭受损害。

依笔者之见,对于罗马法继承制度中非限定的清偿责任的解读,应当从家庭的"团体属性"作为进路。古罗马家庭是一种具有历史传承性的团体,家庭的团体属性及其历史传承性观念,在当时所流行的"家族宗教"中被表达得非常充分而生动。在古罗马时期,罗马人将所祭祀的祖先,称为"内神"。"一家包含父、母、子、女、奴隶。团体虽小,亦须有组织、训练。主权应属于谁?归父亲吗?否。每家中有比父亲更高的,就是家族宗教。这种内神,人类对他的信仰就是无可争辩的主权:就由他定家中的次序。"[③]由古罗马的这种"家族宗教"观念出发,我们可以得到两个方面的判断:一方面,罗马法的继承制度,其本质在于家族"薪火"的传承。家庭圣物、墓葬等家族象征物品可得作为继承标的,恰恰表明了这一

---

① [意]彼德罗·彭梵得:《罗马法教科书》,黄风译,中国政法大学出版社 1992 年版,第 425 页。

② 周枏:《罗马法原论》,商务印书馆 1994 年版,第 570 页。

③ [法]古郎士:《希腊罗马古代社会研究》,李玄伯译,中国政法大学出版社 2005 年版,第 64~65 页。

点。另一方面,根据古罗马家族宗教观念,“父亲是离着家火最近的;他燃火,他维护使之不灭。他就是教士”。[①] 由于家父作为“现任的”薪火传承者,是出于祖先的“委任”来执掌家庭的,是家庭这一团体的“代表人”,因此,现任家父对于上任家父的继承,不过是同一家庭团体的代表权的更迭。“继承人准确地说就是宗亲团体或家族最高权力的接班人,而且只是作为其结果,才也作为财产的继受人,也就是说,原始的遗产继承是为这种最高权力的转移而不是为财产的转移服务的。”[②]

由此可以看出,作为被继承人的上任家父的对外负债,真正的债务人并非家父,而是家庭,其本质是家庭债务。“遗产继承是向新的主体移转对‘家庭’的主权,因为政治组织是永远不死的”,[③]故而在新的家父治下的家庭团体仍然保有其同一性,由该家庭团体的财产继续对外承担清偿责任,就属于当然之理了。相应地,罗马家庭团体中的财产,也就不属于某一单独的家庭成员,即并非是“家父之产”,而是属于家庭团体,其性质为“家产”[④]——“产业权之最初建立,不是个人的,而是全家的。柏拉图曾正式说过,古代立法家亦承认过,产业属于历代祖先及子孙全体。由于这个性质,产业不能分析。每家只有一个业主,就是家自己。……这个原则可以解释许多种古代法律”。[⑤]

二、家庭与合伙:罗马法团体财产权利构造的法律技术之考察

当罗马法将社会观念上的“家产”用“家父所有”的方式加以表达的

---

① [法]古郎士:《希腊罗马古代社会研究》,李玄伯译,中国政法大学出版社2005年版,第65页。

② [意]彼德罗·彭梵得:《罗马法教科书》,黄风译,中国政法大学出版社1992年版,第421页。

③ [意]彼德罗·彭梵得:《罗马法教科书》,黄风译,中国政法大学出版社1992年版,第426页。

④ 事实上,这一观念直接来源于家庭财产之于家庭共同生活的物质基础地位,因而具有普遍性。日据时期对中国民事习惯所作的调查资料显示,当被问及“家产是家长的财产还是家人全体的财产?”时,被调查人明确回答:“全体。”参见[日]滋贺秀三:《中国家族法原理》,法律出版社2003年版,第130页。

⑤ [法]古郎士:《希腊罗马古代社会研究》,李玄伯译,中国政法大学出版社2005年版,第69页。

时候,后者便具有了“法律技术”的意义,即“家父所有”乃是“家庭所有”的社会观念在法律上的实现手段。这为我们进一步考察罗马法上家庭财产制度所蕴含的法律技术开辟了道路。

从历史的演进来看,古代罗马政治国家,是在原始氏族社会的“库里亚”部落联盟的基础上建立起来的。随着氏族社会的崩溃与政治国家的建立,原本在氏族社会内部已经存在的“小型近亲血缘团体”——家庭,并未因氏族社会的瓦解而瓦解,而是跨越了这道历史门槛,被新兴的罗马政治国家所接纳,形成了“国家”与“家庭”的对峙,并为罗马法上“公法”与“私法”之分立提供了社会基础。于是,一种古罗马式的“家国同构”观念得以产生——“国家要想尊重家庭的独立性,它就必须承认家庭首领拥有专属的和绝对的主宰权”。① 也就是说,家庭在古罗马国家中,其首先被视为一种政治组织,而非一种生活共同体——“无需进一步的论证,人们现在可以确定(越往早期追溯,根据就越充分):罗马家庭自身所具有的基本特点使它具有政治组织的性质”。②

在上述背景之下,我们可以窥探到罗马法家庭财产制度背后所蕴含的法律技术,在于以下两个环节:

第一,当家庭的政治组织性质与前述“家族宗教”观念相互结合,家父权与国家主权便具有了同质性:在家庭这一政治实体中,其“主权者”便是家父,家父的“领土”即为家庭。相应地,“所有权也属于家父早期的统一主权的组成部分,家父的这种权力,由于具有主权特点,恰恰体现着标的对主体的从属概念。在罗马早期,所有权只是家父对于其家父权控制下的人和物的一种表现”。③ 由于家庭中的成员与财产,均被视为家父主权的管辖事项,这就促成了古罗马家庭财产的“家父所有”制度模式。换言之,“家父的所有权”不过是“家父的家庭主权”在家庭财产统治关系

---

① [意]彼德罗·彭梵得:《罗马法教科书》,黄风译,中国政法大学出版社 1992 年版,第 129 页。

② [意]朱塞佩·格罗索:《罗马法史》,黄风译,中国政法大学出版社 1994 年版,第 14 页。

③ 张鹏:《论罗马法中所有权概念的演化——从 mancipium 到 dominium》,载《云南大学学报》(法学版)2003 年第 4 期。

上的表现而已。

第二,家父权的主权性质,直接促成了家庭内部私法人格的“单一性”特征。家父作为家庭中的主权者,自然成为私法上的“自权人”(sui juris),拥有家庭的一切财产,甚至包括家子和夫权下的妻。相应地,家父权下的家子与妻作为“他权人”(aliana juris),则不得享有上述权利,而须置于家长权与夫权的支配之下。换言之,这种私法人格的“单一性”,决定了罗马法上的家庭权利结构,无法采取一种“家庭成员对家庭财产的支配权”模式,而只能采取“家父对其他家庭成员及家庭财产的支配权”模式。

与此家庭财产制度形成鲜明对照,并与之在法律技术上相互印证的,是罗马法上的合伙财产制度。

与罗马法上的家庭相比较,合伙并非建立在血缘、婚姻的基础之上,而是一种以契约为纽带的团体。如果说家庭团体源自远古的历史与习俗并延续至今,具有原生性的话,那么在家庭(家父)作为民事活动主体的历史背景下,合伙则是订立契约的家庭(家父)之间的一种相互合作的结果,因而具有次生性:首先,家庭中的家父身份是合伙团体得以存在的人格基础。合伙团体既然以契约为纽带,那么其必然要求缔约各方必须具有订立契约、承载契约权利与义务的能力。在罗马法上,这种能力只归属于作为“自权人”的家父。反之,在家子与他人所订立契约的场合,“当家父权伸张之际,此项契约之利益当然全归家父享有,但家父方面却不负对待给付之责任。职是之故……罕有与家子订立契约者,因在事实上不能获得利益也”。[①] 因此,罗马法上的合伙团体,本质在于“人格人(家父)的联合”。其次,家庭团体的特定需要构成了合伙团体之目的。合伙既以契约为基础,那么各个成员在这种团体中必然具有明确而特定的缔约目的,即作为缔约者的家父所代表之家庭的特定需要。古代社会中合伙团体多被用于成员之间的互助与商业经营的事实,即表明了这一点。例如,在罗马法中,“特业合伙”(societas alicujus negotiationis)与“单业合伙”

---

① 丘汉平:《罗马法》,中国方正出版社2004年版,第116页。

(societas unius rei)即是合伙人为了持续性或者一次性地从事商事经营活动而组建的合伙形式,而“所得合伙”(societas quaestus)的起源,则在于奴隶刚获得解放时,因生活困难而彼此联合起来,约定将劳动收入作为合伙财产,以保障基本生活的具有互助性质的合伙形式。①

罗马法上合伙团体相对于家庭团体的次生性特征,直接导向了合伙团体财产的“共有”制度安排。合伙团体的存续,离不开“目的事业”的存续。由于源自成员家庭之特定需要结社目的,本身具有不稳定性,因此,合伙在罗马法上不可能如家庭那样,成为一个社会的基本单元,一个可得对抗国家的私法堡垒,法律也不可能把公法上的主权观念适用到合伙那里。与此同时,合伙团体的财产来自各个团体契约缔结者的财产的联合,而每一个成员(家父)均具有适格的缔约能力与财产权利主体的地位。面对合伙团体成员人格的“多元性”特征,法律只能采用“共同拥有某物”(rem communem habere)、“物是数人的”(rem plurium esse)②等“共有”观念对合伙团体的财产权利结构加以表述。事实上,罗马法上的“共有”概念本身即与“合伙”具有密切联系——“共有人被罗马人简单地称为‘所有主(dominus)’,或者考察到内部的共有关系被称为‘合伙人(socius)’”。③

由此可以看出,在罗马法的历史演进中,“共有”的发源地乃是“合伙”而并非“家庭”。罗马法上的两种团体财产权利结构,即家庭团体财产的“家父所有”与合伙团体财产的“共有”,其不同的制度设计背后的法律技术成因,可归结为团体成员的权利主体资格的“单一性”与“多元性”之不同:如果说家庭财产权利的构造遵循着“单一成员人格——团体财产成员单独所有”的技术逻辑的话,那么合伙财产权利的构造则呈现出“多元成员人格——团体财产成员共有”的制度安排思路。

---

① 周枏:《罗马法原论》,商务印书馆 1994 年版,第 789 页。

② [意]彼德罗·彭梵得:《罗马法教科书》,黄风译,中国政法大学出版社 1992 年版,第 231 页。

③ [意]彼德罗·彭梵得:《罗马法教科书》,黄风译,中国政法大学出版社 1992 年版,第 230 页。

三、"共同共有"观念的确立与个人伦理法律人格在团体中的崛起

及至近代,随着个人主义思想的昌盛,"所有的人,基于其固有的伦理属性,均具有法律人格"的论断,成为近代以来法律的戒律。相应地,延续了千年之久的家庭团体的家长"单一性"权利主体的格局终于被打破,家庭演变为一种"人格人之联合体",呈现出与合伙相类似的多元成员人格特征。于是,近代以来家庭财产的权利安排,无法再延续原有的"家长单独所有"模式,而必须将"共有"引入家庭,以"全体家庭成员均为所有权人"来表彰家庭各个成员的权利主体资格。与此同时,基于家庭成员之间的亲属身份关系以及"共同生活"这一团体目的之维持的需要,家庭成员的个人财产权利又不能不受此成员关系与团体目的之限制。如何在承认团体之客观存在的现实前提下,彰显团体成员个体独立的法律人格,便成了近代民法所必须面对的问题。作为这一问题的解决方案,一种新型的、个人主义观念之下的"团体共有"概念得以确立,这就是"共同共有"。

近代民法中"共同共有"的概念,是对罗马法共有观念进行改造的结果。考察罗马法上的共有,我们可以看到的主要制度规则包括:(1)共有人对共有物的处分支配,要受到其他共有人共有权的制约。"共有人不得实施超越其部分(pars)的行为,不得转让整个所有权(无论是对整个物还是对它的一部分),不得毁灭物或杀死奴隶,而且也不得解放奴隶(至少在古典法中这是不允许的);他也无权对共有的土地设立地役权,因为地役权不能按份(pro parte)设立。"[①](2)共有份额是共有人取得共有物收益并在收益上形成共有的基础。"每个共有人不是像单独所有主那样在(孳息)分离时根据'单一权利(iure soli)'取得对孳息的所有权,而是'按份(pro parte)'取得;也就是说,每个人根据其份额'当然地(ipsoiure)'成为三分之一、四分之一或十分之一孳息的主人,这种份额在不同的共有人之间可能是不同的。"[②](3)共有份额本身构成一项独立的财产,可得免受

---

① [意]彼德罗·彭梵得:《罗马法教科书》,黄风译,中国政法大学出版社1992年版,第232页。

② [意]彼德罗·彭梵得:《罗马法教科书》,黄风译,中国政法大学出版社1992年版,第232页。

其他共有人的约束，而由享有这一份额的共有人自主支配。“每个共有人‘按份（pro parte）’行使其权利，因而每个人可以自由地转让他的所有权部分（pars dominii），可以要求对该部分享受用益权，可以对它实行抵押，可以自由地对它弃权，以他的名义抛弃物品。”[①]（4）共有人可得随时主张分割共有物，终止共有关系。在罗马法上，“各共有人可自由处分其应有部分，可随时请求共有物的分割，因此约定共有关系永续的无效”。[②] 由此可见，“在罗马人的思想上，每个共有人的权利似乎表现为一种抽象的、观念上的部分，也就是我们今天惯讲的所有权的份额”。[③] 换言之，罗马法上的共有，乃是一种“团体基础上的按份共有”：一方面，罗马法上的共有制度，所描绘的是以多个人格人为成员的团体生活模式——前述合伙作为罗马法上共有制度发祥地的事实本身，即说明了这一点；另一方面，在罗马法共有观念产生之初，其所呈现出的便是一种“按份共有”的制度形态——“罗马法对共有不分按份共有和共同共有，认为实际上都是按份共有”。[④]

近代民法对于罗马法共有制度的改造，其根本的方式是，在罗马法的共有概念基础之上，引入日耳曼法中的“总有”理念，形成“共同共有”概念。具体而言，“共同共有”制度安排的法律技术，在于如下几个环节：

第一，在部族法时代的日耳曼村落中，家庭与作为家庭共同体的村落对于土地的利用，其财产支配的“家庭——村落”双重结构属性，是众所周知的。在这种被称为“总有”的双重财产支配结构中，“团体之全体的权利，与其构成员之个别的权利，为团体规约所总和统一，所有权之完全内容从而实现者也。……其各构成员之为使用收益，须遵从团体所定管理、处分之方法”。[⑤] 在这里，日耳曼总有制度所蕴含的“成员对于团体财

---

① ［意］彼德罗·彭梵得：《罗马法教科书》，黄风译，中国政法大学出版社 1992 年版，第 232 页。

② 周枏：《罗马法原论》，商务印书馆 1994 年版，第 335 页。

③ ［意］彼德罗·彭梵得：《罗马法教科书》，黄风译，中国政法大学出版社 1992 年版，第 231 页。

④ 周枏：《罗马法原论》，商务印书馆 1994 年版，第 334～335 页。

⑤ 李宜琛：《日耳曼法概说》，中国政法大学出版社 2003 年版，第 76 页。

产的支配需受团体之约束”的理念,构成了“共同共有”概念的灵魂。

第二,在此思想的引领之下,近代民法进而在罗马法“多人享有一物”的共有观念中,将以“团体关系”为基础的共有形态分离出来,将这种“团体中的罗马法上的共有”界定为“共同共有”。将“共同共有”概念界定在团体关系基础之上,旨在使“成员的权利主体地位及其财产权利的保障”与“团体对于个人财产权利的约束”两个方面最大限度地加以平衡。一方面,作为共同共有人的人格地位的表征,其在共有物上的权益,包括共有物的支配权以及由此所衍生的诉权,受到法律的确认与保障;另一方面,共同共有人在共有物上的权益,同时须受到共同关系之约束。“共同关系(共同关系)之成立,均有一定之共同目的……因之,各公同共有人对此项所有权之享有,自应受此共同目的之约束,庶几能实现公同关系之目的。”[①]共同共有的团体性对于共有人个人财产权利的制约,核心表现即为在共同共有关系存续期间,共有人不得任意主张分割共有物,亦不得将其所享有的共有份额,自由地处分予他人。

第三,如果说“团体”之存在仍然为当今社会生活所必须,因而不可避免、不能废除的话,那么为了最大化地保障个人所有权的完整的支配力,划定自由之限制的边界,法律就必须对这种团体共有的形态予以类型化的总结。“在传统民法理论中,何种共同关系能引发共同共有之成立,原则上应依法律之特别规定。换言之,就共同共有关系,法律上采取所谓‘类型强制原则’。”[②]在这里,近代民法将家产的“家长所有”变更为“家庭成员共同共有”的同时,根据“共同共有”所蕴含的“以共同关系为基础的共有”之界定标准,不仅“合伙人共有”从罗马法上源初的“按份共有”中脱离,被置于“共同共有”的范畴,而且在“共同关系”的含义由“团体关系”抽象成为“共同目的关系”之后,“继承人共有”也由原初的“按份共有”转变成为“共同共有”。因此,“合伙人共有”“夫妻共有”“家庭共有”与“遗产共有”等共同共有分类,正是法律对“团体共有”之类型化总结的

① 谢在全:《民法物权论》,中国政法大学出版社 1999 年版,第 324 页。
② 张双根:《共有中的两个问题》,载《比较法研究》2006 年第 2 期。

结果。

由此可见,“共同共有”这一概念,在法律技术上,是近代民法取罗马法“数人拥有一物”的共有概念并以“团体关系”或者“共同关系”予以约束的结果。“共同共有中,在各共有人之间必须首先或同时存在一层基础性的法律关系……因而共同关系的内容,不以对特定物之共同共有为限,对特定物的共同共有,实际上仅是共同关系成立后的附带结果。”①相应地,原先在罗马法中被视为一切共有形态之模式的“按份共有”,在其“团体基础”被彻底剥离之后,遂演变成为一种纯粹的“财产法”上的共有,即被视为一种非团体性的、单纯的个人所有权的联合。“按份共有关系,乃是‘人以物聚’;反之……共同共有关系可说是‘物以人聚’。”②于是,“共同共有”与“按份共有”在近代民法共有制度中的两立态势,从而形成。

四、余论:我国《物权法》共同共有与按份共有界分点之辨析

我国《物权法》第 94、95 条规定:“按份共有人对共有的不动产或者动产按照其份额享有所有权”“共同共有人对共有的不动产或者动产共同享有所有权”。这一规定与我国《民法通则》第 78 条“共有分为按份共有和共同共有。按份共有人按照各自的份额,对共有财产分享权利,分担义务。共同共有人对共有财产享有权利,承担义务”的规定,是一脉相承的。从上述法条的内容来看,在我国物权立法的传统上,“按份共有”与“共同共有”的定义区别,表现在共有人“权利享有”的方式上:在“按份共有”,共有人是“按照份额”享有权利,而在“共同共有”,共有人则是“共同”享有权利。与此同时,在我国民法理论上,将“共同共有”界定为一种“不分份额”或者“份额隐而不显”的共有形态的观点,业已成为通说。

然而,引人注目的是,我国《物权法》第 103 条规定:“共有人对共有

① 张双根:《共有中的两个问题》,载《比较法研究》2006 年第 2 期。

② 张双根:《共有中的两个问题》,载《比较法研究》2006 年第 2 期。

的不动产或者动产没有约定为按份共有或者共同共有,或者约定不明确的,除共有人具有家庭关系等外,视为按份共有。”据此,在共有形态的判断上,“家庭关系等”(其学理解释即为“共同关系”,包括夫妻关系、家庭共同生活关系、合伙关系以及共同继承关系)又成为“共同共有”之认定标准。由此便引出一个问题,即“共同共有”与“按份共有”的区分点,究竟在于“团体性”,即“是否以共同关系为基础”,还是在于“份额性”,即“是否有明确的共有份额”?[①] 根据前文的论述,对于这一问题,我们可以从如下两个方面来加以分析。

第一,在共同共有关系中,共有人之间是否存在“共有份额”的划分?事实上,否认共同共有关系中存在“共有份额”的观点早已有之。按照史尚宽先生的阐释,“最初的合有权为无应有部分之共有权,或在合有关系解销以前其应有部分唯潜在的存在。1850 年 Zürich 民法第 56 条规定合有权为无应有部分之共同所有关系”。[②] 这种认识,可能与作为“共同共有”之发源地之一的“总有”观念有关。因为在“总有”制度之下,从所有权“权能分割”(所谓“质的分割”)的观念出发,享有团体之特定财产的占有、使用、收益权能的下级所有权人,对于团体之整体财产,实无“共有份额”概念的容身之地。然而,随着“总有”制度中的团体观念与罗马法共有制度中所有权“量的分割”观念相互融合,共同共有作为一种以“团体关系”为基础的“罗马法上的共有”,其所有权“量的分割”的属性,必然决定了共同共有人在共有物上共有份额的存在。换言之,如同罗马法上的共有形态最初即为“按份共有”的形态一样,“共有份额”的观念乃是所有权“量的分割”之共有观念的必然结果。基于此,有学者将共同共有关系中共有人的应有份额分为两种类型:“一为各人对公同财产之全体所享有之应有部分,此即人格的应有部分,类似成员权之性质,例如合伙人之股

---

① 这一问题之所以存在,原因在于上述两种区分标准在特定场合下,没有并存的可能。例如,合伙人对于合伙财产的共有,按照“份额性”来判断,在合伙存续期间即存在明确份额的合伙人共有,应当视为“按份共有”,而按照“团体性”来判断,以“合伙关系”这一共同关系为基础的合伙人共有,则应当划归“共同共有”。

② 史尚宽:《物权法论》,台北,荣泰印书馆 1957 年版,第 158 页。

份,另一为各人对公同财产所属各个物或权利所享有之应有部分,此即物权的应有部分。”[①]就此以观,所谓“基于人格的应有部分”,乃是就共同共有人在共有团体中的权利主体资格的拥有而言的,这正是近代社会将团体视为“人格人的联合体”之个人主义观念的结果:既然团体总是由具备法律人格品质的个人所组成,那么在该团体的财产权利之中,总是要存在一些属于个人的权益要素。这些要素是否存在,与其是否应当受到限制,其实并无关联——前者是团体成员之法律人格及其伦理基础的必然产物,后者所反映出的仅仅是人的个性在团体环境中所应当受到的约束。所谓“基于物权的应有部分”,则表现出共同共有关系中应有份额所具有的逻辑技术意义。例如,在共同继承关系中,即有学者指出,“各继承人对个别遗产(公同共有物),如无一定之权利比例(应有部分),则以后分割个别遗产时,如何定其分配之比例,就各继承之债务,继承人间如何定其分担之比例,均难作直截了当之说明”。[②] 对于夫妻共有财产关系,亦有学者提出相似的观点:“实际上,正因为共同共有也是按份额共有,共同共有关系解体时,原则上共有人平均分割共有财产。否则,这样分割就没有根据。”[③]由此可见,共同共有关系中同样存在“共有份额”的观念,这既是个人伦理法律人格的要求,也是物权法律技术逻辑的结果。

第二,共同共有中的应有份额,与按份共有的区别何在?既然共有份额的观念,是所有权“量的分割”之共有观念的当然结果,那么在同为所有权“量的分割”之共同共有与按份共有中,均存在共有份额的观念。在此基础上,共同共有所赖以建立的团体性基础,决定了共同共有人对其份额之支配,须受到共有团体以及共同目的的约束,这种约束即表现为在共同共有关系存续期间,共有人不得依据其共有份额,主张分割共有物,亦不得将其所享有的共有份额,自由地处分予他人。例如,《德国民法典》第719条规定,合伙人对于合伙财产所享受之应有部分,及对属于合伙财

---

① 张龙文:《论公同共有》。转引自谢在全:《民法物权论》,中国政法大学出版社1999年版,第325页。

② 谢在全:《民法物权论》,中国政法大学出版社1999年版,第326页。

③ 李锡鹤:《论共有》,载《法学》2003年第2期。

产之各个标的物中其所享受之应有部分,均不得处分,各合伙人无权请求分割之权利。第 1419 条第 1 项规定,配偶一方就共同财产及其所属各个标的物之应有部分,均不得处分,取得之一方不得请求分割。第 2033 条第 2 项规定,各共同继承人不得处分其对于个别遗产标的物之应有部分。相应的,这种约束,是被剥离了团体基础的按份共有所不具备的。因此,共同共有与按份共有之差别,其实并不在于"是否存在着共有份额",也不在于共有人"是否根据共有份额"行使共有权,而是在于该共有份额是否可得自由处分与分割。"如谓各共有人得自由处分其应有部分之共有,为自由共有权(freies miteigentum),则各共有人不得自由处分其应有部分之合有,可称为结合共有权(gebundenes miteigentum)。近时德国学说以合有权为一种共有权,其与普通共有不同者,在于各共有人不得单独的处分其应有部分之一点。"①

因此,共同共有与按份共有均存在"应有份额",这是由这两种共有的所有权"量的分割"之性质以及共有人的法律人格所决定的。其两者的区分点,乃在于"是否以共同关系为基础"。正是由于共同共有之概念奠基于"共同关系"的基础之上,共有人的个人权益需受到团体生活之约束的事实,才导向共有人处分其应有份额的限制。比较而言,罗马法上的共有制度,其以"物属于多人,份额属于各自"为出发点,自然引申出"物上支配相互制约、物上损益按份分配、份额处分彼此自由"的准则,而作为罗马法上共有观念发祥地的合伙的团体属性及其维持的需要,其实并未纳入法律技术考量的范围:在当时的历史环境下,需要法律予以维持的家庭团体的财产权利安排,并未采取共有制度,而采取共有制度的合伙,法律却并未将其之维持作为目标——"共有是纷争之源"(mater rixarum)②的罗马法法谚,正是当时法律对合伙团体态度的写照。比较而言,近、现代民法的共同共有,在沿袭罗马法"物属于多人,份额属于各自"的基础上,由于"共同关系"基础的楔入,不仅在物上损益的分配上,共同关系之

---

① 史尚宽:《物权法论》,台北,荣泰印书馆 1957 年版,第 158 页。

② 周枏:《罗马法原论》,商务印书馆 1994 年版,第 335 页。

维持需要取代了原先的“份额比例”，而且在份额的处分上，个体的权利也受到团体维持需要的限制。共同关系之维持价值如此受到法律的关注，究其原因，除团体在近、现代所展现的巨大社会经济作用之外，还在于共同共有制度对于家庭之适用的需要。在这里，个人法律人格的基础由身份到伦理、家庭成员人格由单一到多元的转变，以及家庭存续之维持的古老需要，无疑是共同共有制度之建立的巨大推动力。从这个意义上讲，“共同关系”概念的法律要义在于，在财产法领域，个人人格不会再被湮没于团体之中而消于无形。其标志着在个人主义观念下，奠基于伦理基础的个人法律人格在团体壁垒中的崛起以及法律在人之个性与人之团体生活两者的平衡。

第二节　契约团体事实属性与规范属性间的断裂与弥补

一、契约团体的客观性及其自然状态

团体作为一种“成员之联合”，不仅要求两个或者以上的成员数量，而且要求一个可以将各个成员连接在一起的团体纽带。不同类型的团体，因成员联合的原因、方式不同，团体纽带也有所不同。按照韦伯关于团体的分类，基于“感情”或者“传统”，建立在成员所感受到的“相互隶属性”基础之上的团体，为“共同体”(Vergemeinschaftung)，如家庭、宗族；基于“理性利益动机”，建立在成员的寻求“利益平衡”或“利益结合”基础之上的团体，则为“结合体”(Vergesellschaftung)。[①] 对于“结合体”而言，其将各个成员组织起来的团体纽带，即“理性利益动机”之载体的典型表现形式，就是结社契约。相应地，“结合体”的典型表现形式，即为契约团体。因此，我们可以将契约团体的概念界定为：成员以利益结合为目的，通过结社契约所形成的成员联合体。

---

① [德]马克斯·韦伯：《韦伯作品集(Ⅶ)：社会学的基本概念》，顾忠华译，广西师范大学出版社2005年版，第54页。

根据上述概念,一个契约团体之存在所需要具备的要件,即契约团体要素,包括如下三个方面:

首先,契约团体以结社契约为团体纽带。结社契约作为成员结社合意的结果,意味着契约团体成员之间具有互不隶属的关系。契约团体滥觞于罗马法,其“共产合伙”(societas omnium bonorum)作为罗马法上最早出现的契约团体形式,即诠释了成员之间互不隶属关系的起源。按照周枏先生的阐释,罗马法中的共产合伙是若干家庭家产的联合,其发端于家父死亡后,家子基于维持统一家产之需要所达成的联合契约。[①] 在罗马法上,随着家父的死亡,家子即取得自权人的法律地位,成为新的家庭中的家父。新的家父为维持家产统一现状所达成的合意,其本质上即为若干家庭的契约联合:原先统一的家庭,遂演变为家庭之间的共产合伙。这种家庭联合体中的互不隶属关系,被朱塞佩·格罗索称为“无统一首脑的聚合形式”。[②]

其次,契约团体以结社目的为驱动力。契约纽带之于契约团体形成的意义,仅仅在于使成员之联合在技术上成为可能,而真正促使成员联合起来的内在动因,则在于结社目的,即韦伯所称的寻求“利益平衡”或“利益结合”的需要。例如,在罗马法上,除过前述以追求家产之维持为目的的“共产合伙”之外,“特业合伙”(societas alicujus negotiationis)与“单业合伙”(societas unius rei)是合伙人为了持续性或者一次性地从事商事经营活动而组建的合伙形式;“所得合伙”(societas quaestus)的起源,则在于奴隶刚获得解放时,因生活困难而彼此联合起来,约定将劳动收入作为合伙财产,以保障基本生活的互助性目的。[③] 契约团体的结社目的要素表明,契约团体不过是成员追求特定共同目的的手段。

最后,契约团体是成员的联合体。在结社目的驱动下,基于契约纽带所实现的成员联合的结果,就是“联合体”的产生。在何为“联合体”的问题上,奥地利社会法学家尤根·埃利希提出了一种“广义联合体”的观

---

① 周枏:《罗马法原论》,商务印书馆1994年版,第788页。

② [意]朱塞佩·格罗索:《罗马法史》,黄风译,中国政法大学出版社1994年版,第15页。

③ 周枏:《罗马法原论》,商务印书馆1994年版,第789页。

点。“私法中的法人、非法人社团、合伙关系、其他共同体以及家庭显然都可以被看做是联合体。但是,事实上整个私法都是联合体的法律。”[①]因为,“如果人们考虑的不仅仅是签订契约的双方……而是考虑到通过基于契约安排经常性地交换货物而互相建立起关系的整群人的话,那么所有这些契约的组织力就会立刻显现出来”。[②] 由此可见,尤根·埃利希眼中的“联合体”,包括家庭关系、服务契约、工资契约,以及工厂中、车间里、商业机构和银行中的雇用契约,以及其他各种契约。因为它们达到的结果与团体章程所达到的结果完全相同,即均是带来了存在于这些经济联合体之中的人类群体的内部秩序。显然,上述观点是将“联合体”理解为“法律秩序对于人与人之间相互关系组织与安排的结果”,即将“联合体”等同于“法律关系”。

上述“广义联合体说”所引发的问题在于:第一,团体作为成员的“联合体”,必然意味着团体内部存在成员间的“关系”。那么,这种“关系”与非团体情况下的人与人之间的“关系”有何不同?第二,“团体”或者“团体关系”,是不是只有在“法律规范”的基础上,才有存在的可能?

对于第一个问题的回答是,作为团体的“联合体”,其并不仅仅是一种“关系”,而且是一种“组织”。在韦伯看来,判断组织是否存在的重要标志,在于组织秩序是否贯彻。“对组织的概念而言……一个‘领袖’的存在,如一家之主、协会的董事会、经理、君主、总统和主教等,他们的行动是关切组织秩序的贯彻,这样便足够了:因为这类特殊的行动不仅指向特定的秩序,而且还有强制成员服从的意思。”[③]以此作为进路,我们认为,“联合体”要素不同于一般法律关系的独特性在于两个方面:一是团体规则与共同进退的行为模式。团体之存在,意味着成员在团体中不可能采取“我行我素”的行为模式,而须受到团体规则的约束,形成“共同进退”

① [奥]尤根·埃利希:《法律社会学基本原理(一)》,叶名怡等译,九州出版社2007年版,第89页。

② [奥]尤根·埃利希:《法律社会学基本原理(一)》,叶名怡等译,九州出版社2007年版,第95页。

③ [德]马克斯·韦伯:《韦伯作品集(Ⅶ):社会学的基本概念》,顾忠华译,广西师范大学出版社2005年版,第65页。

的团体秩序。二是团体机关。由团体规则所界定的成员“共同进退”行为模式,需要一个统一的管理机制加以维持,即团体机关的存在。

上述“广义联合体”观点所引出的第二个问题,本质上就是对于上述团体要素的性质评判问题。因此该问题又可表述为,前述团体要素,即“结社契约纽带”“结社目的”与“联合体”,究竟是事实上的存在,还是法律规范上的存在?本书的回答在于前者,其理由在于:

第一,“结社契约纽带”是一种客观存在,其来自成员“理性利益动机”的驱动,而并不以相关结社契约法(如社团法、合伙法、公司法)的存在为条件。因此我们不能将相关法律规范的存在作为“结合体”存在的前提,犹如我们不能在“契约法”产生之前否认“契约”的存在一样。

第二,“结社目的”也是一种客观存在。因为驱动人之个体彼此联合,形成团体的目的或者需要,只能来自社会生活,而非法律规范。人之所以在作为社会关系基本单位的个人之外,另行以契约方式缔结团体,其间必有客观的社会生活需要在发挥作用。

第三,构成“联合体”的团体规则、成员行为模式和团体机关三项基本要素,同样为客观之存在。团体规则是结社契约的产物,依据结社契约的客观性,团体规则的客观性即可得到论证;团体成员“共同进退”的行为模式以及团体机关的存在,则植根于团体生活实践的需要,是成员以团体之力量实现自身个体目的所必需。因此,无论是被纳入民法视野的法人、合伙、其他组织,还是游离于民法规范之外的球队、班组、旅行团,有“联合体”的存在,就会有团体规则、成员行为模式和团体机关之存在。

综上所述,既然构成契约团体的各个要素,均为不以法律规范为转移的客观存在,那么契约团体也就是一种不以法律规范为条件的客观存在。这一判断,进而使我们获得了这样一种研究视角,就是将一切立法者施加于契约团体的“规范性”要素,从研究的视线中剥离出去,并以一种观察客观物体的目光来审视契约团体,从而考察客观存在的契约团体所具有的特征,即契约团体意志、财产与责任的“事实属性”。

首先,契约团体意志的形成与行为的实施。契约团体不仅是一个“联合体”,而且是一个“社会关系参与者”。其参与社会关系的条件,可以划分为“团体意志的形成”与“团体行为的实施”两个环节。就前者而言，根据前述契约团体“互不隶属”的成员间关系，契约团体意志的形成，只能是在团体规则之下，团体成员“共同意志”的表现；就后者而言，团体成员共同意志得以外在化的途径，则计有两条，即“共同行为制”与“代表制”。罗马法上的合伙行为模式的演变，已经将上述两条途径揭示得至为清晰。起初，“合伙人中的一人或数人与第三人订约，只在参加订约的合伙人与第三人之间生效，其他没有参加订约的合伙人则不与第三人发生直接关系”。① 随着简单商品经济的发达以及合伙规模的扩大，合伙团体有效的交易、经营活动，受到了“共同行为制”的严重阻碍，由此导致了“代表制”的广泛运用。“（团体）章程决定成员的接纳和除名、社会资助、理事会或全体大会的权限……当不是主管本人以其名义处理事务时，则委托奴隶或受托人担任代理人（actores）或诉讼律师（syndici），在法律行为中表达团体的意思。”②由此可以看出，“团体成员能够共同进行民事活动”与“代表人能够以团体名义进行民事活动”，其均为事实之判断，而非规范之判断。其根源于团体生活的客观规律，而并非法律规范主观设计的结果。

其次，团体财产的归属与支配。团体财产是实现成员共同结社目的的物质基础，故团体财产自然由全体成员共同支配，其属于全体成员。结合上述“团体意志与行为实施”的结论，我们可以得到如下认识：第一，属于全体成员的团体财产，系依据全体成员的共同意志来加以支配；第二，团体财产支配行为的实施方式，既可以采取全体成员共同支配的方式（“共同行为制”），也可以采取团体机关在团体名义下进行支配的方式（“代表制”）。由此可以看出，“团体财产归属于团体成员”与“团体机关能够以团体名义支配团体财产”这两个判断，在团体的事实属性层面上，可以并行不悖。且“团体机关能够以团体名义支配团体财产”之判断中的“能够”二字，本质为契约团体所具有的事实属性，而非法律规范授权的结果。“从技术性的法律观点看，当某个组织没有任何以其名义可签订

---

① 周枏：《罗马法原论》，商务印书馆 1994 年版，第 793 ~ 794 页。

② ［意］彼德罗·彭梵得：《罗马法教科书》，黄风译，中国政法大学出版社 1992 年版，第 53 页。

契约的财产,法人的概念就没有必要。”①

最后,契约团体的责任结构正是其财产支配结构的自然延伸。既然团体财产归属于团体成员,那么“共享财产”与“共担责任”便均为成员承受交易后果的应有之义,即契约团体的责任,为成员的共同责任。就交易的相对人而言,其与团体所订立的契约,无论对方的缔约行为是成员共同实施,还是代表人实施,相对人交易的对象必然是团体的所有成员。相应地,由团体成员共同承担由此所产生的责任,乃是“自己行为、自己责任”的交易公理。由此可以看出,在事实层面上,交易中的“团体责任”与“成员责任”其实是一个问题的两个方面:一方面,“共同行为制”或“代表制”的缔约方式,决定了交易的一方为团体,故团体应当对交易的结果负责;另一方面,“团体由成员所组成”的事实,又决定了成员是团体交易后果的最终承担者。成员要为团体负债承担“无限制”的个人责任,不过是“自己责任”的商品交易规则的一般性表现而已。②

综上所述,在契约团体中,团体的意志、行为、财产、责任,在事实层面均表现出一种与团体成员的共同意志、共同行为、共同财产、共同责任紧密融合的特性。这一特征源自契约团体“成员之联合”与“联合体”一币两面的关系。正如李宜琛先生所指出的,“团体云者,仅于对外的形式上为权利主体,于其内部实质上,则仍为其构成员等为权利之主体也。是即基尔克所谓对外为单一性(Einheit)而对内则为复多性(Vieheit)者也”。③契约团体所具有的“对外单一、对内复多”的特征,以及由“对外单一”特征所衍生出的代表制、团体名称、团体机关对于团体财产的支配与处分,连同由“对内复多”特征所衍生出的团体意志为成员的共同意志、团体财

---

① [德]马克斯·韦伯:《论经济与社会中的法律》,张乃根译,中国大百科全书出版社1998年版,第138页。

② 需要说明的是,尽管由学者基于“如果什么东西应给付团体,它不应给付团体所属的个人,个人也不应偿还团体所欠之债”的罗马法法谚,认为罗马时代即已出现法人责任之独立甚至成员的有限责任,但更多的学者对此表示反对,因为在“诸多中世纪早期以罗马法为蓝本的法律制度体系中,法人成员直接以及非直接的责任仍是普遍的现象”。See Phillip L. Blumberg: Limited Liability and Corporate Groups, journal of corporation law, summer, 1986, p. 578. 转引自虞政平:《法人独立责任质疑》,载《中国法学》2001年第1期。

③ 李宜琛:《日耳曼法概说》,中国政法大学出版社2003年版,第35页。

产归属于全体成员、团体责任由全体成员承担，均非由法律规范所塑造，而是契约团体的事实属性，为契约团体的“自然”状态。

二、“比喻为人”的法人观念：法律规范对于契约团体事实属性的阻却与认可

在国家中，由于团体天然具有隔绝成员与国家、与国家分割治权的政治色彩，以及团体在政治、经济领域具有个人无法比拟的重要作用，故而国家极为注重对于团体的掌控。由此所导致的结果，在法律层面，就是团体秩序在因法律规范的介入而富于技术性和体系性的同时，契约团体的意志、行为、财产和责任等事实属性，也被打上了强烈的人为干预的规范烙印。

首先，如前所述，契约团体的意志与行为，无论是“共同行为制”还是“代表制”，其均为实现团体成员共同意志的途径。代表人能够以团体名义对外活动，本来是客观存在的契约团体所固有的事实属性。然而，随着法律规范的介入，契约团体“能不能”通过代表行为进行活动，遂由事实判断转变为规范判断，即“能够”以团体名义，通过代表人对外活动，成为了国家法律“赋予”团体的一项特权。盖尤斯在《论行省告示》中指出，“不是所有的合伙、商业社团或是其他类似的团体都能取得法人资格。因为，无论是依据法律还是依据元老院决议或是皇帝的敕令，这一资格的授予都是在被限制之列。只有在极少数情况下才允许授予这一资格”。①在这里，“法人资格”的一项重要内容，就是团体行为中代表制度之适用。在西欧中世纪以及集权民族国家时期，基于政治领域对于领主权、君主权的强调，以及经济领域重商主义政策之盛行，商业行会、合股公司乃至自治城市等团体，不仅在设立上采取特许主义模式，而且团体的经营范围、代表制度之适用以及团体名义之使用，亦由“特许状”作出明确的授权——“城市也好，行会也好，都是一些按法人组织起来的用于特定目的

---

① ［意］桑德罗·斯契巴尼：《契约之债与准契约之债》，丁玫译，中国政法大学出版社1998年版，第225页。

的国家强制机构，它们拥有一些在业务上不得逾越在特权里所提到的限制的权利……任何违背这些限制都会被利用作为理由，在‘责问令状’的诉讼中取消特权”。[①]

其次，如前所述，契约团体财产归属于全体成员，并可通过“共同行为制”由全体成员共同享有，或通过“代表制”由代表人以团体名义享有。就此而论，契约团体的财产对内而言属于成员，对外而言属于团体，这本是契约团体“对外单一、对内复多”的特征所导致的结果，本属于团体的事实属性。然而，在法律规范的干预之下，“团体财产归属于成员”与“团体以自己名义享有财产”的互为表里的自然关系被截断，并嵌入了“规范授权”的条件。在罗马法上，与采取“代表制”的方式实施团体行为需要得到国家的特许相联系，“团体可得以自己名义享有财产”，也需要以国家的授权作为条件。“在罗马法上，仅有人或财产的集合，仍不能成为权利义务的主体，该集合体欲具有独立的人格，还须经国家的承认……奥古斯都于执政后即制定《由利亚结社法》（Lex Julia de collegiis），规定除宗教团体外，设立其他团体，须经皇帝或元老院的批准。”[②]需要指出的是，最初的“团体以自己名义享有、支配财产须获得国家授权”的规范性约束，并不排斥“团体财产对内归属于团体成员”的事实性判断。布雷克顿在谈到英国“城市法人”的财产时，曾经指出：“城市中的物不属于个人而属于城市团体（universitas）。剧场、体育场诸如此类，如果存在这样的物，那么它们就是市民集体（citinzenry）的共同财产。”[③]即便是在中世纪的特许合股公司中，“此时的公司财产实质上（仍然）是股东的共有财产”。[④]事实上，在法律规范的干预点，仅局限于“团体以自己名义享有财产并加以支配”这一环节的前提下，一经加入团体即丧失原有财产所有权的观念，无论如何是不能被接受的。

---

① ［德］马克斯·韦伯：《经济与社会》（下卷），林荣远译，商务印书馆1997年版，第676页。

② 周枏：《罗马法原论》，商务印书馆1994年版，第295页。

③ ［英］乔治·E.伍德拜因编：《布雷克顿论英国法律与习惯》（第2卷），哈佛大学出版社1968年版，第40页。转引自张乃和：《近代英国法人观念的起源》，载《世界历史》2005年第5期。

④ 江平：《法人制度论》，中国政法大学出版社1994年版，第215页。

最后,如前所述,在团体契约责任与团体成员的共同责任,也如币之两面,其均源自契约团体"对外单一、对内复多"的特征,是契约团体事实属性之一。据此,在团体财产不足以承担责任时,成员因其责任无法解脱,故需要以个人财产继续承担"无限制"的责任。然而,在特许主义盛行的时期,基于国家特许而成立的契约团体,其可在特许状规定的范围内,通过代表人的行为参与商事活动,并以"团体"的名义享有权利、义务、参与诉讼,而且契约团体成员的责任范围,也不妨由特许状作出规定。在美国,"至十八世纪末至十九世纪初时,股东直接责任仍是普遍现象;如马萨诸塞州,几乎一半的特许状明令股东对公司债务承担完全的个人责任,而其他的特许状则对此表示沉默……但不久,各州法院案例法的发展,逐渐承认这样一条原则:股东原则上为股东有限责任,除非其公司特许状明确对此予以排除"。[①] 正是由于契约团体成员责任范围的界定,成为了一个由特许者主观判断的问题,故而其责任范围所应受限制的程度,自然也未必表现为"以出资为限"。例如,在英国,随着 1825 年泡沫废止法案出台,它首先明确以法律的方式,授权国王根据适当的原则来限定投资者的责任范围。随之,几家银行股东的责任被限定在其持有股份价额的双倍以内,人们常称为股东双重责任(double liability)。[②] 可见,原初的"有限责任",其含义不过是"范围受到限制的成员责任"。

由此可以看出,尽管契约团体是客观存在的,且基于其存在的客观性,又会衍生出一系列事实属性,但是在规范层面,立法者对此却有"认可"或者"否认"的主观选择余地。这种规范性干预所导致的结果,就是将事实上并无差别的契约团体,根据"是否获得特许",在规范层面上被区别看待:对于未获得特许的契约团体而言,其作为"成员之联合体","成员"成为法律规范所界定的重心,而"联合体"的事实属性则被法律规范所淹没。这种"只见树木不见森林"的规范视角,不仅使团体的对外活动被限定为"成员的共同行为",其财产也直接被视为"成员的共同财

---

① 虞政平:《股东有限责任:现代公司法律之基石》,法律出版社 2001 年版,第 88 页。
② 虞政平:《论早期特许公司——现代股份公司之渊源》,载《政法论坛》2000 年第 5 期。

产”。相应地,团体的行为模式与财产权利模式,只能采取“成员共同行为制”和“成员共有制”,“代表制”以及由其派生的“团体以自己名义享有财产”的事实属性则被否定。对于获得特许的契约团体而言,团体的事实属性在法律规范的领域得以继续存在,“成员”与“联合体”两个方面均受到法律规范的认可,“代表制”以及“团体以自己名义享有、支配财产”被允许适用的同时,“成员”与“联合体”之间的关系,则通过“内外有别”的方式来加以处理:在外部关系之中,团体通过其代表人(而不是各个成员的共同行为)对外活动,其亦得以自己的名义(而不是各个成员的共同名义)作为权利的享有者;就内部关系而言,团体行为及其名下的权利,仍不妨被视为成员共同的行为与权利。在这里,获得特许的契约团体“对外单一、对内复多”的事实属性获得了法律规范的确认。

本来,契约团体“对外单一”的事实属性,就能够提供一种将团体与“人”进行类比的思辨空间。尽管契约团体的意志、财产为成员的共同意志、共同财产,但是就每一位成员而言,其在团体中意志实现与财产支配,却均受到其他成员牵制。用罗马法的格言来表述,即“两人或数人不可能分别拥有完整的权利”(duorum vel plurium in solidum dominium esse non posse)。[①] 于是,“团体财产归属于每一个成员”的判断,便可以用“团体财产并不完整地属于任何一个成员”的判断来置换。在成员之间相互的牵制之下,成员与团体之间的“距离”随之产生。于是,一个类似于“人”的团体形象便会从“成员之全体”中脱颖而出:如果我们一定要为成员的共同意志、共同财产寻找到一个单一性的载体的话,这个载体只能由“团体”来担任。在此基础上,法律规范对于团体事实属性的干预,则进而使上述思辨的空间为法律规范所填补并加以固定,由此所形成的规范思维就是:只有经过国家的特许,个人的契约联合方能够成为一种“类似于人”的存在。由此可见,“法人”概念的原初形态,正是指这种“获得特许的团体”——“法人是指国王或君主把从事某种贸易、行业或职业的团体

---

① [意]彼德罗·彭梵得:《罗马法教科书》,黄风译,中国政法大学出版社 1992 年版,第 231 页。

视为一个实体的单位，它有权制定有关该贸易、行业或职业的法律和规章，其中的每个成员必须服从”。[①] 如果说“法人”这一概念蕴含着团体与人之间的某种类比的话，那么在原初的“法人”观念中，这种“类比”是一种将团体“比喻为人”的规范思维。

将团体“比喻为人”的规范性思维由来已久。早在罗马共和末年，法学家阿尔费努斯·瓦鲁斯（Alfenus Varus）便以船舶、军团来比喻团体与成员的关系：“船舶的船员经常更换，有时甚至全部船员都换了，但船舶则依然存在。军团也是如此，其成员走了一批，又来了一批，但军团照旧存在。”[②]至11世纪中后期，随着罗马教皇权力的崛起，基督教会首次被明确地视为一个“人”。圣保罗曾说：“就如身子是一个，却有许多肢体；而且肢体虽多，仍是一个身子。基督也是这样。我们不拘是犹太人，是希利尼人，是为奴的，是自主的，都从一位圣灵受洗，成了一个身体，饮于一位圣灵。”[③]在保罗训诫的启发下，基督教会被视为“基督的神妙身体”（the mystical body of Christ）：教会法人不仅像自然人一样有头脑和四肢，其内部具有严格的等级秩序，而且它被等同于基督，从而获得了永恒存在的合法性。[④] 此外，国家也往往被当成一个“人”来加以认识。例如，在英国都铎王朝前期，整个国家开始被视为像自然人一样，它具有肉体和灵魂。它的肉体是指政治上的身体即政治体（politic body），“这个身体不是别的，就是各种各样的民众，即无论城市还是乡村的每个共同体（commonalty）的公民成员。类似于灵魂之物则是国家的秩序和睿智的法律”，“其心脏是国家的君主、国王和统治者，无论它是一个还是多个，依据共同体和政治国家的统治方式而定。因为有的是由一个国王来统治，有的是由一些贤明者组成的议会来统治，有的则是由全体民众共同统治”。[⑤] 到了都铎

---

① 《圣经·保罗达哥林多前书》。

② 周枏：《罗马法原论》，商务印书馆1994年版，第291页。

③ 《圣经·保罗达哥林多前书》第12章，第12～13节。

④ 张乃和：《近代英国法人观念的起源》，载《世界历史》2005年第5期。

⑤ ［英］C. H. 威廉斯：《英国历史文献》（C. H. Williams, ed., English Historical Documents, 1485－1558），伦敦1967年版，第296～297页。转引自张乃和：《近代英国法人观念的起源》，载《世界历史》2005年第5期。

后期,法人观念向经济领域渗透,出现了公司法人观念。当时的法人被划分为三类:公共法人(societies and bodies publique),指政治性的组织机构;普通法人(universal corporations),指市镇的自治组织;私人法人(private societies and companies),指工商业贸易领域的经济组织。[①] 当时私法团体的法人观念,乃是以教会、国家等宗教、公法上的法人观念为蓝本而一脉相承的。质言之,将团体"比喻为人",本质是法律规范对"团体实在性"的一种肯定与总结,即以一个具有实在性的事物(如船舶、基督或个人)来"比喻"团体的实在性。

原初的"法人"概念所蕴含的将团体"比喻为人"的思维,其法律技术的要义在于法律规范对团体事实属性各个环节的阻却或者认可,从而达到一个规范效果,即只有经过特许,成员之联合才能够像"人"一样具有实在性。与此同时,我们还可以看出,这种"比喻为人"的思维并没有试图创制一个与个人人格相对立的团体人格。团体与其成员之间的关系,依然是"整体与部分"的关系,而并非"两个人"之间的关系。因为,在这种思维之下,团体与人除其均具有"实在性"之外,我们不能发现其他任何的同质性要素。正如伯尔曼所言,"在涉及社团的事务中,'集团'被作为如同它是'一个人'一样对待,并不是说社团作为一种独立于它的成员的抽象实体而存在,也不是说社团的'本质'存在于集团之中,而'偶性'存在于单个成员之中"。[②] 因此,在这种"比喻为人"的思维中,"团体的意志、财产与责任"在内部仍为"成员的共同意志、共同财产与共同责任",团体"外部单一、内部复多"的事实属性,仅仅是被阻却或认可,而并没有被加以重构。

三、"拟制为人":法律规范对于契约团体事实属性的重构与颠覆

最终使"团体"与"成员"在人格上对立起来,并以法律规范彻底重构

① [英]R. H. 陶尼、艾林·鲍威尔编:《都铎经济文献》(第3卷),第275~276页。转引自张乃和张乃和:《近代英国法人观念的起源》,载《世界历史》2005年第5期。

② [美]哈罗德·J. 伯尔曼:《法律与革命——西方法律传统的形成》,贺卫方等译,中国大百科全书出版社1993年版,第729页。

团体事实属性的,是将团体“拟制为人”的思维。“当人们将胚胎和未成年人视为主观权利和义务的载体、而视一个奴隶不是主观权利和义务的载体的时候,二者只是达到既定效果的法律技术手段。在此种意义上,法律人格总是拟制的。”①“拟制为人”的规范思维,是一种立法者人为、主动地操纵人格的范围与形态的法律实证主义思维方式。这种思维的基点,在于将人的“事实属性”与“规范属性”截然区分,进而认为“法律人格”系源自于法律的赋予(拟制)——“团体人格”与“个人人格”均是如此。对于这种观念,凯尔森的表述可谓入木三分:“所谓自然‘人’(person)的概念不过是法学上的构造,并且它本身完全不同于‘man’的概念,所以,所谓‘自然’人其实就是一种‘法’人。……在界说自然人是man,而法人则是非人类的人(non-man)时,传统法学模糊了这两者实质上的相似性。man和自然人(person)之间的关系并不比man和技术意义上的法人之间的关系来的更密切。”②

《德国民法典》中权利能力的概念,恰恰为这种“拟制为人”的思维提供了法律技术上的条件。权利能力作为一项“法律人格”的实证法“命令”,其法律实证主义的色彩,表现为这样一个人格技术逻辑,即法律人格并不是能够当然存在的,只有具有权利能力者,方才能成为法律人格——自然人之所以具有“自然人格”,原因在于该自然人具有权利能力,而法人之所以具有“团体人格”,原因同样如此。至于一个客观存在的实体是否具有权利能力,则纯然是“法律规定”的结果。“《德国民法典》中使用的‘人’,是一个形式上的概念……这个形式上的‘人’的内涵,没有它的基础——伦理学上的‘人’那样丰富。在伦理学上的‘人’所具有的所有特征中,他只有唯一的一个:权利能力。”③这样一来,在统一、法定的权利能力概念之上,个人与团体获得了共同的基础。前述“比喻为人”中“团

---

① [德]罗尔夫·克尼佩尔:《法律与历史——论〈德国民法典〉的形成与变迁》,朱岩译,法律出版社2003年版,第69页。

② [奥]凯尔森:《法与国家的一般原理》,沈宗灵译,中国大百科全书出版社1996年版,第109页。

③ [德]卡尔·拉伦茨:《德国民法通论》,王晓晔等译,法律出版社2003年版,第57页。

体在实在性上与个人等同”的观念，被“拟制为人”的思维中“均为权利能力者”所取代。由此，“法人”的概念，由原初的“获得特许、具有实在性的团体”演变为“权利能力团体”，即“团体人格”。

自然人与法人在权利能力基础上的同质性的取得，使这种法律人格的二元对峙不仅存在于团体的外部，而且也蔓延到了团体的内部。具体来讲：

第一，作为一个“权利能力团体”，法人获得了超越其成员的独立人格。对于成员之个体而言，法人团体人格的独立性，不仅相对于团体外部的人而存在，而且对于成员之个体也是如此。由此导致了“团体人格”与“成员人格”的分立，即法人与成员真正成为“两个人”。对于成员之团体而言，其则被视为“法人机关”如股东会，由此导致了法人“团体”与“人格”的分立，即当成员团体本身已不再被视为法人的实体，而是被降格为法人的组成部分的时候，法人资格就可以超越于成员之个体，甚至超越于成员之团体而抽象地存在。于是，“比喻为人”的法人概念下团体与成员之间“外部单一”与“内部复多”的有机统一，被加以重构。

第二，作为一个“权利能力团体”，法人行为的实施自然可以采用“代表制”的方式。根据团体人格与成员人格的分立，代表人实施代表行为时，被代表人乃是法人，而不再是法人的成员。相应地，代表行为所体现的意志，也不再被视为全体成员的共同意志，而是法人的单一意志。于是，“比喻为人”的法人概念下，团体意志即为团体成员的共同意志，代表人所代表的是全体成员，“代表制”不过是“共同行为制”的另一种实现方式等一系列观念，也被加以重构。

第三，作为一个“权利能力团体”，法人成了团体财产的所有者。根据团体人格与成员人格的分立，团体财产既然是“法人的”，那么其不再属于团体的成员。“法律赋予团体以人格的目的，是使其成为民法上权利义务的独立载体即交易主体。而团体之是否适于成为交易主体，又取决于其是否拥有‘实体性’的财产亦即独立的财产。……该财产必须与团体发生归属上的关系，亦即财产必须脱离一个‘实体’（个人人格或者其他人格)而归属于作为另一个'实体'的团体。"[①]于是,在"比喻为人"的法人概念中,团体财产在"外部"归属于团体、"内部"则归属于成员的判断,被彻底颠覆。

第四,作为一个"权利能力团体",法人成为团体债务、责任的承担者。仍是根据团体人格与成员人格的分立,法人因交易行为所产生的债务,债务人即为法人自己,而并非法人成员。相应地,该项"法人的债务"自应由"法人的财产"予以偿还,"法人成员的财产"则不应作为偿还该项债务的物质基础。由此所导致的结果有二:一是随着"法人独立责任"的确立,原来"比喻为人"的法人概念中团体的债务、责任"对外"属于团体、"对内"属于成员的判断,被彻底颠覆;二是"有限责任"概念被赋予了崭新的逻辑内涵,即成员出资形成"法人的财产",法人以其财产承担"法人的债务",成员对"法人的债务"不承担偿还责任。源于法人设立的特许主义,以"范围受到限制的自己责任"为内涵的原初的"有限责任"概念,也被彻底颠覆。

由此可见,"拟制"而成的"法人人格",真正地获得了与"个人人格"并驾齐驱的法律地位。"团体独立人格的形成,以团体与特定财产之间建立直接的、排他的支配关系(所有权)为条件,以团体人格完全脱离其成员(股东)的人格为条件,并由此形成法人的独立财产和独立责任。"[②]在这种"拟制为人"的思维之下,法人的独立人格、独立意志、独立财产和独立责任,均是建立在权利能力这一基础之上的。由于权利能力纯粹是以"法律规定"作为依据,因而"拟制为人"的团体人格就有可能产生出一种超越"团体实在性"的事实基础而抽象存在的倾向。这种倾向,是"拟制为人"的法人概念与"比喻为人"的原初法人概念本质的区别所在。如前所述,在原初法人概念中,"团体的实在性"尚需与"人的实在性"相互类比而获得证明,且"团体实在性"与"法律承认"共同构成了原初法人概念

---

① 尹田:《论一物一权原则及其与"双重所有权"理论的冲突》,载《中国法学》2002年第3期。

② 尹田:《论一物一权原则及其与"双重所有权"理论的冲突》,载《中国法学》2002年第3期。

的两个必备要素。正如伯尔曼所言,“法律意义上的社团人格能够仅仅从一个集团的内部生出,这是大可怀疑的;它的存在总是要部分地取决于其外者的承认……而在具有共同利益以及作为一个单位而行为的人的集团没有前提存在时,仅凭社会或国家的行为就能强加一种法律意义上的社团人格,这同样是值得怀疑的”。[①] 然而,在“拟制为人”的法人概念中,其所蕴含的法律实证主义思维,则可以完全无视团体的实在性,并将其湮没在“权利能力法律赋予”的规范观念之下。近代、现代民商法中契约团体事实属性与规范属性之间的断裂,亦由此而来。

第一,“股权性质”的理论疑问。从事实层面以观,基于“出资”与“赠与”客观的相异性,契约团体财产仍归属于全体成员,并为全体成员所共同支配。又基于契约团体成员间互不隶属的关系,这种成员的共同支配同时又存在成员的相互制约。因此,在事实层面上,股权不过是共有份额,其与合伙人的份额并无不同。然而,在“拟制为人”的思维之下,“法人人格”与“成员人格”彼此独立,且均为“权利能力者”。于是成员出资于团体的财产,根据“一物一权”原则,被界定为“法人所有”。当法学不得不在“成员一经出资即丧失所有权”的大前提下,面对“股东何以能够支配公司财产”之诘问的时候,“股权性质”才成了一个难题。

考察对这一问题见仁见智的学说,我们不难看出法学在“公司”这一契约团体的事实性与规范性之间的纠结:“共有权说”或“双重所有权说”试图以确立股东的所有者的地位来明确股东对于公司财产的支配基础,但却难以逾越“公司权利能力”与“股东权利能力”在规范上的两立所导致的“一物一权”障碍;“债权说”试图将股东对于公司财产的支配,设定在对公司的请求权基础之上,但是却无法忽视公司行为的理性基础,归根结底乃是股东的共同意志;“社员权说”或者“股东地位说”另辟蹊径,以“因为股东是公司成员,所以股东可以支配公司财产”的逻辑来回答股权的性质,却小心翼翼地回避了“成员何以能够支配公司财产”的问题核

① ［美］哈罗德·J.伯尔曼:《法律与革命——西方法律传统的形成》,贺卫方等译,中国大百科全书出版社1993年版,第265页。

心。其中,作为“社员权”内容的“共益权”与“自益权”,不过是股东对公司财产“支配方式”的总结。若以此作为“支配理由”则不免陷入同义反复。进而,如果考察股东对其财产在出资前、出资后(公司存续期间)与公司消灭后三个阶段的权利性质,我们可以发现,由此呈现的“所有权—股权—所有权”序列,清晰地表明“股权”正是股东在公司中对于其出资财产的“所有权”在公司事实属性与规范属性的断裂带上的“变形”。这种“变形”圆满诠释的困难,恰恰反映出“拟制为人”的法律实证主义思维面对契约团体“对外单一、对内复多”的事实属性的尴尬。

第二,一人公司与公司人格否认。如前文所述,在事实层面,成员与团体之间的“距离”,是“实在团体”得以存在的基础,而这种“距离”则又根因于共同目标下复数成员间互不隶属的关系。然而,在“拟制为人”的观念之下,由于法人人格可以超越成员之团体而抽象存在,故对于不具有团体性的客观存在,法律仍不妨基于“权利能力法律赋予”的实证主义规范思维,使之成为法人,这便是一人公司法人资格的由来。一人公司法人资格的确立,意味着在规范层面,一人公司被界定为一人股东人格之外的“第二个人”。但是在事实层面,股东唯一性所导致的成员与公司之间的“零距离”,又使一人公司的法律人格难以超越股东人格而独立存在。“一人股东通常都身兼数职,作为公司的董事、经理,他以公司的名义从事活动,谋求公司的利益,由此而生的权利、义务归公司享有或承担;作为公司的唯一股东,他仍拥有公司股东大会的所有权力,可以作出符合他自身利益最大化的各种决定。”①一人公司阙如的团体性向其法律人格发出的挑战,其所折射出的正是一人公司法人资格中团体事实属性与规范属性的断裂。

相应地,各国公司法对一人公司的特别规制,如强化资本充实制度,严格资本充实规则、加大公司登记规则的密度、强化公示主义与要式主义的适用、无限资任重新在法定的有限范围内适用于股东,②表面上是服务

① 朱慈蕴:《一人公司对传统公司法的冲击》,载《中国法学》2002 年第 1 期。
② 朱慈蕴:《一人公司对传统公司法的冲击》,载《中国法学》2002 年第 1 期。

于一人公司债权人的保护,而上述措施的本质,乃在于团体事实属性与规范属性断裂的弥补。推而广之,贯穿于整个商事公司法律制度的"公司人格否认"规则,也具有相同的功能。因为该规则所应对的公司人格滥用、公司资产严重不足、股东与公司人格混同等"公司人格的异化",亦是来自于公司规范层面上"权利能力"的具备与事实层面上"团体实在性"的缺陷之间的断裂。

第三,非法人团体的的权利、义务模式。在事实层面,法人团体与非法人团体的共性,在于其均为团体。如前所述,由团体的事实属性出发,团体权利、义务的享有与承担,可以采用全体成员的名义,也就可以采用团体的名义。在这里,成员共同名义与团体名义,不过是一个问题的内、外两个方面,是契约团体"对外单一、对内复多"的事实属性的表现而已。然而,根据"拟制为人"的规范思维,当权利能力成为"法人"概念的基础之后,因"法人权利能力"与"成员权利能力"的严格区分,"法人的权利、义务"与"成员的权利、义务"也变得泾渭分明。由此导致的结果就是,"以自己的名义享有权利、承担义务"被等同于"以自己的权利能力享有权利、承担义务"。对于"非法人团体"而言,因其不具有权利能力,故团体的权利与义务,只能够由成员的权利能力来承载。"'无权利能力社团'的财产不属于该社团所有,因为作为权利载体的社团并不存在;财产属于社团成员共同共有。"①由此可见,"拟制为人"的规范思维,在将法人团体的事实属性予以颠覆或重构的同时,其对于非法人团体的影响,在于将团体"还原为"各个成员,导致了对非法人团体"团体性"的否定。《德国民法典》第 54 条规定,"无权利能力社团适用关于合伙的规定;以无权利能力社团的名义相对于第三人所做出的法律行为,由行为人个人承担责任"。《德国不动产登记簿条例》第 47 条也规定,"每一个共同权利人都必须进行登记"。于是,"团体以自己名义享有权利、承担义务",遂由事实层面"能不能"的问题,演变为规范层面"许不许"的问题。当基于事实属性"能够"以自己名义享有权利、承担义务的团体,因不具有权利能

---

① [德]迪特尔·梅迪库斯:《德国民法总论》,邵建东译,法律出版社 2000 年版,第 857 页。

力而被法律规范“禁止”如此行事之时,团体的事实属性与规范属性便又一次发生断裂。

法学理论对于《德国民法典》第54条将“合伙”规定的批评,也正是根因于此。“对无权利能力社团的亏待(Benachteiligung)很快被司法判例和法学界认为是不适当的。这主要是因为认为合伙规定对于团体性质的结构体极不合适的观点得到了普遍的接受。”①针对无权利能力社团事实上的“团体性”与规范上的“非法律人格”之间的冲突,《德国政党法》、《劳动诉讼法》以及联邦最高法院(BGH)积极扩张政党、工会、雇主联合会及其协会等无权利能力团体的当事人能力,使之由《德国民事诉讼法》第50条“无权利能力社团具有消极的当事人能力”的规定基础上,进一步拓展;②关于无权利能力社团的“权利享有”,为了规避前述《德国民法典》第54条以及《德国不动产登记簿条例》第47条关于“共同行为制”的规定所带来的不便,实践中允许无权利能力团体通过设立“子公司”或者委托“受托人”来实现团体财产权利之享有。③ 上述途径,作为无权利能力社团之财产权利享有的“变通”方法,在实践中被广泛采用。在德国,“各个工会都设有一个‘财产载体股份公司’。如设在法兰克福的‘公益经济参股股份公司’”。④ 显然,上述做法的旨趣,仍然在于弥补团体事实属性与规范属性之间的断裂,使非法人团体完全被“权利能力”技术规范所湮没的团体事实属性,在现行法的框架内,重新在规范层面获得彰显。

实践证明,脱离了事实基础的规范构建,无论其法律技术逻辑的设计是多么天衣无缝,终究不能有效地发挥应有的社会关系调整功能。对脱离事实基础的规范进行修正,使之尽可能靠近、反映事实,这是必然的事情。法律对于一人公司的严格规制以及在一定范围内确定非法人团体的

---

① [德]迪特尔·施瓦布:《民法导论》,郑冲译,法律出版社2006年版,第110页。

② [德]迪特尔·梅迪库斯:《德国民法总论》,邵建东译,法律出版社2000年版,第853~856页。

③ [德]迪特尔·梅迪库斯:《德国民法总论》,邵建东译,法律出版社2000年版,第857~858页。

④ [德]迪特尔·梅迪库斯:《德国民法总论》,邵建东译,法律出版社2000年版,第858页。

团体性地位的立法与实践，均表明团体的事实属性对于其规范属性强烈的制约作用，同时亦表明使团体的规范属性向其事实属性靠拢，乃是弥补这种团体的事实性与规范性之断裂的根本方法。

四、结语

“拟制为人”的法人观念所导致的契约团体事实属性与规范属性的断裂，归根结底，根源于《德国民法典》所确立的，以权利能力作为人格条件的法律实证主义思维方式。

从“权利能力”这一概念产生的历史来看，作为《德国民法典》理论支柱的“潘德克顿”法学，与此前萨维尼所倡导的“历史法学派”一脉相承，均是强调“法的技术性”原则。萨维尼指出，罗马法学的全部要义就在于“技术性”上面，即“事实”与“权利”之间的结构以及各个结构之间的犹如数学般的确定性。① 由历史法学派发展出的“潘德克顿”法学，沿袭萨维尼的研究方法，继续致力于罗马法历史素材的“教条式”的整理和归纳，最终建立起了一套以概念逻辑为内容的“潘得克顿”体系。根据这一体系对于“技术性”的强调，一项法律上的判断，其依据必须来自于制定法本身，而不能是制定法之外的其他因素。例如，“尽管社会交往的需要仍如此迫切地要求一项请求权不经债务人的同意就转让……但是倘若这样一种法律关系不能按现行法律的规定构成，那么它们‘在逻辑上就是不可能的’。”②同样，在“人之所以为人”的判断依据上，一个客观的事实存在如生物人、团体，要在法律上具备“人”的资格，仍旧离不开“制定法的依据”。“在关于人类本质的现代哲学沉思中……一个法律命令是必要的。”③在这里，“法律命令”就是《德国民法典》中的“权利能力”的概念。

由此可见，在《德国民法典》所塑造的人格法律逻辑机构中，“权利能

① ［德］弗里德里希·卡尔·冯·萨维尼：《论立法与法学的当代使命》，许章润译，中国法制出版社 2001 年版，第 23 页。

② ［德］K. 茨威格特、H. 克茨：《比较法总论》，潘汉典等译，贵州人民出版社 1992 年版，第 261 页。

③ ［德］罗尔夫·克尼佩尔：《法律与历史——论〈德国民法典〉的形成与变迁》，朱岩译，法律出版社 2003 年版，第 60 页。

力”具有法律人格的实在法基础的意义，使团体人格能够建立在与自然人格相同的法律基础之上，从而获得与自然人格相同的性质，即均为“权利能力者”。然而，“权利能力”的意义也仅仅在于概念的创造者追求“技术性”的旨趣，其是对社会关系的一种法律表达方式，而非社会关系本身。因此，由《德国民法典》所确立的这种以“权利能力”作为人格基础的立法模式，并未构成后世民法典立法的标准范本。《意大利民法典》在“自然人”一章，规定“人的权利能力始于出生”（第1条），即与《德国民法典》的立法方式相同，将自然人格界定在权利能力的基础之上。然而，在“法人”一章，关于“社团”与“财团”的设立，该法典直接规定，“社团和财团必须以公证的方式设立。财团也可通过遗嘱的方式设立”。该项规定中并没有使用“权利能力”的概念。比较而言，《阿根廷民法典》则全面放弃了《德国民法典》以“权利能力”为基础的人格立法逻辑。在《阿根廷民法典》中，自然人被界定为“实际存在的人”——“一切具有人类特有标志的实体，不区分其质量和偶数，都是实际存在的人”（第51条）。在此基础上，该法典“实际存在的人具有取得权利或承担义务的能力”（第52条）的规定，其所塑造的“具有人类特有标志的实体——人——能够取得权利、承担义务”自然人人格结构，全面背离了《德国民法典》“出生——权利能力——人”的结构。相应地，《阿根廷民法典》将“法人”界定为“观念上存在的人”。法人的设立，被称为“法人生存的开始”，其方法是：“具有法人资格的团体、社团和机构，自法律或政府予以核准、章程获得通过、宗教方的高级神职人员进行认可之日开始生存。”（第45条）该条直接将“核准等相关手续”导向“法人生存”，而并未以“权利能力”作为“核准等相关手续”与“法人生存”之间的中介。

既然以“权利能力”为基础的人格塑造模式，不过是民法典中“人法”的立法技术对于其所调整的社会关系的一种表述方式，那么以“权利能力”为核心的团体规范属性所彰显的法律逻辑结构就不应成为我们审视团体问题的唯一角度，由“权利能力”所表述的团体社会关系本身的自然状态及其运作机理，同样应当受到法学的关注。从前文的论述中，我们可以得到的结论是：

第一,契约团体是成员间的契约联合。团体是否具有“法人”资格,虽不影响这一判断本身的成立,但是却导致这一判断在规范层面具有不同的表达方式。对于“非法人”团体而言,由于未受到“团体权利能力”的规范重构,因此其保留着完好的团体事实属性的面貌:基于契约所形成的成员联合体本身,在规范层面即被视为团体,如合伙体。对于“法人”团体而言,因“团体权利能力”概念的介入,抽象的团体人格在规范层面被界定为“团体权利能力”的载体,而成员间契约联合的事实属性则被掩盖于“团体权利能力”的概念之下,表现为“法人团体的意思机关”,如股东会。因此,无论是“法人团体”还是“非法人团体”,成员的地位及其运作均遵循着相同的机理,股东之于公司的地位与合伙人之于合伙体,本质上并无差别。

第二,契约团体财产归属于成员。契约团体财产源于成员的个人财产,是成员联合为团体以追求共同缔约目的的物质基础,成员对团体财产享有“所有者权益”,并共同支配团体财产,这是不争之事实。至于成员在团体财产的共同支配过程中所表现出来的一系列不同于个体支配的特征,如必须按照成员共同意志进行支配、不得擅自处分财产、不得擅自抽回出资等,其不过是各个成员的支配权利相互制约的结果,是物权法共有制度在团体法当中的表现。因此,就事实层面以观,股东会对于公司事务的最高决定权,与合伙人对于合伙事务的决定权本质上并无区别,其均为所有权支配权能的表现。相应地,“股权”本质上也与合伙人的“出资份额”、共有人的“应有份额”一样,为共有财产中个人权益的表现,而并非股东让渡出资财产所有权所取得的对价。

第三,契约团体的责任归属于成员。契约团体既然是成员用以追求共同缔约目的的手段,那么契约团体的责任也由成员承担。因此,“有限责任”与“无限责任”概念上的区分标准,在事实层面就是这种成员的责任在范围上是否存在限制。进而,成员的责任在范围上是否应当受到限制,与其说取决于契约团体是否具有“法人”资格,不如说取决于“外部公示”与“内部对价”是否结合。具体来讲,债务人应当以自己的全部财产承担债务,这是市民社会关系的一般准则,因此成员债务的承担,系以“无限责任”为原则，相应地，“有限责任”则成了一种例外性的优惠。这种优惠的条件就包括“外部公示”与“内部对价”两个方面：就“外部公示”而言，债权人对有限责任的债务人财产的追索权所受到的限制，应当以该债务人的有限责任，事先通过团体登记而被公之于众（有限责任公示）为条件。就“内部对价”而言，契约团体成员如欲获得这种优惠，那么其所需付出的对价，就是接受有限责任团体法律规范的相对严格的要求，如较多强制性规范的资本金制度、团体治理结构、成员决策的限制等。事实上，只有将“外部公示”与“内部对价”作为厘定“有限责任”与“无限责任”的尺度，我们才有可能对公司人格否认情况下股东的无限责任、一人公司股东的无限责任、特殊的普通合伙及有限合伙中合伙人的有限责任加以诠释，并且为“无限公司”“两合公司”等新的团体形态的生长开辟空间。

第四，契约团体的意志是成员的共同意志。既然团体的行动要求全体成员共同进退，那么团体意志必然就是成员的共同意志。在以“团体权利能力”为基础的“法人”与“非法人”的团体规范分类之下，团体意志被区分为“法人团体独立意志”与“非法人团体成员共同意志”。对于相同的事实问题的不同规范界定所导致的结果，就是理论上的疑问丛生。例如，合伙人以外的经营管理人员的法律地位及其义务性质的问题，鲜有学者问及，而公司董事的地位及其义务的性质，却成了学理上的热点。究其原因，无非是由于“公司人格”概念的存在，导致事实上的“成员共同意志”与规范上的“法人独立意志”关系纠缠不清，进而导致董事究竟是“公司聘任的经营者”还是“股东聘任的经营者”难以界定，最终导致董事地位与其义务性质难以厘清。然而，就事实层面以观：(1)成员作为团体财产的共有人，均需要按照团体规则形成共同意志，并以此作为团体财产支配的前提。因此，合伙人根据合伙合同以及合伙企业法的规定形成的意志，与股东根据公司章程以及公司法的规定形成的意志，本质上并无差别，即均为成员共同意志。(2)成员作为团体财产的共有人，有权在共同意志的基础上亲自支配团体财产，也有权委付他人行使这一权利。因此，合伙人可以选任经营管理人经营合伙企业，股东也可以选任董事经营公司企业。因此，董事的“股东受托人”法律地位与合伙企业经营管理人的

"合伙人受托人"法律地位,本质亦无不同。(3)在成员委付他人经营企业的情况下,受托人经营管理权的取得,同时必然伴随其忠实、勤勉义务以及委托人监督、罢免权的产生。因此,董事的义务内容及其界定方式,也便与合伙企业经营管理人的义务内容与界定方式具有同质性。

综上所述,法律仅仅是社会关系的调节器,而不是创造者。社会关系是社会生活实践的产物,其所固有的"自然"属性,是先于法律而客观存在的事实。契约团体作为一个成员的契约联合体,同时却具有超越个体成员而得以独立存在的事实属性,导致了自其被纳入法律的调整范围之初,将"契约团体"与"人"进行类比,便成了法学孜孜不倦的追求目标。相应地,根据所奉行的法律政策对契约团体作"人"或"非人"的划分,并对其区别对待,也便成为法律调整契约团体的核心性技术手段。由此所导致的法律对契约团体事实属性的认可或阻却,标志着契约团体事实属性与规范属性的"分立"。随着以"权利能力"为基础的团体人格概念的确立,团体的规范属性已经完全无视其事实属性,成为纯然的法律逻辑推演的结果,上述"分立"终于发展到了"断裂"的极致。

我国民法典的制定,应当以借鉴国外成熟的立法成果,并对其不足部分予以完善、发展为原则,自不待言。在民事主体制度的法典化过程中,是因循德国法系民法以"权利能力"作为人格基础的模式,将这一梅迪库斯所称的"未完成的作品"[①]移植于我国民法典,在我国21世纪的民法典中继续上演这种契约团体事实属性与规范属性的断裂,继续陷入由此所引发的一系列理论与实践的困境,还是准确把握团体社会实践的客观需要,立足于团体的事实属性进行制度规范的设计,并将其与民法固有的理论逻辑体系相贯通,从而实现考夫曼所言的"法律是应然与实然的相当",[②]这是我国民法典民事主体制度立法需要认真对待的问题。

---

① [德]迪特尔·梅迪库斯:《德国民法总论》,邵建东译,法律出版社2000年版,第778页。

② [德]考夫曼:《法律哲学》,刘幸义等译,法律出版社2004年版,第170页。

第三章　商事主体的民事能力

第一节　商业登记与营业自由

一、商业登记与“商事主体资格”“商事经营资格”关系之辨析

关于商业登记的私法意义,有观点认为,商事登记具有商事主体和商事经营资格的确认功能,即“商业登记是一种创设、变更或终止商事主体资格的法律行为”。[①] 据此,通过商业登记,商事经营者可以成为商事主体,进而获得从事商事经营活动的资格。反之,“未经商事登记,行为人即使实施了商事经营活动也不得享有商人的权利,同时也不必须履行商人的义务,该行为可被认定为无效,且行为人须承担相应的法律责任”。[②] 这种观点常见于关于商事组织法的著述当中,已经成为学理上的“通说”。对于这种观点,笔者不能赞同。

何为“商事主体”?按照学者的表述,“商事主体(商人)主要是从事商业经营活动成为商事法律关系

---

① 马洪主编:《商法》,上海财经大学出版社2003年版,第26页。

② 陈运雄、蔡梅娥:《论我国商人概念的法律界定》,载《求索》2005年第12期。

的主体。其中商人中的'商',可以说是商事主体区别于民事主体的主要标准,也体现出商事主体的职业属性,即商事主体所从事的商行为在时间上要有延续性,以从事营利性为目的的有偿法律行为为其职业"。① 尽管我国奉行民商合一的立法模式,在私法法源上并无民法与商法的区分,但是从我国法学理论对于"商事主体"概念的表述上看,其与西方大陆法系奉行"民商分立"模式国家的"商人"概念,仍具有很大的相似性。因此,通过考察"民商分立"国家商业登记与"商人资格""商事经营资格"之关系,对于我们仍然具有启迪意义。

首先来看法国商法。《法国商法典》第1条规定,"实施商行为并以其作为经常职业者是商人"。据此,取得商人资格的条件,原则上在于"商行为的实施"。进而,基于"商行为"所获得的商人资格,在法律上意味着可得适用"商人专用"的一系列制度,包括税收、默示产生商业义务责任、证据自由、短期时效、连带责任关系推定、重整与商事诉讼程序以及商行为的严格约束主义等。② 与此同时,法国商法在以"商行为"作为商人资格取得条件的原则性规定之外,也存在例外,这就是公司商人资格的取得。"就公司而言,法律有意运用了仅仅依据公司的形式就可以确定其是否属于商事性质的标准……而且这是一项无可争议的标准(1966年7月24日法律第1条)。"③法律仅根据公司的组织形式,即可确认其商人资格的存在。在此基础之上,根据法国商法的要求,除隐名合伙之外,任何公司都必须在其总机构住所地的"商业与公司登记簿"上进行注册登记。然而,值得关注的是,"(法律)对公司发起人与首任领导人没有规定必须进行公司注册登记的任何期限"。④ 在法国商法上,公司的注册登记,并不代表公司的"成立",而是代表公司"法人资格"的取得。具有"法人资格"的公司,其可以通过法定代表人从事活动,适用裁判重整程序,以

① 折喜芳、赵颖:《商事登记制度的立法完善》,载《河北法学》2005年第2期。
② [法]伊夫·居荣:《法国商法》,罗结珍等译,法律出版社2004年版,第67页。
③ [法]伊夫·居荣:《法国商法》,罗结珍等译,法律出版社2004年版,第69~77页。
④ [法]伊夫·居荣:《法国商法》,罗结珍等译,法律出版社2004年版,第156页。

及提取股份发行所得的资金。①

可见,法国商法中"商人"资格的取得,均不以商业登记为条件。另外,其"商人"资格的确立,法律意义在于,对于商事经营者的经营行为,可得适用商法所规定的一系列特殊规则,而并非在于认可经营者的"商事经营资格"。即便就法律对于公司"法人资格"的商业登记要求而言,在公司因注册登记而获得"法人资格"之前,由于法律对于公司的商业登记未作期限要求,因此公司仍然可以在"不享有法人资格"的前提下,从事经营活动。

再来考察德国商法。经过 1998 年的商法改革之后,德国商法上的"商人",被简化为"实际商人""任意商人"与"要式商人"三种类型。

1. 德国商法中的"实际商人",是指依"商营业"而成立的商人。所谓"商营业",根据《德国商法典》第 1 条第 2 款的规定,指"一切营利事业,但是企业依其种类和范围不要求以商人的方式经营的除外"。据此,对于"实际商人"而言,只要其具备了以营利为目的的企业组织体,便可获得商人资格,而不以"商业登记"为条件。至于"实际商人"之商业登记,"商人身份的产生不依赖于此,因为满足了《商法典》第 1 条第 2 款的营业经营人依照法律直接就作为'商人'——所以人们称其为'实际商人'。商事登记只有随后的公示作用"。②

2. 德国商法中的"任意商人",是由"小营业任意商人"与"农业、林业任意商人"两部分组成。"任意商人"的含义为,一方面,其不同于实际商人,不能依"商营业"当然取得商人资格。要获得商人资格,必须进行商业登记。另一方面,经营者可以自行决定,是否通过商业登记,取得"任意商人"资格——"法律为他们提供了自由选择权……他们有权,但没有义务,来进行登记"。③ 进而,如果其办理了商业登记,获得商人资格,对其经营行为的调整,可适用商法的规则;反之,"未登记的小营业经营者的法律地位完全取决于普通私法规定,这就是说,首先是

① 参见[法]伊夫·居荣:《法国商法》,罗结珍等译,法律出版社 2004 年版,第 158 页。
② [德]C. W. 卡纳里斯:《德国商法》,杨继译,法律出版社 2006 年版,第 45 页。
③ [德]C. W. 卡纳里斯:《德国商法》,杨继译,法律出版社 2006 年版,第 46 页。

民法规定”。[1] 由此可见，对于“任意商人”而言，是否办理商业登记，意义仅在于能否成为“商人”，并接受商法的调整，而与其是否“有权”从事经营活动，没有关联。在未办理商业登记的情况下，小业主或者农、林业主仍然可在民法的框架下，以民事主体的资格从事经营活动，接受民法的调整。

3. 德国商法中的“要式商人”，是指“不依赖于是否进行商营业，从其本身法律形式出发即为商人”，其包括股份公司、股份两合公司与有限责任公司三种类型。[2] 在德国商法上，“要式商人”资格的取得有赖于商业登记的完成。然而，根据《德国商法典》第 15 条第 1 款“应登入商事登记薄的法律事实，只要尚未登记和公告，就不得被应对此种法律事实进行登记的人利用来对抗第三人，但此种事实已为第三人知悉的除外”的规定，“要式商人”之商业登记，其意义在于“未经登记，不得以该商业组织的形式从事商业经营活动”，而不在于“未经登记，不得从事商业经营活动”。例如，《德国股份法》第 41 条规定，“在进行商业登记前，股份有限公司不作为股份有限公司而存在。在公司登记前以公司名义行为的人，负个人责任；数人行为的，其作为连带债务人负责任”。根据上述规定，“未经登记”的后果，是“不得作为股份有限公司而存在”，而“未经登记即进行商事经营活动”的后果，则是“行为人负个人或连带责任”。这些规定的反面，恰恰表明立法在确立个人责任、保护外部第三人利益的前提下，对于“未经登记即进行商事经营活动”的肯定态度。

通过对上述法国、德国商法的考察，我们得到如下几点结论：

第一，法、德两国商法所创设的“商人”概念，是其“民商分立”立法模式下的私法法源的二元结构的结果。在“民商分立”模式之下，界定民法与商法各自调整对象的分野，是其私法法源二元结构成立的基础——“商人”这一概念的界定，目的正在于厘定“商法”调整对象的范围。由此可见，所谓“商人”，是指“适用商法之人”，而并非“具有经营资格之人”。将

---

① ［德］C. W. 卡纳里斯：《德国商法》，杨继译，法律出版社 2006 年版，第 53 页。

② ［德］C. W. 卡纳里斯：《德国商法》，杨继译，法律出版社 2006 年版，第 59 页。

“商人”资格理解为“商事经营者”的资格，或者“实施商事经营行为”的资格，其实是一种误解。例如，法、德商法上作为商人构成要件的“商行为”“商营业”等概念，均表明了“商事经营活动的实施”“商事经营体的存在”，逻辑上总是先于“商人”资格而存在的，而且前者往往成为后者的判断前提。

第二，在法、德两国商法上，商业登记并不是“商人”资格的当然构成要件。只不过在有些情况下，根据法律的要求，商业登记可以作为“商人”资格的构成要件，如法国商法上的“公司法人商人”、德国商法上的“小任意商人”与“要式商人”。在商业登记作为“商人”资格的构成要件的情况下，如上所述，由于“商人”资格的意义，不在于赋予当事人以“商事经营者”资格或者“实施商事经营行为”资格，因此纵然是作为“商人”资格构成要件的商业登记，亦不具有赋予“商事经营”或者“实施商事经营行为”资格的效力。

第三，在法、德两国商法上，“商业经营行为”的正当性，其不是由“商人资格”或者“商业登记”所赋予，而是植根于“营业自由原则”。根据私法自治原则，个人在无碍于社会公共利益与他人利益的情况下，享有决定自身私法事务的自由。“人享有法律上的行为自由，其核心是合同自由，合同自由包括任意取得和出让经济财产的自由。”①合同自由所蕴含的对于财产“任意”取得与出让，既包括偶然的财产交易，也包括稳定、持续的财产交易，即商事交易。合同自由在商事交易中的表现，即为商业自由。例如，在法国，“营业自由”于法国革命之初即得到确立，构成法国商法的一项基本准则。“‘经商自由’具有宪法价值。因此，除非是因公共秩序的理由或者因战时经济的继续……之外，‘进入商界’并不需要经过任何行政批准，既不存在‘挑选’，也不存在数额的限制。”②

二、商事组织体之“商业登记”的必要性分析

通过上文的阐述可知，商业登记的核心私法意义，不在于塑造“商事

---

① [德]迪特尔·施瓦布：《民法导论》，郑冲译，法律出版社2006年版，第85页。
② [法]伊夫·居荣：《法国商法》，罗结珍等译，法律出版社2004年版，第35页。

主体”，更不在于确认“经营资格”，而是在于其公示意义。然而，出于探究商业登记的法律技术之需要，我们要设定一个问题，即商业登记的对外公示，是否为商事交易得以进行的必要条件呢？回答是否定的。根本原因在于，离开了商业登记的“公示”作用，商法上的特殊规则，即丧失了对第三人施加约束的基础。但是，在民法的一般规则的框架下，商事交易仍得以继续进行，而不会陷入寸步难行的窘境。

具体来讲，如果离开了商业登记的“公示”作用，商事交易活动将被还原为民事活动。因为，从民法的角度来考察，商事交易的主体无非是“民事主体”，而商事交易行为则无非是“法律行为”。在民法的视野之下，“营业自由”在获得民法“意思自治”原则之肯定的同时，却并未导致因商业登记的缺席而产生的第三人利益的损害，更未导向法律调整的真空状态。换言之，“法律行为”制度所蕴含的价值理念，除过“意思自治”外，还包括了“自己责任”——“自由不仅意味着个人拥有选择的机会和承受选择的负担，它还意味着个人必须承担自由行动的后果，并接受对自己行为的赞扬或非难。自由与责任不可分”。① 由此出发，离开了商业登记之“公示”作用，商事交易活动就将遵循如下的民法一般行为规则来进行：(1)基于交易本身的存在，第三人根据民法的一般规则，仍可得了解“谁”是自己的交易对方。比如，在一般场合，第三人可知道向自己作出意思表示者，即为自己的交易对方；在与团体从事交易时，纵然没有团体的登记公示，第三人亦可知晓向自己作出意思表示的各个团体成员，为自己的交易对方；在行为人以他人名义与第三人实施交易的场合，则可付诸由代理制度以断。(2)根据“自己责任”，前述第三人的交易对方，根据民法的一般规则，即当然地成为其与第三人之间交易后果的承担者。

可以看出，上述根据民法一般规则所构建的“相对人确认”与“交易后果承担”的模式，乃是商品交易的一般形式和规则，构成了商品交易秩序的基础。在此基础上，商事登记的意义，即在于通过“公示”应当优先

① ［英］弗雷德里希·奥古斯特·哈耶克：《自由宪章》，杨玉生等译，中国社会科学出版社1999年版，第107页。

适用商法特殊规则的“特殊事实”，从而使得对该“特殊事实”的法律调整，以商法的特殊规则来取代民法的一般规则。相应地，商业登记的必要性，便取决于商事经营者的“特殊交易需要”，即排除民法一般规则之调整，转而适用商法特殊规则之需要。由此出发，我们对法人、合伙与个人独资三种商事组织的商业登记的意义，分别加以考察。

第一，法人企业之商业登记的意义。较之于上述民法一般规则，以法人企业形式所从事的商事交易，其特殊目的在于两个方面：(1)将“法人组织”作为第三人的交易对方，而不是将实施意思表示行为的法定代表人个人，或者全体成员作为交易相对人；(2)将交易后果的承担局限于“法人组织”，从而摆脱成员个人责任的承担，即确立交易中的有限责任。上述两个方面特殊需要的实现，取决于第三人“应该知道”两个特殊事实：一是该组织是否具有法人资格；二是谁享有该法人的代表权。前者是有限责任成立之关键，后者则是法人对个人的意思表示行为负责的关键。显然，第三人“应该知道”的判断，又取决于法人组织商业登记的公示作用。换言之，商业登记对于实现以“法人企业”为组织形式的特殊交易需要，是至关重要的。

与此同时，我们还可以看出，法人企业之商业登记的意义，也仅在于实现上述“特殊的交易目的”。在未经法人登记的情况下，商事组织的法人资格不成立，更无从对外公示法人资格的存在。因此，“商业组织承担交易结果、组织成员承担有限责任”之目的自然不能实现。此时，按照民法的一般规则，应当由全体组织成员来承担该项交易的法律后果。换言之，根据商业登记的公示意义，未经法人登记的结果，仅仅在于对“有限责任”之交易需要的否定，而不在于对交易本身的否定。这就是前述《德国股份法》第 41 条“在进行商业登记前，股份有限公司不作为股份有限公司而存在。在公司登记前以公司名义行为的人，负个人责任；数人行为的，其作为连带债务人负责任”之规定的由来。

第二，合伙企业之商业登记的意义。与上述民法一般规则相比较，合伙企业与第三人从事交易，其特殊需要也在于两个方面：(1)在有限合伙企业中，确立部分合伙人的“有限责任”；(2)以“合伙企业名义”从事交易,并由全体合伙人承担交易后果。要达此目的,对于前者而言,需要通过商业登记的公示作用,使第三人了解“哪些”合伙人是有限合伙人,从而为有限责任的承担奠定基础;对于后者而言,则需要通过商业登记,使第三人了解合伙企业名义下“合伙人”的范围。了解合伙人范围的意义在于,一方面,根据“合伙人代表权”制度,比如我国《合伙企业法》第26条“合伙人对执行合伙事务享有同等的权利”之规定,以及该法第37条“合伙企业对合伙人执行合伙事务以及对外代表合伙企业权利的限制,不得对抗善意第三人”之规定,第三人根据商业登记,确定了合伙人的范围,就确定了“谁”可得在合伙企业名义下,代表该合伙企业与自己从事交易。另一方面,第三人明确了合伙人的范围,也就明确了“谁”是该项交易后果的最终承担者。这也为全体合伙人对合伙名义下的交易承担共同责任奠定了基础。

在此基础上,需要讨论的问题是,在未经商业登记的情况下,合伙的商事经营行为的模式,会发生怎样的变化?首先,未经商业登记,并不能否定“合伙组织”的客观存在。这一点,合伙与法人是有区别的。法人作为一种有“权利能力”的组织,其权利能力只能来自法律的授予。因此当法律对于权利能力的取得作出了“必须登记”的强制性要求之时,未经登记,一个组织就无法获得“权利能力”,无法成为“法人”。比较而言,合伙组织本质上不过是一个以合伙合同为纽带、基于合伙人的出资而形成的合伙人的联合体。因此,合伙组织的客观存在,以“合伙合同”与“出资”的事实作为条件,而与商业登记无关。纵然没有办理商业登记,基于有效的“合伙合同”与合法的“出资”所形成的合伙组织,在事实上总是客观存在的。这意味着,此时该合伙组织仍然可以在民法的一般规则的框架内,从事经营活动。其次,根据民法的一般规则,当各个合伙人以其“共同名义”与第三人从事交易行为,或者以其“共同名义”委托部分合伙人或其他人与第三人从事交易行为的情况下,合伙人的“共同名义”足以弥补商业登记之阙如所带来的公示漏洞,因而该项交易结果系由全体合伙人共同承担——这与合伙企业按照“商法”从事经营活动的结果,并无二致。

由此可以看出,一个合伙企业是否进行商业登记,仅仅决定着该合伙能否根据商法的特殊规则,确立部分合伙人的"有限责任",享受直接以"合伙企业名义"从事经营活动以及直接适用"合伙人代表权"制度所带来的便利。从交易结果上看,无论是否进行商业登记,即无论基于商法上的特殊规则,还是基于民法上的一般规则,后果上均无不同。因此,倘若合伙人无意追求有限责任的承担,也无意追求商法特殊规则所带来的诸多便利,那么对合伙企业就没有必要办理商业登记,而可直接根据民法的一般规则,从事经营活动。例如,在美国《统一合伙法》上,"二人或二人以上联合,以共同所有人的身份,以营利为目的,运行一商业组织,则他们的关系自动定义为合伙"。[①] 可见,美国法上的合伙,就是一个基于合伙合同所形成的个人商事联合体。"合伙的成立相当简单,并不需要特别的程序。对于合伙人来说,只要求其有缔约行为能力,除此并无特别的资格要求。"[②]换言之,美国法上合伙的成立,根本不以商业登记作为条件。通常,美国法上的合伙是以各个合伙人"姓之结合"来命名的。但是,在合伙人人数众多的情况下,合伙人更愿意使用能表明合伙业务活动之名称,这种合伙名称被称为"假名"(fictitious name)。由于该"假名"不能准确地反映出合伙人的范围,因而法律要求以"假名"命名的合伙须在其开展业务的州登记其名称。[③] 由此可见,在美国法上,当合伙人以自然人的共同名义(合伙人"姓之结合")从事经营活动时,该"共同名义"足以弥补未经商业登记所带来的公示缺陷,因此法律不再要求办理商业登记;反之,只有当其以合伙企业名义(假名)从事经营活动时,由于涉及"假名"之下的合伙人范围的公示需要,法律才作出商业登记的要求。

第三,个人独资企业商业登记的意义。对于独资企业而言,企业主本来就是"自然人"。民事主体,享有自然人的权利能力和行为能力,故当然可得以其民事主体资格,从事经营活动。就此以观,独资企业商业登记的意义,无非在于通过使第三人了解"谁"是独资企业的企业主,从而使

---

① 苏号朋主编:《美国商法——制度、判例与问题》,中国法制出版社2000年版,第445页。
② 苏号朋主编:《美国商法——制度、判例与问题》,中国法制出版社2000年版,第445页。
③ 苏号朋主编:《美国商法——制度、判例与问题》,中国法制出版社2000年版,第452页。

该企业主能够以独资企业的名义从事经营活动。然而,由于独资企业出资人只有一个人,业主以独资企业名义从事经营,并不会比其以自然人名义从事经营带来更大的便利。而且,在交易结果的承担上,是否办理商业登记,即无论企业主是以独资企业名义,还是以其自然人名义从事交易,结果均是该企业主以其全部财产承担责任。由此可以看出,独资企业的商业登记,并无实质意义。由此,我们就不难理解前述《德国商法典》上的"小营业任意商人"(第 2 条)何以"仅对独资企业主有意义"①的原因了。无独有偶,《日本商法典》第 8 条规定,"本法关于商业登记、商号及商业账簿的规定,不使用于小商人"。据此,日本商法干脆将"小商人"排除于"商业登记""商号"等商法规则的适用范围之外。

通过上文之阐释,我们可以看出,商事企业体之商业登记的必要性,是在民法一般规则的参照下得以显现的。商业登记制度的旨趣,在于通过公示某项商法上的"特殊事实",以达到在其所对应的问题上,排除民法的一般规则,转而适用商法的特殊规则的需要,借此赋予经营者以交易便利,并兼顾第三人利益和交易安全的保护。相应地,那么在未办理商业登记的情况下,其后果无非在于,为了保护第三人的利益和交易安全,禁止适用商法上的特殊规则,经营者不得享有相关的交易便利,而按照民法的一般规则来调整其商事经营行为,如此而已。可见,将商业登记视为一种"商事能力"或者"商事经营资格"的取得条件的看法,其实是对商事登记制度的公示意义的误读,是一种商事登记制度的"神化"。

三、我国商事组织法上商事登记制度之检讨

在我国商事组织法理论中,商业登记的公示意义,亦得到了学者的认可。② 然而,这种观念却并未贯穿于我国商业登记制度的始终。

就我国法人企业之商业登记而言,根据我国《企业法人登记管理条

---

① [德]C. W. 卡纳里斯:《德国商法》,杨继译,法律出版社 2006 年版,第 47 页。

② 冯果、柴瑞娟:《我国商事登记制度的反思与重构——兼论我国的商事登记统一立法》,载《甘肃社会科学》2005 年第 4 期;王远明、唐英:《公司登记效力探讨》,载《中国法学》2003 年第 2 期。

例》第3条第2款的规定,“依法需要办理企业法人登记的,未经企业法人登记主管机关核准登记注册,不得从事经营活动”。据此,商业登记的法律意义,已不在于能否在“法人的名义下”进行经营活动,而是事关“经营活动”本身的合法性问题了。不难看出,在这里起支配作用的,就是那种将商业登记视为经营活动正当性源泉的“未经登记、不得经营”的观念。

就我国合伙企业与个人独资企业之商业登记而言,我国《合伙企业法》第11条规定,“合伙企业的营业执照签发日期,为合伙企业成立日期。合伙企业领取营业执照前,合伙人不得以合伙企业名义从事合伙业务”。另外,《个人独资企业法》第13条也作出了与此相类似的规定,即“个人独资企业的营业执照的签发日期,为个人独资企业成立日期。在领取个人独资企业营业执照前,投资人不得以个人独资企业名义从事经营活动”。上述两条规定对于“不得以合伙企业名义”“不得以个人独资企业名义”从事经营活动的强调,逻辑上即蕴含着对此时合伙企业、个人独资企业可得以在民法一般规则的框架下,以“自然人名义”从事合伙业务的肯定态度,殊值赞许。然而,事实上,这两条规定却无法真正实现确认自然人商业自由的立法预期。原因在于,自然人以其个人名义从事经营活动,即必然会被纳入“个体工商户”的范畴。进而,根据《城乡个体工商户管理暂行条例》第7条第1款的规定,“申请从事个体工商业经营的个人或者家庭,应当持所在地户籍证明及其他有关证明,向所在地工商行政管理机关申请登记,经县级工商行政管理机关核准领取营业执照后,方可营业”。据此,由《合伙企业法》《个人独资企业法》所肯定的“未经商业登记,可以自然人名义从事经营活动”的判断,在《城乡个体工商户管理暂行条例》中又会受到否定。

由此可见,在我国商事组织法上,居于支配地位的,乃是商事登记之行政监管观念。由此导致的结果就是,在理论上,商业登记的公示意义,被“未经登记,不得经营”的强制主义观念所取代,营业自由的理念被消于无形,商事经营者固有的“民事主体”地位、商事交易行为固有的“法律行为”性质、商事交易实施上的“意思自治”原则及其商事交易后果上的

“自己责任”原则,因而也被湮没。在实践中,商业公示的统一性要求让位于行政体系下的“行业归口管理”等弊端,也就随之而来。因此,如果说真正确立准则主义,强调商业登记的公示意义,逐步摒除源自计划经济时期的商业登记制度的行政监管色彩,应当成为我国商业登记制度改革的方向的话,那么观念上的变革,即确立营业自由的理念,并通过科学的商业登记之公示技术对这一理念予以弘扬,则无疑构成我国商业登记之制度改革的起点。

第二节 自然人的民事能力在商业经营中的基础地位

一、商业登记的“商事主体资格确认说”及其质疑

在我国关于商业登记的法学理论上,有观点将“商业登记”界定为确立“商事主体资格”的法律前提,认为“商事登记是一种创设、变更或终止商事主体资格的法律行为”。[①] 这种观点可称为商业登记的“商事主体资格确认说”,其具有相当的普遍性。

对于上述观点的考察,我们从对“商事主体”的界定入手。在我国民商合一立法模式之下,私法法源上并无民法与商法的区分,那么“商事主体”这一概念指的究竟是什么呢?对此,有学者明确指出,“商主体本质上属于民事主体,商自然人不过是自然人的一种特殊表现形式”。[②] “商事主体是指以营利为目的,以自己名义持续、有偿地从事商事经营活动,依法取得经营收益的个人以及依法将经营所得在出资人中进行分配的组织。”[③]按照上述界定,商事主体在我国其实是一种“特殊的”民事主体,其特殊性表现为“商事特性”,即“持续地、固定地实施营利行为,并以此为业”。

在此基础上,根据商业登记之“商事主体资格确认说”的观点,商事

① 马洪:《商法》,上海财经大学出版社 2003 年版,第 26 页。
② 柳经纬:《商法》(上册),厦门大学出版社 2002 年版,第 47 页。
③ 折喜芳、赵颖:《商事登记制度的立法完善》,载《河北法学》2005 年第 2 期。

主体资格之所以需要商业登记来确认,归根结底是由于商事主体的"商事能力"需要由商业登记来"确认",即商事主体具有"法律拟制性"的特征——"商主体的法律拟制性就体现在商主体是依照法定的条件和程序经核准登记而成立的。所以商事权利能力的一个重要特点便是个别取得性,而不是一般民事权利能力所具有的法定性和普遍性"。[①] 按照这种观点,作为民事主体的自然人,其要以商事经营活动为业,并从事商事经营活动,仅仅凭借其自身的权利能力与行为能力是不够的,其必须在固有的民事能力的基础上,通过商业登记这一法律途径,将其民事能力进一步"加工"为商事能力。

那么,"商事主体"的法律拟制,其法律意义何在?按照商业登记的"商事主体资格确认说"的观点,"商事登记是我国商法人和其他商主体取得商人资格的必备条件。未经商事登记,行为人即使实施了商事经营活动也不得享有商人的权利,同时也不必须履行商人的义务,该行为可被认定为无效,且行为人须承担相应的法律责任"。[②] 据此,"商事主体"资格,被视为一种"商事经营资格",即只有具有"商事主体"资格的民事主体,其才有权实施商事经营行为——"我们说商事主体均可以自己名义从事商事活动,缔结和签署契约,是针对已经工商行政机关核准登记取得商事主体资格的法律主体而言,未取得商事主体资格的法律主体不具有商事经营的权利能力"。[③] 相应地,在将"商事主体"资格视为"商事经营资格"的观念下,商业登记就被赋予了"市场准入"的意义,即"商事登记法是对商事主体市场准入法律调整的需要"。[④]

我们不难发现,在商业登记之"商事主体资格确认说"的观点之下,商事能力成了自然人民事能力的一个"特区"或者"禁区":在"一般"的民事交易中,自然人固有的民事能力可以为其交易行为的实施与交易后果的承担提供支撑;一旦这种民事交易具有了"商事特性",则自然人的民

① 郭晓霞:《关于商主体几个基本问题的研究》,载《山东社会科学》2007年第4期。
② 陈运雄、蔡梅娥:《论我国商人概念的法律界定》,载《求索》2005年第12期。
③ 李君临:《商事主体权利义务简论》,载《天府新论》2005年第11期。
④ 倪永品:《商事登记立法若干问题探讨》,载《中国工商管理研究》2000年第4期。

事能力仿佛立即捉襟见肘，难以为继，而不得不转而依赖于“商事能力”，并以此作为该项行为实施与其后果承担的法律能力上的基础。由此所产生的疑问就是，为什么自然人要实施商事经营活动，参与商事经营法律关系，其必须在民事能力之外，另行获得商事能力？换言之，自然人凭借其固有的民事能力，为什么不能直接实施“商事经营”行为，并成为由此而产生的法律关系的主体？

二、自然人的“民事能力”与“商事能力”关系之辨析

对于上述问题的回答，需要从自然人“民事能力”——包括权利能力与行为能力的法理构造及其与“商事能力”的关系考察中去寻求答案。

首先，自然人的权利能力在逻辑上是“生物人”通向“法律人”的法律桥梁，其法哲学意义在于承担着“何种生物人可得成为法律人”的判断。在“具有权利能力的生物人可得成为法律主体”的判断之下，由法律所确定的“权利能力始于出生”的准则，本质上就是对“生而为人、生而平等”的伦理思想在法律上的重述——正如《德国民法典》第一草案说明书所指出的，“不论现实中的人的个体性和其意志，承认其权利能力是理性和伦理的一个戒律”。[①] 以人的伦理属性为基础的权利能力概念，其着眼于抽象的人无差别的伦理上的规定性，而将人的个体差异排除于这一概念的基础之外。正是基于此，私法人格的平等性才得到了坚实的保障。“权利能力平等是一种抽象的平等而非具体平等，是一种资格或者说是一种取得权利的可能性的平等，而非具体权利的平等。”[②]在权利能力与（主观）权利的关系上，权利能力所表明的，仅仅是自然人“可得”享有权利、承担义务的资格，而并不会直接导向权利的享有与义务的承担。从这个意义上讲，权利能力仅仅是一个人格人承受（主观）权利的“容器”“载体”。基于自然人之间无差别的伦理属性，这个“容器”“载体”没有大小之分、容量之别，他人“可得”享有的权利类型，我亦“可得”享有。因此，

---

① ［德］罗尔夫·克尼佩尔：《法律与历史——论〈德国民法典〉的形成与变迁》，朱岩译，法律出版社2003年版，第58页。

② 李永军：《论权利能力的本质》，载《比较法研究》2005年第2期。

权利能力与其“可得”承载的(主观)权利的类型与范围并无关联——“权利能力作为享有权利的资格,其所指仅为享有法律允许享有的一切权利(权利之总和)的资格,正是在此意义上,权利能力与法律人格被视为等同。而享有某种特定的具体权利的资格之有无,则与人格之有无毫无关系”。[①] 就此以观,“商事权利能力”并未超越自然人与生俱来的权利能力的范围,恰恰相反,前者完全为后者所覆盖。例如,一个个人独资企业业主,为了生活需要而向银行贷款购买商品房,该业主自然是以其作为自然人的权利能力来承受这一贷款法律关系中的权利和义务的。因此,该业主需要以其全部的个人财产,包括企业的全部财产,也包括出资之外的全部财产,作为债务清偿的一般担保;比较而言,倘若该业主同时又为了企业生产之需要,而向银行贷款购买原材料,那么由于“独资企业”本身不具有法律人格,不具有权利能力,故而这一“商事”贷款关系中借款人一方的权利和义务的承受,仍然以该业主作为自然人的权利能力为其基础。相应地,该业主仍需以其全部的个人财产,包括企业的全部财产,也包括出资之外的全部财产,作为债务清偿的一般担保。由此可见,无论是“民事”权利、义务,还是“商事”权利、义务,其均是由自然人的权利能力(这个统一的“容器”)所承载。我们难以发现在自然人固有的权利能力之外,还存在“另一个”(商事)权利能力。

其次,就自然人的行为能力以观,行为能力作为“实施民事行为、做出意思表示的能力”,其系以自然人对民事行为及其后果的辨别、判断能力为其基础的,进而与自然人的“心智”相关联——“行为能力的前提是,人必须具有能够形成令人重视的意思的资质,如果某人处在不能够或不完全能够自主行事或自我负责的精神状态之中,这种意思表示的可重视性就可能缺失或减少”。[②] 正是由于行为能力乃是针对“特定个人”的心智水平而言的,因此无论自然人实施何种类型的民事行为,其均系以其“自身的”心智对该行为加以辨别和判断,其所赖以作出意思表示的乃是“同

① 李永军:《论权利能力的本质》,载《比较法研究》2005年第2期。
② [德]迪特尔·施瓦布:《民法导论》,郑冲译,法律出版社2006年版,第120页。

一个"行为能力。这意味着，如果一个自然人具有实施"民事行为"的行为能力，那么其必然会具有实施"商事经营行为"的行为能力。就此以观，在自然人实施"商事经营行为"的过程中，基于其自身的心智水平的同一性，其实并不存在超然于该自然人"固有的"行为能力之外的、"第二个"（商事）行为能力。

需要说明的是，有学者从"行为能力与权利能力的同步性"角度，来概括"商事行为能力"的独特之处，认为"权利能力是民事主体之必备要件，而行为能力为非必备要件……商法对商主体有特别规定，要求两者必须同时具备，有权利能力而无行为能力者不得从事商行为"。[①] 由这一观点出发，"商事行为能力"的独特之处，在于两个方面：一是"商事行为能力"是"商行为"之实施所必需的；二是"商事行为能力"是"商事主体"的"主体性"构成要件。对于这种观点，笔者不能认同。就上述第一个方面而言，商事经营行为的本质，是以契约行为作为核心表现形式的法律行为，因而其自应受到民法关于法律行为、契约行为的行为能力的要求。换言之，"商事经营行为的实施应当具有行为能力"的判断，本来就是行为能力制度的应有之义。再就上述第二个方面而言，将行为能力视为"主体性要件"这种观点本身，是值得商榷的。如前所述，自然人的主体性要件，系植根于无差别的人类的伦理属性，因而具体的人彼此间的个体差异，一律被排斥于主体性要件之外。相应地，自然人的主体性要件，乃是由其权利能力——享有"一切权利（权利之总和）"的可能性——为表述方式的，而与其行为能力——通过实施法律行为从而现实地取得权利——无关。这就意味着，不具有完全行为能力的自然人，其所欠缺的仅仅是实施商事经营行为的能力，而与其"可得"能否成为"商自然人"无关。正是从这一理念出发，德国商法理论明确肯定未成年人对于独资企业的单独继承权，[②]而《日本商法典》更是明确允许未成年人成为商人，并在监护人的代理下，实施商事经营行为（第5条、第7条）。在我国立法上，《个人独资

---

① 赵万一：《商法》，中国人民大学出版社2003年版，第23页。.

② ［德］C. W. 卡纳里斯：《德国商法》，杨继译，法律出版社2006年版，第269～270页。

企业法》并未要求投资人必须具有完全行为能力(第8条),而《合伙企业法》则规定,“合伙人被依法认定为无民事行为能力人或者限制民事行为能力人的,经其他合伙人一致同意,可以依法转为有限合伙人,普通合伙企业依法转为有限合伙企业”(第48条)。因此,“商自然人”的主体性基础,就是其与生俱来的权利能力,而行为能力,无论是在自然人那里,还是在“商自然人”那里,均不具有“主体性要件”的意义。

由此可以看出,无论是“商事权利能力”,还是“商事行为能力”,其均为自然人固有的权利能力与行为能力所涵摄,而并未获得超越于自然人民事能力之外的独立性。这表明,自然人的商事能力不需要法律来另行加以“确认”或者“拟制”,将商业登记界定为自然人“商事能力”之确认的观点,是不正确的。

三、商业自由原则的确立及其在现代商事主体法中的基础地位

从历史的角度看,将商事经营活动的正当性,依附于公共权力的许可的做法,源于中世纪绝对主义的政治观念。这种做法随着国家的经济政策由重商主义向自由经济主义的转变,为商业自由原则所取代。

在中世纪中、后期,当商人们结束了居无定所的贩运生涯聚而成市的时候,城市就开始面临与当地封建领主权的关系问题,而获得领主的“特许”,便成了城市之存在的正当性基础。领主对于城市的特许,起初表现为将城市纳入封建采邑制度的框架之下,使之成为封建领主的附庸,形成马克斯·韦伯所称的“王公城市”。[①] 在其后兴起的城市运动中,商人们“要求承认城市的权利与特权……他们不愿再服从封建领主的权力。他们要求在封建统治内的而非在封建制度下的一个地位”。[②] 城市运动取得胜利的标志,就是得到领主或主教所赐发的、承认商业城市自治地位的“特许状”。这个往往被收藏于城市的塔楼之中,或铭刻于教堂的墙壁

① [德]马克斯·韦伯:《经济与社会》(下卷),林荣远译,商务印书馆1997年版,第568页。

② [美]汤普逊:《中世纪经济社会史》(下册),耿淡如译,商务印书馆1961年版,第425页。

之上的法律文件，其所表明的不过是商业城市自治权，仍然来自主权者的“认可”这一事实。商业城市与领主治权的这种关系，构成了主权者对于商事经营活动采取“特许主义”政策的最初表现。在意识形态上，这种关系所彰显的是一种“绝对主义”的主权政治理念，即以商事经营为核心的城市内部的所有活动的实施，“本来”就是属于主权者管辖的事项。因而，这些事项只有依附于主权者的特许，才有可能具有法律上的正当性。

在中世纪后期，当崛起的世俗王权终结了国内领主与教会的封建割据，建立起统一的中央集权国家之后，城市商业活动所创造的巨大财富，使得统一国家的中央政府积极奉行重商主义政策，将商业的发展作为经济振兴、国运昌隆之道。为此，国家凭借其空前的绝对权力，通过颁发特许状，直接干预城市内部的商事组织的运作。在重商主义经济政策之下，“城市也好，行会也好，都是一些按法人组织起来的用于特定目的的国家强制机构，它们拥有一些在业务上不得逾越在特权里所提到的限制的权利……任何违背这些限制都会被利用作为理由，在‘责问令状’的诉讼中取消特权”。[①] 由此可见，重商主义“实质上是专制主义的伴生物，它在每一个国家都是随着君主势力的增强而发展起来的……并由专制主义特征的独裁方法所强加，并且以国家的需要是至高无上的为借口，不考虑个人利益”。[②] 因而，中世纪后期统一民族国家的建立，并未在商事经营活动与主权者之间的关系问题上，带来政治理念的变革。在这里，中央集权与商业活动之间以“特许”为内容的关系，其在绝对主义的政治理念上，与原先封建领主和商业活动之间的关系，是一脉相承的。

随着亚当·斯密在《国富论》中所倡导的自由主义经济政策终结了重商主义，以及近代政治哲学思想对于个人自由的关注，商事经营活动与国家主权之间关系的重心，发生了由后者向前者的偏移。对于国家而言，

---

① ［德］马克斯·韦伯：《经济与社会》（下卷），林荣远译，商务印书馆 1997 年版，第 676 页。

② ［英］E. E. 里奇、C. H. 威尔逊：《剑桥欧洲经济史》（第五卷），高德步等译，经济科学出版社 2002 年版，第 525 页。

商事经营活动的实施不再被认为是主权固有的支配领域，国家与经济社会之间的界限被严格地加以界定，“绝对主权”的观念受到法治与自由观念的严格限制。按照哈耶克的观点，国家在经济领域的措施，可以划分为“同自由制度相容的措施”与“同自由制度不相容的措施”两类。其中，“包含着专断地、区别地对待人们”，规定“应该准许谁去提供种种服务或商品、价格如何、数量有多少”的措施，必然是受到自由与法治原则的排斥的。[①] 在此观念之下，对于商事经营活动而言，商事企业及其经营行为的正当性，不再源自国家主权的特许，而是植根于经营者固有的自由，即“营业自由”。它的基本含义就是，任何人均可自由地进入或者退出商事经营领域，而无须得到国家或者行政机关的确认、许可。相应地，商业经营资格，也不再是部分人的“营业特权”。例如在法国，“营业自由”确立于法国革命之初，并在1973年12月27日的“罗瓦耶法”第1条“经营自由与意愿立业是商业与手工业活动的基础”的规定中得到重申，因而构成法国商法的一项基本准则。“‘经商自由’具有宪法价值。因此，除非是因公共秩序的理由或者因战时经济的继续……之外，‘进入商界’并不需要经过任何行政批准，既不存在‘挑选’，也不存在数额的限制。”[②]

在现代社会，商业自由原则已经成为各国商事组织法的立法基石。从意思自治原则出发，个人在无碍于社会公共利益与他人利益的情况下，享有自己决定自身私法事务的自由。“人享有法律上的行为自由，其核心是合同自由，合同自由包括任意取得和出让经济财产的自由。”合同自由所蕴含的对于财产“任意”取得与出让，既包括偶然的财产交易，也包括稳定、持续的财产交易，即商事交易。合同自由在商事交易中的表现，即为商业自由。犹如自然人的权利能力，是现代民法伦理人格的核心一样，自然人从商、经商的自由，贯穿于商事主体法律制度的全部，构成了现代商法营业自由原则的基点。

---

① [英]弗雷德里希·奥古斯特·哈耶克：《自由宪章》，杨玉生等译，中国社会科学出版社1999年版，第352、358页。

② [法]伊夫·居荣：《法国商法》，罗结珍等译，法律出版社2004年版，第35页。

第一，单独的自然人享有以独资企业为形式，从事商业经营活动的自由。独资企业是自然人从事商业经营活动的基本形式，也是自然人商业自由的基本表现。在德国商法上，独资企业业主的商人资格，被称为“小营业任意商人”。[①] 商法对其商业登记的要求具有任意性——“法律为他们提供了自由选择权……他们有权，但没有义务，来进行登记”。[②] “未登记的小营业经营者的法律地位完全取决于普通私法规定，这就是说，首先是民法规定。”[③]由此可见，对于独资企业主来讲，办理商业登记，意味着取得商人资格，进而可在商法的调整下从事经营活动；反之，未办理商业登记，则不能取得商人资格，其只能在普通私法（民法）的调整下从事经营活动。与之相类似，《日本商法典》第 8 条也规定，“本法关于商业登记、商号及商业账簿的规定，不使用于小商人”。比较而言，日、德两国商法的不同之处在于，日本商法直接将“小商人”定位为民事主体，将其行为交予民法加以调整，而德国商法则赋予了个人独资业主以“选择权”，其可得自主决定是否通过商业登记而成为“商人”，并受商法规定的调整。其两者的相同之处则在于，均未将“商业登记”作为自然人从事商事经营活动的“资格条件”，而是允许自然人在不经登记的情况下，在“商法规则”之外，根据“民法规则”，自由地从事商事经营。

第二，复数的自然人享有以合伙企业为形式，从事商业经营活动的自由。合伙企业是复数自然人合资从事商业经营活动的基本形式，因而是自然人个体固有的营业自由的延伸。在德国商法上，合伙具有“商人”资格。需要指出的是，作为德国商法上“实际商人”的一种，合伙的商人资格系来自“商营业”，即“一切营利事业”（《德国商法典》第 1 条第 2 款），而并非商业登记，后者并不具有合伙商人资格的创制作用——对于合伙而言，“商人身份的产生不依赖于此（商业登记），因为满足了《商法典》第 1 条第 2 款的营业经营人依照法律直接就作为‘商人’——所以人们称其

---

① ［德］C. W. 卡纳里斯：《德国商法》，杨继译，法律出版社 2006 年版，第 47 页。
② ［德］C. W. 卡纳里斯：《德国商法》，杨继译，法律出版社 2006 年版，第 46 页。
③ ［德］C. W. 卡纳里斯：《德国商法》，杨继译，法律出版社 2006 年版，第 53 页。

为‘实际商人’。商事登记只有随后的公示作用”。[①] 由此可见，在德国商法上，合伙人商业经营活动的实施（商营业），乃是取得商人身份的前提，而非是商业登记或者商人身份的法律后果。相应地，合伙商人的商业登记，不是“商人资格”的取得要件，更不是“商业经营资格”的取得要件，而仅仅是合伙的商人资格得以对外主张即以“合伙企业名义”从事经营活动的要件。反之，在未经商业登记的情况下，基于自然人固有的商业自由，得以“各个自然人的共同名义”对外经营。这一立法模式，在美国法上同样存在。根据美国《统一合伙法》，“二人或二人以上联合，以共同所有人的身份，以营利为目的，运行一商业组织，则他们的关系自动定义为合伙。……合伙的成立相当简单，并不需要特别的程序。对于合伙人来说，只要求其有缔约行为能力，除此并无特别的资格要求”。[②] 在此基础上，合伙通常以各个合伙人“姓之结合”来命名。但是，在合伙人人数众多的情况下，合伙人更愿意使用能表明合伙业务活动之名称。这种合伙名称称为“假名”（fictitious name）。由于“假名”不能够准确地反映出各个合伙人的存在，以“假名”命名的合伙须在其开展业务的州登记其名称。[③] 由此可见，在美国法上，只有在其以超越合伙人个人名义的“合伙名义”（假名）从事经营活动时，为了商业公示之需要，法律才作出商业登记的要求，而在合伙人以自然人名义（合伙人“姓之结合”）从事经营活动时，其则属于商业自由的范畴，因而没有办理商业登记之必要。

第三，自然人的商业自由与公司企业的商业登记。自然人基于其固有的营业自由，既然可以自由地创建独资企业、组成合伙，那么其亦得以公司形式，作为实现其商业自由的商事组织途径。从这个意义上讲，公司同样是自然人商业自由的产物。根据法国商法的要求，除隐名合伙之外，任何公司都必须在其总机构住所地的“商业与公司登记簿”上进行注册登记。然而，法国商法上的公司注册登记，仅仅是“公司资

---

① ［德］C. W. 卡纳里斯：《德国商法》，杨继译，法律出版社 2006 年版，第 45 页。

② 苏号朋：《美国商法——制度、判例与问题》，中国法制出版社 2000 年版，第 445 页。

③ 苏号朋：《美国商法——制度、判例与问题》，中国法制出版社 2000 年版，第 452 页。

格”的取得条件,而不是从事商事经营活动的条件。经过商业登记而具有“公司资格”之后,可以通过法定代表人从事活动,适用裁判重整程序,以及提取股份发行所得的资金;[①]反之,根据商业自由原则,商事团体依然可以在不享有公司资格之便利的前提下,实施经营活动。在德国商法上,公司商人被称为“要式商人”,其商人资格必须基于商业登记来取得。[②] 但是,德国商法中的公司商业登记的意义却仍然仅限于“未经登记,不得以该商业组织的形式从事商业经营活动”,而与“未经登记,不得从事商业经营活动”的判断无关。《德国股份法》第 41 条规定,“在进行商业登记前,股份有限公司不作为股份有限公司而存在。在公司登记前以公司名义行为的人,负个人责任;数人行为的,其作为连带债务人负责任”。《德国有限责任公司法》也有类似的规定。在这里,“不得作为此种公司而存在”的处理,无疑是就“未经登记即进行商事经营活动”的假定而言的,其法理基础即在于商业登记的公示效果之于外部第三人利益保护的意义,而“行为人负个人或连带责任”的处理,则是“未经登记即进行商事经营活动”的法律后果。这一后果恰恰表明立法在保护外部第三人利益的前提下,对于公司设立人固有的营业自由的肯定态度。

综上所述,在西方国家,尤其是奉行“民商分立”立法模式的大陆法系国家,其所采用的“商人”概念,含义为“适用商法规定者”,而非为“具有经营资格者”。在“商人”概念之下,并无超越于固有的民事能力之上的“商事能力”——“在商业自由和经营自由的标志下……每个人都可以成为商人,并由此而同这些专门的职业规定打交道”。[③] 相应地,商业登记的根本意义,在于“商人资格的公示”,即决定着营业者可否以特定“商人名义”对外从事商业经营活动,而并不能决定商业经营活动的正当性本身。

四、结语:商业自由与我国商事主体制度的现代化

自近代以来所确定的商业自由原则,业已成为现代商事主体法的基

---

① [法]伊夫·居荣:《法国商法》,罗结珍等译,法律出版社 2004 年版,第 158 页。

② [德]C. W. 卡纳里斯:《德国商法》,杨继译,法律出版社 2006 年版,第 59 页。

③ [德]迪特尔·施瓦布:《民法导论》,郑冲译,法律出版社 2006 年版,第 85、86 页。

础,而自然人固有的民事权利能力与行为能力,正是其在商事领域承担这种自由的法律技术载体。这意味着,自然人从事商业经营活动的法律上的正当性,根源于由其民事能力所承载的伦理属性和自由,而无须依赖于外部的法律“拟制”或者公共权力享有者的“确认”。商业登记制度的法律意义在于通过公示手段协调自然人的商业自由与交易相对方的交易安全之关系,其所蕴含的“未经登记的事实不得对抗第三人”的法技术,正是营业自由与交易安全二者的平衡点之所在。商业自由与商业登记,恰如一组张力,其由自然人为起点,渐次向合伙与法人延伸,最终形成现代商法的主体制度基础。

不可否认,在商业登记的“商事主体资格确认说”的支配之下,我国商事组织法与现代商法的立法模式存在较大的差距。例如,我国《企业法人登记管理条例》第3条第2款规定:“依法需要办理企业法人登记的,未经企业法人登记主管机关核准登记注册,不得从事经营活动。”据此,是否办理商业登记的意义,已经不在于经营活动的实施可否“在法人的名义下进行”,而是事关“经营活动”本身的合法性问题了。表彰着商业自由理念的“未经法人登记,依然可以在个人责任之前提下,从事经营活动”之规则,在此没有存身的余地。《城乡个体工商户管理暂行条例》第7条第1款“申请从事个体工商业经营的个人或者家庭,应当持所在地户籍证明及其他有关证明,向所在地工商行政管理机关申请登记,经县级工商行政管理机关核准领取营业执照后,方可营业”的规定,亦是如此。由此可见,商业登记的“商事主体资格确认说”及其所衍生的“未经登记、不得营业”的结论,在使得商业自由的理念消于无形的同时,也使商业登记制度的意义被扭曲为“经营资格”的赋予。以这种观念为基础所建立的商业登记制度,将不可避免地发生商事企业的设立原则由准则主义向核准主义的异化。目前我国商事企业登记制度中大量存在的“前置审批”要求即为著例——“我国《企业法人登记管理条例》作为最基本的商事登记法律文件,确立了企业登记的前置行政审批制度,并贯穿于企业法人办理开业登记和变更登记和注销登记的各个环节……目前登记时涉及的前置审批已多达两百多种,除法律法规设定的审批外,众多的规章、‘红头文件’等也跻身其中"。[①] 由此所导致的结果,不仅在于我国商业登记制度政出多门、弊端丛生,难以适应现代市场经济的要求,而且在商业经营活动越来越多地关系到个人之生存利益的今天,以似是而非的"管理需要"而否认自然人的营业自由,还将可能付出社会稳定的代价。

① 冯果、柴瑞娟:《我国商事登记制度的反思与重构——兼论我国的商事登记统一立法》,载《甘肃社会科学》2005年第4期。

第四章　占有与物权

物之支配的活动，是人从外部世界获得物质资料，用于其生存与发展的过程。由于人不仅以个体的方式存在，而且还存在于社会群体当中，因此物之支配过程，不仅包含了人对于物质资料的支配，而且还包含了在物之支配活动中人与人之间的关系。早在人类进入法权社会之前，人的物之支配活动就已经存在，这就意味着物之支配活动的第一属性，在于其事实性，而并非其权利性——后者只不过是后来法律对这种事实关系进行调整的结果。

物权法从古罗马法时期发展至今，形成以支配性、排他性为基础，以物权法定主义、一物一权主义和公示公信原则为支柱的制度、理论体系。其结构的复杂性和理论逻辑的严密性令人叹为观止。然而，将物之支配最初的，也是最简单的形态——物之占有为分析对象，以人类的物之支配活动的客观要求为切入点，阐释从占有到物权的物之支配形态的演进中一般性的规律，则可以揭示物权支配性和排他性产生的根源、实现的机制以及占有物权支配性和排他性产生和实现中的作用。

第一节　意志支配于物的两个载体

物之支配的主体，就是人。人的本质，按照黑格尔的界定，即是意志的存在——“自为地存在的意志即抽象的意志就是人”。① 因此，意志的实现过程，就是自我的实现过程。在这个过程中，人的意志首先能够认识到自我的存在，并将自我作为意志活动作用的对象，即“通过他的自我意识了解自己是自由的，他才占有自己，并成为他本身所有以对抗他人”。② 人对于自己的占有，本质上是意志对于自身的占有。这个意志在人之自身活动的结果，就是使人（意志）成了自己的主人。

自由是意志的固有属性。人的自由的范围，并不仅仅局限于人之自我本身，而是还需要扩展于人的外部领域，即意志自由发生作用的领域，还应当包括人外部的物质世界。这个人的外部领域的事物，本身是没有目的性、没有意志的自在、客观的存在，这使意志有可能基于其目的性和主观能动性，“施加”于外部事物，使之“从我意志中获得它的规定和灵魂”，③即“人有权把他的意志体现在任何物中，因而使该物成为我的东西。”④随着外在之物成了意志的对象即客体，人的主体性地位因而确立——人同时成了外在于自己的物的主人。这个人将其意志作用于外在之物的过程，就是人对物的支配过程。

由此可以看出，人的自由的领地即意志的领地，一方面在于人之自身，另一方面还在于存在意志作用的外部空间。本人意志的领地，对于他人（意志）而言，就是后者自由的禁区。擅入这一禁区的后果，就是引起意志间的冲突。基于此，协调各个个体意志自由的法则，便是黑格尔的那

① ［德］黑格尔：《法哲学原理》，范扬、张企泰译，商务印书馆1961年版，第46页。
② ［德］黑格尔：《法哲学原理》，范扬、张企泰译，商务印书馆1961年版，第64页。
③ ［德］黑格尔：《法哲学原理》，范扬、张企泰译，商务印书馆1961年版，第52页。
④ ［德］黑格尔：《法哲学原理》，范扬、张企泰译，商务印书馆1961年版，第52页。

个著名的论断:“成为一个人,并尊敬他人为人。”[①]然而,这个论断的后半部分,即尊重“他人”意志对于其自由领地的主权,却是需要前提的,这就是该“他人”意志的可察知性——人不应当对自己纯粹主观的意志负责,也不应要求别人对此负责,这是理性法则的戒律。就意志对于人之自身的主权而言,人之存在本身,就对外表彰着意志的存在。因此对于他人人身的侵犯,就是对于他人自由意志的直接侵犯;就意志对于外在物的支配而言,这里便出现了意志的主观性与外在物的客观性之间的矛盾:由于意志本身是纯粹主观的意念与想法,因此其要以一种使他人可得察知的方式作用于外在物,就必须克服其纯粹的主观性,而以某种具有客观性的事物作为连接支配意志与支配对象的中介——这个中介,因其客观性而得以对外表彰着意志的存在,故可称为“意志的外部载体”。在物之支配的过程中,可得作为意志载体的事物有二:一是事实上的“占有”;二是法律上的“物权”。

就占有之事实而言,其之所以能够充当意志的载体,原因在于占有对内连接意志(占有系由意志所发动,即所谓“心素”),对外作用于物(所谓“体素”),是意志通向外在之物的最为直接的桥梁:当物之占有成立时,意志对于物的支配就同时建立。对于他人而言,物之占有事实就是占有者意志在物上的体现:由物上有形的占有支配,就可知物上存在无形的支配意志——“单是某物应属于我的这种我的内部表象或意志是不够的,此外还需取得对物的占有。通过取得占有,上述意志才获得定在,这一定在包含他人的承认在内”。[②] 再就物权而言,由于其来自法律,而法律的客观实在性,赋予了物权客观实在性的特征——这使物权作为意志在物上的外部表彰成为可能。事实上,随着“物权”观念的产生,意志对于外在之物的支配,就摆脱了占有的事实层面的拘束,而在法律层面上,找寻到了另外一条通向外在之物的桥梁——“所有权所以合乎理性不在于满足需要,而在于扬弃人格的纯粹主观性”。[③] 可见,物权同样具有表彰意志

① [德]黑格尔:《法哲学原理》,范扬、张企泰译,商务印书馆1961年版,第52页。
② [德]黑格尔:《法哲学原理》,范扬、张企泰译,商务印书馆1961年版,第59页。
③ [德]黑格尔:《法哲学原理》,范扬、张企泰译,商务印书馆1961年版,第50页。

的意义——物上支配权利的存在，即昭示着物上支配意志的存在。

由此可见，占有与物权，是意志赖以凭借，并得以支配于物的两种手段。与此同时，由于占有与物权，在支配于物的方式上存在差异，这又决定了支配者的意志在以占有作为载体时所形成的"事实支配"，与其以物权为载体时所形成的"权利支配"之间，所存在巨大的差异。

详而言之，就物之事实支配而言，由于占有作用于物的方式，就是在事实、经验上对物的直接管领和控制，因此通过占有所表现出来的物之事实支配，就是对于物的"实然的、现实的"支配，其具有如马克思所言的"不可解释"的事实性[①]——它是一个客观实在，既不以他人的意志为转移，也不以法律的正当性判断为转移。比较而言，物之物权支配则与此不同。权利作为一项法律上的观念，其来自对现实的、经验的支配事实的抽象——"我不能把一个有形体的物或一个在空间的对象称为是'我的'，除非我能够断言，我在另一种意义上真正的(非物质的)占有它，虽然我并没有在物质上占有它"。[②] 这种"非物质的占有"的本质，就是超越具体的物之支配形态的"归属"观念，它的含义可以表述为"对物最一般的实际主宰或潜在主宰"，[③]其在法律上的实证起点，就是所有权。所有权与物之事实支配的关系在于，一方面，"此物归属于我，故我可得任意支配之"。所有权的要旨，在于为物之事实支配提供法律上的依据，即法律上的"正当性"，即从所有权出发，才能得出"所有主可以对物行使所有可能行使的权利"[④]的结论。另一方面，"此物归属于我"的判断，并不以我对它成立事实上的支配为条件——所有权所蕴含的法律上的"正当性"，与其"正当性的实现"，在逻辑上是分立的：无论事实上我业已支配于物，即成为物的"实际主宰"，还是事实上我未曾支配于物，即仅仅是物的"潜在主宰"，都不会影响到"此物归属于我"的法律判断。由此可见，所有权本

---

① 《马克思恩格斯全集》(第1卷)，人民出版社1956年版，第382页。

② [德]康德：《法的形而上学原理——权利的科学》，沈叔平译，商务印书馆1991年版，第57页。

③ [意]彼德罗·彭梵得：《罗马法教科书》，黄风译，中国政法大学出版社1992年版，第194页。

④ [意]彼德罗·彭梵得：《罗马法教科书》，黄风译，中国政法大学出版社1992年版，第194页。

身并不意味着所有人已经取得事实上的物之支配,而只是意味着所有人实施物之事实支配,具有法律上的正当性。进而,所有权的这个“支配于物的法律正当性”的本质,在他物权那里,也得到了延续。由于他物权作为所有权的派生物,是“所有权全面支配权之一种作用”,[①]因此如果说所有权意味着对物“全面支配”的法律上的正当性的话,那么他物权的本质,就在于取得了所有权的这种全面支配的正当性当中的“一个方面”。由此可见,物之物权支配的本质,在于支配上的“法律正当性”即“有权实施支配”。这种正当性可以成为物权实现其事实支配的法律基础,但是其本身却与物之事实支配是两个概念。

由于“占有”与“物权”这两个连接意志与物之间的纽带,其彼此之间并不存在“互为条件”的关系,因此在物之支配的形式上,便出现了“事实支配”与“权利支配”以及其各自所蕴含的“支配的现实性”与“支配的正当性”之间的分立、并存的局面。

一、先法权关系时代的物之占有

对物进行支配,是人生存与发展基本目的之需要的当然结果。这一需要伴随人类的产生而产生,不以任何人为法权的存在为前提。换言之,早在人为的法权关系出现之前的时期(本书称为“先法权关系时代”),人们便开始了对物的支配活动。只是,羁于当时的社会生活条件,人对物的支配是以一种最简单、最原始,然而也是最基本的方式进行的,那就是以支配物之使用价值为内容的物之实际控制与管领,即物之占有。

对先法权关系时代物之纯粹占有的特征进行分析,可以发现,这种简单而原始的物之支配形态,却几乎包含了后来的物权支配最基本要素的全部。先法权关系时代物之占有,具有如下特征:

第一,占有的意志性。先法权关系时代人对物的支配,源自人之生存维持这一基本目的。“人类对于外界之物资,为生活所需,自须据为己有,

---

① 史尚宽:《物权法论》,台湾容泰印书馆1957年版,第2页。

为实力之支配。”[1]由此产生的物之占有，是必然的、有目的的。当时，人的行为已经直接受到意志的支配，表现出鲜明的意志性。故而，人与物有发生联系之所在，即有人对物的意志与行为双重支配的所在。古罗马法学家保罗指出：“我们取得占有须有占有之事实与占有之意思。”[2]作为占有成立的体素要件和心素要件的自然法上的基础，即根源于此。德国法学家萨维尼主张的物权契约“一方面包括占有之现实交付，另一方面亦包括移转所有权之意思表示”，[3]亦以此作为法哲学上的基石。

然而，当时人的意志支配下的行为的具体形态为物之占有，而且人的意志与占有完全结合。换言之，在先法权关系时代，对物事实上的控制与管领，是物之意志支配的唯一实现方式。其两者的完全结合，一方面表现为物之意志支配完全依赖于作为物之行为支配的占有来实现，即占有之所在，即是意志支配之所在；另一方面表现为物之意志支配完全依赖占有来维持，即倘若物之实际控制、管领不复存在，则物之意志支配立即无可依托，难以持续。

第二，占有的支配性。先法权关系时代的物之占有，仅是人与物发生联系的形式，其内容则为物的利用。基于生存维持的目的，人最先意识到的，就是物之利用功效的发挥与此目的息息相关。进而，意志支配下的物之占有，正是以物之利用为目的。换言之，当时物之支配观念和支配行为已经存在，物之于人的意义，不在于物之客观属性本身，而在于其客观属性中的功效得以满足人的需求。

然而，从特殊性上讲，先法权关系时代的物之支配，仅限于物之使用价值。一方面，当时人尚无从意识到物之使用价值这一物之基本功效以外的其他效用。因此，当人的自由意志投向外在之物时，其是否能“为我所用”，则成为唯一选择的标准。另一方面，作为这种意志的实现的物之占有，其意味着，也只能意味着物之使用价值的支配。换言之，物之占有与物之使用价值的支配天然地表里相依，密不可分。

占有在形式上以经验性和空间性为外在表现。所谓经验性，是指只有

---

① 谢在全：《民法物权论》，中国政法大学出版社 1999 年版，第 29 页。

② ［意］桑德罗·斯契巴尼：《物与物权》，范怀俊译，中国政法大学出版社 1999 年版，第 176 页。

③ 王泽鉴：《民法学说与判例研究(一)》，中国政法大学出版社 1998 年版，第 262 页。

对物的实际控制、管领的事实的存在,才有占有的存在;所谓空间性,是指对物的实际控制、管领的事实,只可能存在于控制、管领范围所及的一定空间状态之下,而不可能不受空间的约束。如前文所述,在先法权关系时代,无物之占有即无物之支配,这一命题与占有空间性和经验性相结合,决定了当时人不可能对其控制、管领能力以外之物进行支配。人的实际控制、管领能力是有限的,又决定了当时人得以支配的物的数量也非常有限。

第三,占有的排他性。从目的上看,每个人都有维持自身生存的自然权利,同时,每个人又都具有优越于外在物的自由意志,因而任何人都既有必要,又有可能也将一定的外在物视为自己意志的对象而加以支配,"这就是人对一切据为己有的绝对权利"。[①] 但是,这种人人得而享有的"绝对权利",[②]在物质资源有限性的背景下,却产生了人与人之间的关系。如果我们将视点从人与物的联系中转移,投放于人与人的关系当中,就会发现这种"绝对权利"是受到限制的。这种"绝对权利"上的限制,恰恰源自于导致"绝对权利"产生的上述两个方面的原因。一方面,物之占有的经验性和空间性决定了特定的外在物在为某人所占有,并满足其使用需要的同时,其物理特性使它不可能再为他人占有和使用。另一方面,人之所以支配于物,在于其自由意志相对于无意志的物而言具有优越性。但倘若特定的外在物已成为他人意志支配的对象,那么自己的意志欲作用于该物,则必将在该物上与他人的意志发生冲突。既然自己的意志相对于他人意志而言不具优越性,那么他人于该物上意志的存在,使自己不可能基于自由意志将其据为己有。这种"绝对权利"所受到的限制的反面,即"惟有我方能自由用益,他人不得侵犯,否则得加以排除",[③]正是占有的排他性之所在。

显然,先法权关系时代占有排他性的基本内容,已与物权排他性的基本内容并无二致。由此也可以看出,物之支配的排他性,并非来自于某种

---

① [德]黑格尔:《法哲学原理》,范扬等译,商务印书馆1961年版,第52页。

② 该"绝对权利"的内涵,应指自然法意义上的权利,而不是人定法上的权利,更不是人定法上的绝对权。

③ 谢在全:《民法物权论》,中国政法大学出版社1999年版,第29页。

社会契约或者权威，而是来自物之支配本身的特征。进而言之，排他性存在于人对物进行支配的场合，并调整人与人关系的共同需要。如果说这个问题在不同的社会环境中会存在差别，那么差别不会是排他性的有或无，而只会是排他性这样或那样的实现方式。

在先法权关系时代物之支配的排他性，因占有的成立而产生。如前文所述，物之占有得以成立的自然法上的原因，在于人优越于物，且不与他人发生冲突的自由意志。因此，“先后”原则在其中发挥着基础性的作用。先占者之所以能够将物置于自己的支配之下并排除他人妨害，“其理由并非因为他是最先一个人而已，而是因为他是自由意志”。[①] 进而，先法权关系时代占有的排他性的维持，纯粹依个人实力对自由意志的捍卫。“假如我是一物的持有者，以一种物理方式和它联系，若有人未得我的同意而干扰它……就影响了和损害了我固有的自由。”[②]对于自身的纯粹的自由的损害，唯有依赖自身的纯粹的实力去排除。

二、从占有到物权：物之纯粹占有扬弃的结果

先法权关系时代物之占有的意识性、支配性与排他性，在摒弃一切制定法中权利影响的背景之下，其表述的只能是物之支配中那些不以人的意志为转移的，客观、必然的规律。这些规律构成了物之支配得以产生和维持的基本条件。在物之物权支配中，由于物权仍是物之支配关系的规范对象，因此上述规律“这个最初的抽象规定决不会被放弃，相反地，它只会在自身中愈加丰富起来，于是最后的规定是最丰富的规定”。[③] 换言之，物权仍是立足于这些规律，并将其作为物权对物之支配关系理性化调整的出发点。在这个意义上，可以认为，无权利色彩的纯粹物之占有，是物权的起点。在物之支配“从占有到物权”的发展过程中，前者所蕴含的以人自由意志为核心的支配与排他的理念，构成了后者的基石。然而，纯

---

① ［德］黑格尔：《法哲学原理》，范扬等译，商务印书馆 1961 年版，第 59 页。

② ［德］康德：《法的形而上学原理——权利的科学》，沈叔平译，商务印书馆 1991 年版，第 60 页。

③ ［德］黑格尔：《法哲学原理》，范扬等译，商务印书馆 1961 年版，第 39 页。

粹的物之占有毕竟是非理性的。它在反映了物之支配规律性因素的同时,其自发、原始的一面却制约了其本身进一步的丰富和发展。因此,它后来注定要为另一个理性的物之支配方式所替代,这就是物权支配。

简言之,物之支配"从占有到物权"的更替,是物权对纯粹占有的扬弃的结果。

与纯粹的占有相比较,物之物权支配"通过理性的程序,权利的概念被引进到与这经验的对象的关系之中"。[①] 其结果是物之支配的各个环节均被披上了权利的外衣。前者彼此间的协调,则是通过各种权利观念之间的理性的逻辑关系来实现的。于是,物之意志支配从此与物之占有事实分立,而完全依托于权利观念之上。这样,原先的"占有之所在,即意志所在"在此演变为"权利之所在,即意志之所在"。

当物之意志支配完全摆脱了行为支配的束缚,而与一种"通过心灵可以想象的,撇开一切空间和时间条件的抽象的概念或拥有思想"[②]相结合的时候,一个抽象于物之意志支配之上,且构成其实现的逻辑支点的更高层次的范畴遂告产生。这一范畴就是"归属"的观念,其赖以依托的实证物权,就是所有权。作为意志支配的直接支撑,归属观念赋予并保障了意志最大限度的自由,而以归属观念为支点的意志支配,则因而有获得无限多的特别形态的可能性。[③] 这种无限性从支配形态上概括,即为占有、使用、收益和处分,而从支配目的上概括,即为对物使用价值的支配和对物价值的支配。[④]

---

① [德]康德:《法的形而上学原理——权利的科学》,沈叔平译,商务印书馆 1991 年版,第 64 页。

② [德]康德:《法的形而上学原理——权利的科学》,沈叔平译,商务印书馆 1991 年版,第 64 页。

③ 之所以称其为"可能性",在于使其与"现实性"相区别:基于法的理性,使这种"可能性"得以存在;同样基于法的理性,对这种"可能性"又不得不有所限制(所谓"物权法定主义");仍然是基于法的理性,因社会生活的需要,这种限制不得不有所松动(所谓"物权法定主义的缓和")时,这种"可能性"又为新的支配形态的产生提供了条件。

④ 有一种观点认为所有权的职能原本仅限于物之使用。这种观点的欠妥之处在于未厘清所有权的灵魂在于"归属"而不在于"支配"。在不同的社会条件下,意志支配形态会发生不同的侧重,但是以归属为灵魂的所有权始终为意思支配保留着无限的可能性,这是由人的意志相对于外在物的自由和无限性的理念所决定的。

作为支配目的的物之使用价值支配和物之价值支配，可以视之为物权基本社会作用的两个方面。而作为物权起点的占有，在这种基本社会作用得以实现的运行机制中，处于怎样一种地位，则成为本书下面将要讨论的问题。

第二节　占有在物之物权支配中的地位

一、物之使用价值支配中的占有

在物之使用价值支配中，意志的对象是物本身，而非物上权利。意志所追求的是物之使用价值的发挥，而不是权利变动的结果。因此，在物之使用价值支配下，物之权利是静态、稳定的，权利的意义在于保护支配的过程，而不是直接参与其中。因此，在正常情况下，权利在物之支配中，不发挥任何作用。只有当物之支配处于非正常状态，即支配者面临他人妨害而需予以排除时，权利"才从潜在状态变为显在状态"。[①] 故而可以认为，正常的物之使用价值支配与先法权关系时代的物之占有，在支配目的实现机制上并无不同，即两者都以物之占有为条件，并通过占有达到物之使用价值支配的目的。

然而，物权下物之使用价值支配，毕竟有着不同于纯粹占有的背景。如前所述，在权利观念下，物之使用价值支配作为物之支配的一类形态，是以抽象的物之归属观念为支点的，因为所有权"本来具有全面支配某物的潜在性权限"。[②] 当理性的权利观念摒弃了物作为人的客体在经验上的空间上的限制，而以抽象的理念将人与物联系起来的时候，与物之纯粹占有在实现机制上无异的物之使用价值支配，同时却出现了不同于前者的外在表现方式。详言之，当物成为意志支配的对象，不再以人事实上的

---

① ［日］铃木禄弥：《物权的变动与对抗》，渠涛译，社会科学文献出版社 1999 年版，第 31 页。

② ［日］铃木禄弥：《物权的变动与对抗》，渠涛译，社会科学文献出版社 1999 年版，第 31 页。

控制、管领能力为条件,并且更多的情况是,被支配的物的空间存在,会超出甚至远远超出支配人的直接控制和管领的范围时,体现意志的物之行为支配遇到了一个前所未有的问题:特定的人不再可能以其本人的使用行为,发挥全部支配对象的使用价值。解决的方法,看来只能是,以“他人”的使用行为,充当“本人”意志与对象之间的中介。

通过他人以满足本人物上使用价值的需求,这首先意味着本人的意志将通过他人的行为来实现。在两者的关系中,前者无疑是决定性的。这进而意味着,本人与他人之间必然存在某种形式的支配关系,即本人通过支配他人行为而支配物之使用价值。这种对人的支配关系,在近代法上表现为以契约关系为基础的间接支配,即本人“仅能支配相互合致之私的自由意思,而纯粹为债权与债务之对立关系”。[①] 历史地考察,对这种间接支配他人行为以实现物上使用价值的需要,是奠定近代民法契约自由原则的重要经济基础之一。[②]

通过他人支配物之使用价值的结果,大多数情况下表现为对另一种“新物”的获得。当作为支配物的“原物”在空间上远远超出本人直接使用的事实能力范围的时候,新物,作为支配的结果,在数量上又会远远超出本人自己的使用需要。那么,与原物不同,该新物之于本人的意义,当然已不再是使用价值,而是其价值了。由此可以看出,对原物使用价值之支配与对新物价值之支配,就本人而言,前者是手段,后者是目的。本人对于原物的占有,[③]则无疑构成这个由使用价值支配到价值支配转变的全部过程的基础。这个过程,当然就是近、现代商品生产过程。换言之,物权法律制度所维持的商品生产关系,因抽象的权利观念而成为可能,又因具体的物之占有而变为现实。对于原物,即生产资料的占有,则因而构成商品生产中,物权物之使用价值支配机制的基础。

---

① 林诚二:《民法理论与问题研究》,中国政法大学出版社2000年版,第140页。

② [日]我妻荣:《债权在近代法中的优越地位》,王书江等译,中国大百科全书出版社1999年版,第173页。

③ 他人,即辅助人对物的利用,仅有占有之形,而无占有之实。辅助人的存在,无碍于本人直接占有成立。

二、物之价值支配中的占有

价值与使用价值,是并存于物上的物之效用的两个基本内容。就物之所有者而言,其“既是价值的所有者,同时又是作用的所有者”。[①] 但是,物之使用价值系依存物之自身存在所表现出的质上规定性,它只要与占有相结合即可实现。物之价值,本质上是一物与他物之间量上的可比性。所以,物之价值不存在如其使用价值那样的实现上的自足性,其必须通过与他物的对比来实现。换言之,一物的价值,必须由他物来反映。

一物的价值为他物反映之所以可能,原因在于两物之间的对立,而其背后则是不同物之所有者之间意志的对立;一物的价值的他物反映之所以实现,原因在于对立的物之间通过价值的中介,存在可比性,而这种可比性的背后,则是不同所有者对立的意志在某一均衡点上的契合。由此,在物之价值支配中,物上在体现本权人的意志作用的同时,也体现着他人的意志,[②]从而使自己与他人原本对立的意志取得同一。非常明确,物之价值,是在交易过程中通过他人的给付而实现的,而这个实现的过程,就是商品交换过程。

商品交换,以法律的视点观之,即为权利变动。前者为经济上的内容,后者为法律上的形式。随着社会资源市场配置机制的发达,商品交换的形式日趋复杂,交换对象的范围亦日趋扩大。这一趋势反映在权利关系上,那就是为发挥物之全方位功效,基于复杂的交换形式,一物之上叠加着多重的物之价值支配的权利。不同的权利人从各个方面对物之价值进行着多维的支配,法律则通过理性的权利观念的逻辑,协调这些并存权利之间的关系。不仅如此,这些权利因具有经济价值,其本身亦成为交换的对象,“权利的结构也开始交叉和复杂起来,不仅物权的价值,而且债权

---

① [德]黑格尔:《法哲学原理》,范扬等译,商务印书馆 1961 年版,第 70 页。

② 有观点认为,作为支配权的所有权,其权益的取得无需“他人的协助”。事实上,这一命题应仅限于就“支配之可能”层面而言;在“支配之实现”的层面上,若欠缺他人意志的配合,物之价值则无从反映,价值支配则无从实现。

的价值也得到了开发”，[①]甚至“于将来请求给付之权利，亦……视为社会的经济价值之一”。[②] 这又进一步加剧了物上价值支配权利结构的复杂程度。在这种趋势下，实体的物与观念的权利的二元对立更加明显，物之价值权利与物本体的联系日益疏远、淡薄，逐渐“偏离其物质存在”。[③]

面对发达的商品交换活动而形成的五彩斑斓的物之价值权利体系，要想揭示其实现机制，办法似乎只有一个，那就是将视点从这些多维的权利上移开，投向其权源之所在，即以所有者在物之归属观念下的物之价值行为支配形态为出发点，进行观察分析。

物之价值支配的实现方法，依交易形态，即他人给付的原因，可分为两类：一是用益对价，即所有者通过转移物之占有予他人，使他人因占有而得物之使用、收益，进而从他人的对价给付中，实现物之价值支配；二是担保对价，即所有者通过有条件地转让未来的物之价值予他人，从而获得他人的信用给付，实现物之价值支配。[④]

在依用益对价实现物之价值的场合，从形式上，物之价值实现机制在于两个方面：第一，他人因物之占有而取得物之使用价值，其所给付系属使用所有者之物的代价；第二，他人将物之占有转移于第三人，使第三人因取得物之使用价值而支付对价。在这里，当他人仅向所有者支付源于第三人物之使用对价的部分价款时，其亦成为物之价值支配的权利人。上述两个方面的共同之处是明显的：依用益对价实现物之价值，其本质是以物之使用价值换取物之价值。换言之，以法的视角，物之使用价值是物之价值的来源，而物之占有则构成这一价值实现机制的基础。

在依担保对价实现物之价值的场合，所有者获得的信用利益，与担保

---

① 王成：《权利质权一般理论研究》，载马俊驹主编：《清华法律评论》（二），清华大学出版社1999年版，第152页。

② 刘绍猷：《将来债权之让与》，载郑玉波主编：《民法债编论文选辑》，台北，五南图书出版公司1984年版，第886页。

③ ［日］我妻荣：《债权在近代法中的优越地位》，王书江等译，中国大百科全书出版社1999年版，第21、51、68页。

④ 担保物权是物上价值权，物上价值的支配者自是担保物权人。但与此同时，就所有者而言，其为他人设定担保物权行为的本身，也是在就物之价值进行支配。在商品经济条件下，商品生产者利用自己的财产获取银行信用，已是经济主体解决资金来源的不可缺少的重要措施。

物权人获得的担保利益，共同的来源都是未来的物之买受人因获得之物归属而支付的对价。物之买受人之所以支付对价，原因在于买受物可在以下三个方面使新所有者获得至少与其所付对价等值的效用：第一，自为占有并使用。这里所支付的价金实际系取得物之使用价值的代价。第二，依用益对价实现物之价值。如前所述，这里其价值的取得仍依赖于物之使用价值的发挥。第三，依担保对价实现物之价值。这里，物之价值仍然根源于上述第一、第二个方面。

需要指出的是，在获取使用对价和担保对价两种场合下，均存在物之价值权人可能向他人让渡其权利的情况。这种情况下，转让人的物上价值权，可以通过受让人支付的受让金来实现，但这并非物之价值的最终根源。受让人作为新的价值权人，其权利的实现，仍要依赖上述机制的运转。

综上所述，物之价值需由他人的给付来体现。无论在何种情况下，这种给付的最终根源，必定来自物之占有人因使用他人之物所付出的代价。占有在物之价值支配的实现机制中的基础地位是显而易见的。换言之，无论物上的价值权利形式上怎样重叠，内容上如何复杂抽象与“偏离物之存在”，如果没有最突出的物之占有，如果忽略了物之使用价值这一物之最基本的效用，上述的商品交换的一切内容都将成为空中楼阁。

三、占有在物之物权支配排他性中的地位

如前文所述，基于物之支配的规律，物之支配必须具有排他性。与先法权关系时代的纯粹占有不同，物权支配的排他性是以权利观念来满足这一规律性要求的，其机制是：先将符合法秩序要求的物之支配事实定位于权利的坐标之下，再赋予这种物上支配权利以排他性效力，通过对权利的保护，实现对支配的保护。作为物之使用价值及价值支配实现基础的占有，其得以维持乃是物权法秩序的基本保障，故而，物权对于占有事实的保护，则构成其排他性机制的核心。

然而，事实证明，物权的上述物之支配排他性维护机制，在占有的维持上，却付出了极其高昂的代价。

首先,物权维持占有这一基础性物之支配事实的手段,是赋予其排他性的权利,即所谓的“本权”。本权之于占有的意义,在于其“有得支配其物之法律上权能”。[①] 那么,当占有受到侵害而需援用本权予以排除时,占有之证明似乎可以成为本权之证明的有力途径。但是,问题并没有如此轻易地解决,因为“占有作为本权表彰”的命题,是建立在“本权人实施物之占有”即“有权占有”的大前提之下的。而在社会生活中,无权占有的情形不容否认。在后一场合,占有与本权之间逻辑联系的唯一性完全丧失,进而上述的以“物之占有者是本权人”为起点,再以“占有的表明”来主张“本权的存在”的过程,成为毫无意义的循环论证。因此,主张自己的物之占有[②]具有权利基础,不仅对非本权人,而且对本权人,都成为极其困难的“恶魔之证明”。[③] 而“如果由于占有者证明不了自己的权利而让剥夺者逍遥法外,这将是对欺诈精神的大大纵容”。[④]

其次,为证明本权存在而付出如此高昂的救济成本支出,事实上也是不必要的。因为“在财产纠纷案件中,一方当事人不必证明他对财产的主张优于任何他人,他只要证明他的请求优于他方当事人就可以了……法院仅仅审理案件中当事人纷争的问题,它不能宣判当事人的主张可以对抗非当事人”。[⑤]

基于此,物权对于占有的维持,在其固有的本权保护机制之外,设置了另外一种更为直接的方法。这就是即使在本权人占有场合,占有与本权正常的内在联系亦被断然割裂:仅凭占有之证明部分即可实现妨害排除的目的,而占有之上本权的状况则在所不问。这样一来,占有被赋予一种独立的作用,其已不再是本权的附庸,而直接成为连接妨害与救济的桥

① 史尚宽:《物权法论》,台北,荣泰印书馆1957年版,第480页。

② 因不动产物权登记制度的存在,这里所称“物之占有”在物权变动的形式主义下,仅指动产而言,而在意思主义下,则既包括动产,也包括不动产。

③ 谢在全:《民法物权论》,中国政法大学出版社1999年版,第939页。

④ [意]彼德罗·彭梵得:《罗马法教科书》,黄风译,中国政法大学出版社1992年版,第272页。

⑤ [美]迈克尔·D.贝勒斯:《法律的原则——一个规范的分析》,张文显等译,中国大百科全书出版社1996年版,第146页。

梁。进而,物权下占有的维持,本权保护机制与占有自我保护机制得以并存。

需要指出的是,物权下的占有自我保护机制,绝非仅仅是为适应社会关系的需要而为的法律技术之调整。事实上,“尊重占有”的意识早已深深植根于一般的社会观念之中。换言之,物上存在的占有外观,对于一般人来讲,至少表明该物上已有他人的意志的存在,占有“应当是人对物的得到承认的支配力,是真实的权利状态的表达和象征”。[①] 而作为这个“表达”与“象征”的核心,占有者一般被认为是物上他人意志的代表。由于占有者倾注于物上的意志,是显在而确定的,因此对于占有有妨害,则首先意味着将与占有者的意志发生冲突。故此,占有者依其占有,得对妨害给予排除,是为一般的社会观念所早已认许的。它反映的是人们对物之支配中彼此关系的最基本的认识。这种认识首先并不是建立在权利观念的基础之上的,因为“促使人们依法遵守规则的并不是冲突,而是由合理交往与社会合作中的互让考虑所指导的日常实践”。[②] 这种观念自人类开始物之支配时起便是如此,它符合人类最自然的思维方式和习惯,权利因素的渗透亦并未使其发生根本的改变。因此不难想见,即使在形式主义下对不动产实施妨害的场合,面对占有人的异议,妨害者大约不会先调查登记状况,再决定视占有人为本权人与否,而采取不同的对策。

物权下占有保护二元机制的存在,势必引起占有与本权的关系问题。这个问题可以分作两种场合:一是在占有统一于本权时,两者的关系问题;二是在占有对立于本权时,两者的关系问题。

对于前一场合,即有权占有的情形下,从物权逻辑上看,本权之于占有,其意义在于使占有之存在获得法律上的正当性。物之占有的排他性需要,即应是本权排他性效力之体现。然而事实是,赋予本权排他性效力以维持占有的排他性的权利保护机制,在此并未完全实现。详言之,在商

① 孙宪忠:《德国当代物权法》,法律出版社 1997 年版,第 101 页。

② [美] E. 博登海默:《法理学、法哲学与法律方法》,邓正来译,中国政法大学出版社 1999 年版,第 381 页。

品经济关系的诸多环节，如租赁、使用借贷等基于债权关系而实施物之占有的场合，由于作为本权的债权不具有排他性效力，这必然导致以下两种情形的出现：

第一，在占有遇他人不法妨害时，即使占有人能够证明其本权的存在，亦无法对外来妨害直接予以排除。这时依占有本身的存在而寻求保护，则成为问题的唯一救济之道。[①]

第二，当占有遇第三人依物上请求权排斥时，在物权优先效力的压迫下，本权人"依法得为占有"的权能，仅得向债务人主张，而不得对抗第三人。这使本权之占有维持作用丧失殆尽。在此，占有之自我保护机制完全凸显，物之支配事实的客观存在使占有构成一项物上负担，"买卖不破租赁"[②]的规则进而得以确立。这里需要指出的是，学者大多将这一规则法理基础归结为"债权物权化"，而此命题自身显示出的概念矛盾，根源于未能厘清租赁所具有的"若干物权效力"究系来自占有之本权，还系来自本权下之占有。事实上，对此作出辨析是很容易的。从学界一致主张的，且已见诸法律的，承租人的上述地位应以"租赁物已经交付者为限"[③]的观点来看，依诺成合同而成立的承租权，在承租人取得物之占有前，是不具有"不被击破"的效力的。换言之，此处因本权而产生的物之占有，并未受到本权的充分保护。相反，基于自我保护机制，占有反而维持着本权的存续。

对于后一场合，即无权占有情形下，物权为维持其权利观念对物之支配保护的统一性，明确了"占有不得对抗本权"的规则。学界通常将此规则视为定位占有与本权对立时，两者关系的坐标。然而，从物权的整体观察，这种认识是不准确的。详言之，此规则是"绝对化的物权追及效力"[④]概念的延伸。事实上，物权之追及性效力"是有限制的，并不是绝对的，它

---

① 如果不考虑占有下的物之支配，而仅就物上占有本身而言，则行纪、加工承揽、仓储保管、货物运输等场合，也存在同样的问题。

② 其完整、精确的表述应该是"物权变动不破租赁、使用借贷"。

③ 梅仲协：《民法要义》，中国政法大学出版社 1998 年版，第 382 页。

④ 这里指物被他人非法占有时，无论几经辗转流落于何人之手，物权人都有追及于占有人，请求其返还原物的权利。

要受善意第三人制度的限制”。[①] 这里,追及效力所受限制的反面,就是基于诸如即时取得、时效取得等善意第三人制度,占有可得凭借新的本权外衣而对抗甚至击溃原本权的情形。需要强调的是,在这里占有所以得到强化,依据的不是别的,而恰是业已存在的占有事实本身。

本场合下“占有不得对抗本权”规则和“善意第三人制度”,前者侧重于物之静的状态的秩序,后者则着眼于物之动的状态的保护。在市场经济条件下,物几乎都以“商品形式存在”,[②]为动态安全的需要而限制静的安全,业已成为法的基本价值取向标准。在此趋势下,“占有被称之为享有占有权的正当的产权根源,有时甚至是唯一可能的产权根源”。[③] 对占有的维持则逐渐成为物权法秩序的基础。

四、结语

从占有到物权的过程,本质上是从纯粹的物之事实利用形态向抽象的,以权利观念为核心的物之法律利用形态的演进过程。对这个过程进行逻辑的分析,我们可以在纯粹的物之占有中找到作为构建今日物权法体系的两大基石——物权的支配性和排他性的全部萌芽。从这个角度上看,物权法不过是在纯粹的物之占有基础上,以权利观念为工具,对后者进行的理性化、逻辑化的整合。

在物权法体系中,占有并未因权利观念的引入而被排斥、废弃。就物权的支配性而言,在商品经济下对应于物之使用价值支配与物之价值支配的商品生产过程和商品交换过程,其法律本质无非是以生产资料的使用而获得商品,再以商品的使用价值换取价值的两个环节有机结合的过程。在这个过程中,占有作为物之使用的法的表现形式,对于每个环节的运行机制的实现,均处于基础性地位;再就物权的排他性而言,理性的权

① 林诚二:《民法理论与问题研究》,中国政法大学出版社2000年版,第316页。

② [日]我妻荣:《债权在近代法中的优越地位》,王书江等译,中国大百科全书出版社1999年版,第13页。

③ [英]F. H. 劳森等:《财产法》(第二版),施天涛等译,中国大百科全书出版社1998年版,第39页。

利观念下的“物上支配之排他性权利保护机制”客观上并未能取代占有本身所具有的事实上的排他作用;相反,后者基于其弥补、修正和维持支配权利的功能,成为奠定物权法的排他性基石的基础。

占有在物权法中居于基础地位的原因,可从社会经济与社会观念两个角度来说明。从社会经济角度看,占有所表彰的物之使用价值支配,无论过去、现在,还是将来,都无可动摇地成为人类生存与发展的根本需要,并构成一切社会经济活动的起点。对物之占有的维持和保护,无疑又成为物权法理性的逻辑结构的首要价值取向。从社会观念角度看,在此似乎可以引用博登海默教授的一段论述:“人具有重复在过去被认为是令人满意的经验或安排的先见取向……如果不依靠过去的经验,他们就无法使自己适应这个世界上的情势,甚至有可能无法生存下去。”①

第三节　支配于物的权利诸范畴之事实考察

一、物之支配的排他性:支配事实之争与支配正当性之争

由物之存在状态在时间、空间上的唯一性所决定,作为本人的支配客体,该特定物在客观规律上就排除了他人同时支配的可能性。如果说物之支配的本质,在于作为客体的物上,体现着作为主体的人的意志的话,那么他人意志在违背本人意志的情况下“入侵该物”,就必将导致在该物上,与本人既存之支配意志发生冲突。换言之,为了维持物之支配的存在,物上既存之意志就不能不对擅自“入侵者”予以排斥。由此可见,排他性乃是物之支配的客观规律的必然要求,其目的在于维持物之支配的存在,表现为物上“支配意志之间”的排斥。

进而,由于意志是以自由为其属性的,任何人均无法强制人将其意志从物上撤离,因此,物之支配所面临的真正威胁,其实只能来自于意志与

① [美] E. 博登海默:《法理学、法哲学与法律方法》,邓正来译,中国政法大学出版社 1999 年版,第 226、227 页。

其所支配之物的连接纽带被"切断",即意志的外部载体被否定。这种危险变成现实的结果就是,随着载体的消灭,意志又将复原其本来的面目,即纯粹主观的内在意念——一个纯粹主观的意志,是无法实现物之支配的,进而原有的物之支配也就将因而消灭。就此以观,如果说排他性是意志维持其物上支配的必然要求的话,那么这个对于"物之支配"的维持,本质上就是对于物之支配的"意志载体"维持。

就物之事实支配而言,触发占有的排他性的,是他人对于事实支配者意志的载体——占有事实之破坏。如前文所述,占有具有事实性,其不以法律的正当性评价作为存在的前提,因此,对于占有的破坏,不可能来自于法律,而只能来自于事实,如侵夺;相应地,基于占有所体现出的意志排他,也就不可能依赖于法律,而只能诉诸事实,如防御、追击。由此可见,在物之事实支配过程中的"排他"问题,是以维持事实(占有)之存续为目的,而对于另一事实(如侵夺)的排斥。由于排他之目的与对象,均是独立于法律正当性评价之外的"事实存在",因此法律虽然有可能使得已被侵夺、丧失占有之物,重新回归到原占有人的支配之下,但是却无法为抵御侵夺、避免占有之丧失本身的存续提供支持。"按司法或其他公权力之救济程序有时而穷,此际如仅能静观自己之占有被他人侵害,而不能采取立即之保护手段,不仅与常理有违,对正当利益之保护亦属不备。"①因此在这里,排他的手段也就只能是作为事实的所谓"私力救济"(防御、追击)。基于同样的道理,当原占有人的占有因他人之侵夺已经丧失、他人新的物之占有事实已经建立之后,倘若原占有人再行通过事实之方式,依私力回复自己的占有,其则将转而成为占有之侵夺者,而现在的占有人则可以为了维持其物上支配的存续,通过防御等事实手段对之予以排斥。因此,物之事实支配的排他性,必须以物之事实支配的存在——准确地说,是以支配意志的载体,即占有的存在——作为条件。

再就物之权利支配而言,如前文所述,由于物之权利支配所受的威胁,只能来自对支配意志的载体——物权的否定,因此物之权利支配中意

---

① 谢在全:《民法物权论》,中国政法大学出版社1999年版,第1007页。

志的排他性,就必然是以维持作为意志载体的权利之存续为目的。同时,又由于物权的本质,在于物之支配的法律正当性,因此否定物上既存的物权,就必须否定其正当性。进而,要否定一个物上既存物权的正当性,依靠非法的、诸如侵夺的行为事实,通过在经验上剥夺物权人的占有,是无法完成的。例如,在物之失窃的情况下,物权人在法律上仍然拥有支配于该物的正当性,即其仍然享有物权。因此,物之支配的正当性所面临的挑战,就必须以挑战者自身的物之支配的正当性作为依据。进而言之,挑战者要获得一个足以替代物上既存权利人的支配正当性,或者说要获得一个足以取代既存权利人的物权,其起点就是成就法律所规定的,通向物权的法律事实,比如通过合意或者基于法定条件。

在上述法律事实的依据具备之后,法律就将面临对于同一物上两个支配意志的正当性评判问题。在这里,法律对于后来者是应当受到既存者意志的排斥,还是应当排斥既存的意志,评判的标准就是:(1)基于法律的直接规定而取得物权的,法定物权优先;(2)基于合意方式取得物权的,在合意者双方,依合意的内容作为依据,如所有权人为地上权人设定地上权,则在地上权可得支配的范围内,能够排除所有权人支配的正当性;在合意一方与物上既存的第三方物权人之间,前者能否保有物之支配的正当性,则需视其"是否知道或者应当知道物上既存的(第三人)意志的存在"即"公示"的存在:如果回答是肯定的,那么既存意志的支配正当性优先,反之,则反是。例如,后成立的抵押权能否优先于先成立的抵押权而受偿,则取决于后抵押权人在抵押权成立时,应否知道先抵押权人之存在。

由此可见,占有的排他性,来自一物之上本人现实的支配与他人现实支配之间的"事实上的不兼容性"。物权的排他性,则来自一物之上本人支配与他人支配在"正当性上的不兼容性"。虽然物之支配的正当性本身,并不以物之支配的现实性为其存在条件,但是由于支配的正当性终究要通过现实的物之支配来得到实现,这就使法律在不同主体之间所进行的支配正当性的分配(权利配置),要受制于物之现实支配的客观规律的约束。因此,物权排他性所蕴含的支配正当性之间的"不兼容性",与占有的排他性相同,是由物之存在在时空上的唯一性所决定的。

上述占有的排他性与物权的排他性在"排他内容"上的不同,进而决定了其两者在"排他规则"与"排他后果"上的差异。首先,在排他性规则上,就占有而言,其作为"物之支配的现实性之争",理所当然地奉行"先入为主"的法则,即"物上既存意志排斥欲作用于物的意志"。这种"先入为主"的事实秩序,是确定物之支配中人与人关系的一项古老的法则,它"可追溯到法律制度史的较早时期,当时对土地的权利还没有完全固定下来。在没有一个具有优越资格的权利请求者的情况下,一个人对一块土地的有效占有事实必须得到某种程度的承认"。① 就物权的排他性而言,作为"物之支配的正当性之争",其孰是孰非,则须取决于法律的价值判断。在这里,法律的判断标准已经绝不仅仅是以"先来后到"(或者说"先权优于后权")为转移,而是要首先考虑法律规则对于社会关系秩序的影响。事实上,为社会秩序之目的,法律在支配正当性问题上所采用的"法定物权优先""以合意为基准"以及"人不应当受到其不可察知的物权的影响"的衡量标准,已经使后来成立之物权,优先于先行成立的物上既存之物权的现象俯拾皆是。

其次,在排他的结果上,就占有而言,由物之事实支配的经验性所决定,其不可能允许两个以上的占有在同一时空并存于一物之上。因此,要维持自身的物之占有,就必须彻底否定他人占有该物的事实。换言之,占有的排他性必然表现为"有我无你"式的不能并存的意志冲突。再就物权而言,由于支配意志摆脱了占有经验性的束缚,而以权利这个法律范畴作为通向外部事物的载体,因此极大地丰富了物之支配的形态——不仅物之整体,可以成为权利(所有权)支配的对象,而且作为物之一部分的有形的使用价值和无形的交换价值,也可以单独成为权利(用益物权、担保物权)的支配对象——这就使物之权利支配呈现出多层次、多方位的特性。在这个特征之下,物权的排他性,要实现维持其物之支配的目的,其可得采取的方式计有两端:第一种方式是,当为了维持自身的支配正当

① [澳]维拉曼特:《法律导引》,张智仁等译,上海人民出版社2003年版,第288页。

性,必须彻底否定他人支配正当性之存在时,物权排他性的结果将与占有相类似,表现为不可并存于一物的“有我无你”式的意志冲突。在这里,这种“有我无你”式的排他发生的前提在于,根据排他规则应予维持(优先)的权利,其支配的正当性范围,业已完全覆盖了应受限制的物权的支配范围,因而使后者已不可能在不影响前者支配的正当性范围的前提下,而有存身的余地——所有权对于其他物权(包括所有权、他物权)的排斥,以及以物之占有为内容的用益物权之间的排斥,均属此类。反之,倘若应予优先的物权,其支配范围并未覆盖应受排斥的物权之全部,即后者尚有与前者并存于一物的空间,那么前者支配正当性的维持,便无须以对于后者的彻底否定为代价,而只需将后者之支配,限制在“不对前者造成影响”的范围之内即可。这就形成了物权排他性的第二种后果,即“我先你后”式的意志冲突——他物权对于所有权的排斥、用益物权与担保物权之间的排斥以及担保物权之间的排斥,即属此类。

由此可以看出,就一物之上的若干物权而言,无论是那种“有我无你”式的不能并存的关系,还是“我先你后”式的可得并存的关系,其均是物权排他性的结果,表现出的均是一物之上若干物权在支配的正当性上的“不兼容性”。由物权排他性的规定性所决定,排他性的目标既在于维持应予优先的物权支配上的正当性,那么其排他的结果就在于将应受排斥的物权限制在“不对优先的物权造成影响”的范围之内。在这个范围内,倘若应受排斥的物权丧失了存在的意义,那么这时物权的排他性就将呈现为“有我无你”的形式;倘若应受排斥的物权在此范围内仍旧有存在之可能,则法律上自无必要使之归于消灭,物权的排他性便表现为“我先你后”的形式。进而言之,在后一场合下,若干物权可得并存于一物的事实,仅仅表明其意志冲突的烈度小于前一场合,但并不能因此就否认物权之间支配正当性之冲突本身的存在。

二、法律正当性与事实支配的结合:正权原占有的法律对世性

法律只有在将其所设计的“应然秩序”,转变为现实生活中的“实然秩序”之后,其社会关系调整之目的才能实现。作为法律应然秩序范畴的

物权，也存在将其贯彻于现实生活当中、形成实然的法律秩序的必要。因此，物权所蕴含的物之支配的正当性，其意义就包括了对物之事实支配，是否与权利秩序相符合进行判断，即对现实的物之支配事实的法律正当性进行判断。

物之支配的事实与物之支配的权利最为完美的结合，无疑表现为所有权人对于所有物支配的实现（所有权人占有）——"此物归属于我，我亦现实地支配之"。这也是非所有权人从所有人处取得物之支配，并且实现事实与权利之统一（非所有权人的正权原占有）的起点。非所有权人从所有权人那里取得物之支配，无非包括取得占有支配与权利支配两个方面。这两方面的支配如果要顺利地实现，前提必须是所有权人与非所有权人原本彼此对立的意志，实现妥协——这是抑止所有权发动其排他性，进而否定非所有权人物之支配的正当性的条件。实现上述意志妥协的方法，在大多数情况下是双方关于支配让渡的自愿，即"合意"；在少数情况下则是基于法律禁止所有权人的意志排他性的发作，即"法律强制"。在所有权人与非所有权人之间实现了意志妥协之后，非所有权人在取得了物之事实支配的同时，也就获得了这个事实上法律正当性的认可——非所有权人的正权原占有遂告确立。

正权原占有，作为物之支配的事实性与法律正当性的结合，意味着物之事实支配所固有的排他效力，获得了法律的肯定。一方面，由占有的经验性所决定，占有之存在，就意味着占有人可得对任何人的侵夺予以排斥，即占有的事实本身，就具有对世性。另一方面，由于正权原占有之取得，系基于合意或者法律强制规定，这就赋予了占有事实以合法性上的基础，即"本权基础"，并使得占有的对世性，由事实层面延伸到了法律层面。于是，在非所有权人的正权原占有之下，占有事实成了对所有权支配的正当性的限制，构成了所有权的负担——其结果就是，"若所有权人已将动产（财产）交付给他人占有使用，则在针对新所有权人的关系上，占有人——在交与其使用的期间内——仍有权为占有"。[①] 就此以观，在

① ［德］鲍尔、施蒂尔纳：《德国物权法》（上册），张双根译，法律出版社2004年版，第107页。

"正权原占有"中,为占有事实上的对世性提供法律正当性基础,并使之延伸至法律层面的关键,在于本权。至于这个本权本身是否为一项对世的权利,对于正权原占有的法律对世性而言,反而已经不再重要了。详而言之,正权原占有的法律上的对世性,可以通过以下两个模式来实现:

第一,"事实对世、权利对世"。在此情况下,在非所有权人取得物之现实支配(通过"事实"将其意志作用于物上)的同时,也取得了物之权利支配(又通过"他物权"将其意志作用于物上)。这时,由于该非所有权人同时作为物之事实上的支配者与权利上的支配者,因此其可得凭借事实与权利的任何一种载体,对任何人(包括所有权人)分别或者同时主张意志支配的排他性。在这种情况下,作为正权原占有的本权基础的他物权,所赋予给占有的延伸至法律层面的对世性,往往被本权本身的对世性所掩盖,故隐而不显。

第二,"事实对世、权利对人"。在此情况下,非所有权人除过享有要求所有权人"不得对己予以排斥"的权利(债权)之外,并不拥有一个支配于物上的权利。这时,对于已经取得占有的非所有权人而言,其意志虽然可以通过占有的事实支配于物上,但是却并不具备意志通向该物的权利载体。在这种"事实对世,权利对人"的物之支配中,非所有权人之所以能够在物上支配权利缺位的情况下,保有物之事实支配的法律对世性,其原因就在于,对内而言,非所有权人对于所有权人所享有的债权,抑制住了那个来自于法律上的最大威胁——所有权的物权请求权;对外而言,在第三人不法侵害占有的情况下,占有人可以径自依托占有事实的对世性,直接对之实施防御;或者于占有被侵夺后,直接以占有回复请求权获得救济,而无须转而通过债权渠道寻求救济——请求所有权人的出面保护——从而免于受制于本权债权相对性的约束;在所有权人转让所有权予第三人的情况下,当该第三人尚处于买受债权人的法律地位时,虽然就"权利"角度以观,物之占有人与物之买受人各自对所有权人所享有的"债权",其彼此之间并无优劣差别,但是前者"占有"的存在,却意味着占有人以事实作为载体的支配意志,已经及于物上。这就使拥有占有事实的债权人，较之于无占有之债权人，离物之间的法律“距离”来得更“近”——这为物之正权原占有人的“优先购买权”创造了条件。在占有物的所有权为第三人取得的情况下，由于占有的事实支配性禁止新的所有权人以“侵夺”的方式剥夺占有，因而行使“物权请求权”成了新所有权人获得物之事实支配的唯一可能的途径。然而物权请求权作为纠正违背物权秩序的物之事实支配的法律手段，[①]其必须以请求对象的“支配正当性欠缺”作为条件。显然，作为正权原占有的本权债权，其虽然仅仅具有相对性，但是却足以为占有之事实提供法律的正当性依据，进而排除这个物权请求权的适用条件。由此可见，以债权作为本权的占有，同样具有法律上的对世性，并且构成了所有权的负担——其结果就是，该占有在新的所有权上，依然得保有其物之支配的法律正当性——“买卖不破租赁”的规则，因而有建立之可能。

由此可以看出，正权原占有所表现出的法律上的对世性，其根因于“占有”的对世性，而本权——无论其是物权，还是债权——只不过是赋予这种对世性以法律上的正当性，并使之延伸到了法律领域的条件罢了。因此，将这一现象用“债权的物权化”来予以概括是不妥的，其不周之处就在于将这一现象看成是本权自身的法律作用，而忽视了占有的对世性才是这个法律现象的决定性因素。详言之，就租赁权而言，其要具有不受买卖“击破”的法律正当性，必须以“租赁物已经交付者为限”，[②]即以正权原占有的成立为限。反之，在承租人尚未占有租赁物的情况下，依诺成性的租赁合同而成立的“未与占有事实相结合”的租赁权，相对于新的所有权而言，就不会有“买卖不破租赁”之存在，而只会有“物权破除债权”的问题了。

三、矫正不具正当性的事实支配的法律工具：物上请求权

物之现实支配与物权秩序，还存在不相符的情况。在这种情况下，为

---

① 物上请求权的问题，下文将详细论述。

② 梅仲协：《民法要义》，中国政法大学出版社 1998 年版，第 382 页；[德]鲍尔、施蒂尔纳：《德国物权法》（上册），张双根译，法律出版社 2004 年版，第 107 页。

了使法律上的应然秩序在现实社会中得以实现,法律就面临着将物之事实支配状态,矫正到符合物权秩序的状态之下的任务。于是,在这里出现的问题就是:如何用“法律”来变更“事实”?

对于这一问题进行讨论,必须从明确这个问题所固有的一个前提开始:所谓的物之事实支配与“物权秩序”不相符,是指其与作为“私权”的物权所代表的“私法”上的秩序不相符。因此,这个如何用法律的手段来变更事实的问题,在此是指如何用“私法”手段来解决这一问题。从这一前提出发,有悖于物权秩序物之支配事实,基于法律上的不正当性,其所侵害的是物权人的“私利”。由于私利之是否回复,系属“私人事务”,故而民法只能本着自治的原则,尊重当事人的个人抉择:如果其放弃私利之回复,民法不得依法律上的强制力,主动寻求物之支配的实然秩序向法律上的应然秩序的回归。反之,倘若当事人意欲回复其受到事实侵害的物权利益,民法应当通过其作为法律的强制力,帮助当事人在事实上实现其物权的支配。由此可见,民法在物之支配的事实与物之支配的权利发生冲突的情况下,其所采取的策略只能是赋予物权人以相应的法律上的“救济之道”,并以法律上之力保障之。至于当事人是否通过这条道路变更现有的物权之事实支配状态,则听凭其自主决断。至此,上述问题便演变为“法律应当如何赋予当事人以救济之道”?

首先,法律能否允以物权人通过事实的方式,径行剥夺事实支配者的物之支配,从而实现法律上的应然秩序?答案显然是否定的。如前文所述,这种方式会被事实支配者视为“侵夺”,而受到其同样以事实方式所表现出来的反抗(事实排他)。应当明确的是,事实支配的剥夺者所拥有的“可得支配该物的正当性”,并不能够成为禁止事实支配者发动其排他性的理由,因为事实支配者排斥来自事实层面的物之侵夺,是其存在于物上的意志自由的结果,而禁止其发动这种事实排他性,本质上就是变相地强制其意志、而间接地强制其人身——只有国家公权依照法定程序方能做到这一点,一个民事主体是不得对与之法律地位平等的他人做到人身与意志的强制的。因此,“法律并不赞成用强力扰乱实际占有,宁可保护事实上的占有者,直至真正的所有者通过诉讼成功地维护住自己的权利”。[①] 由此就不难理解,为什么大陆法系民法纷纷规定了“占有的自力救济权”(如《德国民法典》第 859 条,《瑞士民法典》第 926 条[②]),且该权利并不以侵夺者“不享有物权”作为行使条件的原因了。

可以看出,要在避免与他人事实支配的意志发生直接冲突的前提下,变更他人的物之事实支配,只有通过使事实支配者自行放弃物之支配,方能实现。相应地,法律所赋予物权人的“可得要求”事实支配者放弃其物之事实支配的权利,就是“物权请求权”。换言之,法律之所以赋予物权人以该项权利,原因就在于这是实现物权应然秩序,并且避免事实层面的意志冲突之必须;物上请求权之所以能够促使事实支配者放弃其物之支配,原因则在于该项权利系以国家强制力作为后盾的——倘若物之事实支配者拒绝接受请求,权利人得邀请国家公权介入,而公权则具有以事实的方式剥夺人的事实支配的强制执行的能力。

值得一提的是,这个规则适用的范围,其实并不以法律上的“物权秩序”之实现为限,在物之事实支配层面,也同样存在这个规则的适用。虽然物之事实支配的存在,并不决定于法律的正当性(支配权利),但是这并不意味着其是游离于法律秩序之外的自然状态。事实上,由于物之事实支配构成了社会财产秩序的重要组成部分,因此其仍旧处于法律调整的范围之内。在屏除了物上权利的要素之后,法律用以维持物之事实支配的秩序性的基本原则就是:“物之支配的事实应予维持,非因物上请求权不得变更”。这一原则的结果就是,如前文所述,如果发生针对事实支配的侵夺,法律允许支配者以事实的方式,诉诸私力予以排斥(所谓的

---

① [澳]维拉曼特:《法律导引》,张智仁等译,上海人民出版社 2003 年版,第 290 页。

② 《德国民法典》第 859 条规定:“占有人可以强力防御禁止的擅自行为。以禁止的擅自行为侵夺占有人的动产时,占有人可以强力当场或者追踪向加害人取回其物。以禁止的擅自行为剥夺土地占有人的占有时,占有人可以于剥夺后立即排除加害人而回复占有……”参见《德国民法典》,郑冲、贾红梅译,法律出版社 2001 年版。《瑞士民法典》第 926 条规定:“占有人得以暴力保卫其占有物不受他人非法侵夺。占有人被他人以暴力或隐蔽的方式侵夺占有物时,可以通过驱逐侵夺人重新夺回不动产,也可以向当场被发现并立即追捕到的侵夺人取回动产。前款情形,占有人不得使用根据实际情况不必要的暴力。”参见《瑞士民法典》,殷生根、王艳译,中国政法大学出版社 1999 年版。

“占有防御权”“占有追击权”)。但是,一旦他人物之侵夺成功,新的物之支配业已成为既成之事实后,由于针对于前一占有者而言,这个基于侵夺所产生的新的支配事实,是有悖于法律秩序的,因而便产生出发生在事实支配层面的法律秩序与物之支配事实的冲突。显然,在这里,法律的处理方式仍旧是,赋予原支配者以物上请求权(占有回复请求权),并以法律的强制力保障之。

由此可见,物上请求权(包括物权请求权与占有回复请求权)是在法律上(包括“事实层面”与“权利层面”)享有支配于物的正当性的人,排除与该法律正当性相抵触的事实支配,从而将该正当性付诸实现的法律手段。“具有支配权和具有人格权的人需要请求权,使他们有可能在他人妨碍自己行使权利时,或在他人保持一个和自己权利相反状态时,通过司法程序保护自己,从而使自己权利得以实现。”①这个法律手段的确立,同时意味着在法律上对于以直接侵夺的方式“矫正”物之事实支配行径的否定与禁止。

在此,如果我们将以物权为基础的物上请求权即“物权请求权”,与其他若干相关的法律范畴进行比较,那么就可以清晰地观察出这个用以矫正事实支配的法律手段的特性:

第一,物权请求权不同于物权的排他性。如前文所述,物权排他性作为物之支配的客观要求,其表现为物之支配的“正当性之争”,发生在“权利—权利”之间;②物上请求权,其作为解决支配的现实性与法律正当性之间矛盾的手段,则贯通了物之事实支配与权利支配两个层面,即发生在“权利—事实”之间。由此,物权请求权乃是物权的“对世性”的结果,而与“排他性”无干。详言之,所谓物权的对世性,是指除过物权人以外的任何人,均不得“不法地侵害物权”。所谓“不法侵害物权”,本质上正是指形成有悖于物权秩序的物之事实支配。因此,挑战物权的对世性,仅仅意味着阻碍了物权在事实上的实现——这正是物上请求权要予以变更、

---

① [德]卡尔·拉伦茨:《德国民法通论》,王晓晔等译,法律出版社2003年版,第322页。

② 就物之事实支配的排他性而言,其以维持物之支配事实的存续为目的,而由于针对既存事实支配所构成的威胁,来自同属于事实层面的侵夺,因此,如果说物权的排他性系发生在“权利”与“权利”之间的话,那么物之事实支配的排他性,则发生在“事实”与“事实”之间。

纠正的，但是却不会涉及物之支配的正当性本身，即物权本身并未受到挑战，因而无从谈及物权排他性（支配的正当性之争）的问题。

第二，物权请求权也不同于物权的追及力。物权的追及力所表征的，是意志与物之间的权利纽带的抽象性，即作为连接人与物之间的意志载体，物权能够摆脱事实支配经验性的束缚，并依托于法律制度而独立存在。在物权人与物之占有者分立的情况下——无论基于这种分立所导致的他人物之事实支配，是否具有法律上的正当性，由物权的非经验性所决定，物权人与物之间权利的纽带，都不会由于占有的分离而当然断裂。因而，在物权仍然存续的情况下，物权人自然可得“寻其所在，予以支配”。在这里，物权人的“予以支配”，即将支配于物的正当性，在现实生活中予以实现的方式，则计有两种：一种是在分立于物权的物之占有不具有法律正当性的情况下，通过否定占有人的占有事实，以实现对物的现实支配。显然，其手段就是物权请求权。另一种方式则是在分立于物权的占有事实本身具有法律上的正当性的情况下，在“寻其所在”之处，物权人虽然不能够主张物权请求权，但是却仍可以凭借物权排他性所赋予的追及力，直接行使其物权——如在抵押人出卖抵押物予第三人后，登记的抵押权的追及力，便是如此。可见，物权追及力的实现基础，包含了物上请求权与物权排他性两个方面。物上请求权是物权实现其追及力的方式之一，但却不能构成追及力内容的全部。①

由此可以看出，物上请求权作为变更物之支配事实的法律手段，其是物权对世性的结果，是物权追及力的实现方式之一。这个特征的确立，对于我们进而辨别物上请求权与债权请求权的本质差别，奠定了基础。

从历史的角度以观，债权的产生，要晚于物权。“在人类共同生活之

---

① 事实上，“有物权追及力，却无物上请求权”的情形，并不限于此。由于追及力的要义仅在于表征物权的非经验性，因此所谓的“寻其所在，予以支配”的追及效果，也就仅仅是针对“可得”追及的法律正当性而言的。换言之，无论物权人在客观上能否进行追及，均不会影响追及力本身的存在。相应地，物上请求权作为一种相对权，其请求的相对人特定，乃是其权利存在的基本前提。因而，倘若在客观上无法确定请求权的相对人，如在物权人之动产占有被他人侵夺后，侵夺者又遗失了其所侵夺的该项动产的情况下，虽有物权追及力仍然在肯定着权利人与物之间的权利连接，但是由于具体的请求对象的缺位，物上请求权在此却因无“用武之地”，而不再有“存身之地”。

初,各就其必需物资之支配收益,不免引起争执,故产生所有占有之物权的观念,以协调彼此之关系。”[①]在静态的物之支配的事实秩序与法律秩序得以确立之后,“迨至相似的共同生活,进于分业的共同生活,人各就其直接所生产支配之物资,益觉经济上有有无相通之必要……”[②]在这里,要实现“有无相通”的交换需求,以“合意”为本质的契约,便成了克服物之支配所固有的“排他性”阻碍的工具。随着远期交换的出现,契约约定上的“信用”特征日益突出,而“信用”之维持在此时无疑成了商品交换顺利进行下去的关键。基于此,以保障“法律上可期待的信用”[③]为目标的债权,遂告产生。如果说由契约而生的信用,是以交易一方依约让渡其“生产支配之物资”为内容的话,那么作为信用之保障的债权,就可以被称为“取得他人物资的权利”。这个界定,反过来又赋予了债权得以摆脱“信用维持”的本意,从而扩展其外延的可能。于是,非基于契约所生(因而与“信用”无关)的“取得他人财产”的权利,开始被纳入了“债权”的范畴之下——“侵权赔偿法”就此成为了债权法的组成部分,而债权法固有的“信用维持”部分,则被具体为“契约法”,与“侵权赔偿法”呈并列关系。与此同时,债权作为“可得取得的他人物资”的权利,其可得取得的“他人物资”的范围,也开始急剧膨胀——凡属“他人权利支配范围以内的事物”,包括他人之物,也包括他人非物的其他财产,甚至他人的劳务,均成了债权“可得取得”的对象。

债权“取得”的实现方式,在于“请求”。“请求”的对象,即债务人的“行为”,乃是属于“事实”的范畴。这就意味着,债权人要实现对于债务人支配范围之内的事物的“取得”,必须依赖于后者给付行为的实施。[④]

---

① 史尚宽:《债法总论》,中国政法大学出版社 2000 年版,第 4 页。

② 史尚宽:《债法总论》,中国政法大学出版社 2000 年版,第 4 页。

③ 张俊浩:《民法学原理》,中国政法大学出版社 1997 年版,第 542 页。

④ 由此可见,只有在“行为”即“事实”,成为物权的取得条件,即“法律事实”的前提下,在取得他人之物的场合,才会存在债权请求权。因为只有在这个前提下,才会出现“取得物权的正当性”与“取得物权的现实性”之间的分立。进而可见,德国民法典所确立的“债权”的概念,乃是与其所确立的物权变动“形式主义”的“公示成立”规则相联系的。反之,倘若将这个“事实”的因素从物权变动的“法律事实”当中抽去,即在物权的取得者“有权取得”的同时,就“现实取得”了,那么就不会有债权请求权的存在。换言之,在这种情况下,已经取得物之权利支配的人,所“请求”对方的“让出物之事实支配”的主张,其就不再是债权请求权,而成为物上请求权了。

进而,与物上请求权相同,债权应采取“请求”的方式来实现,就表明法律对于债权人以事实的方式、强制入侵债务人意志支配范围的禁止。由此可见,债权请求权与物权请求权,之所以均采取“请求”的方式,原因就在于,在其两者请求的对象上,均存在被请求者的意志支配,为了避免在事实层面请求权人与相对人意志的直接冲突,“请求”的方式才成为必要。

在此基础上,如果进一步考察,相对方的这个存在于物上的意志支配,究竟是“事实支配”还是“权利支配”,那么对于这个问题的回答,就可以将物上请求权与债权请求权区别开来:在物上请求权,相对人的事实支配因与请求权人的物权相抵触,而不具有法律正当性。换言之,在物上请求权实现之前,请求权人的意志已经以物权作为载体,支配于物上。在债权请求权,相对人对于请求对象的支配,首先是权利支配,具有法律上的正当性。这就是说,在债权请求权实现之前,债权人在相对方所支配的事物上,并不拥有对其的权利支配——债权“请求”的目的,恰恰在于“取得”该事物的权利支配,实现债权。就此以观,如果说物上请求权的“请求逻辑”可以表述为“此物是我的,请你走开”①的话,那么债权请求权的“请求逻辑”就是“请把你的东西给我”。②

由此可见,就物之支配的法律秩序而言,物上请求权与债权请求权的根本区别就在于,前者的目标,是对于既有的物之支配法律秩序状态的维护;后者的目标,则是改变既有的物之支配法律秩序状态,并创建新的支配秩序。

四、对于物权立法的若干反思

基于物之支配的事实与权利的既相互分立、又相互作用的关系,结合我国物权立法,我们可以得出以下结论:

第一,关于物权的定义。物权,究竟是“支配于物的权利”,还是“可得支配于物的权利”? 如果是前者,那么作为事实支配层面的“支配于

---

① 在这里,“我的”应当作广义解释,其含义既包括物之归属,也包括其他物之支配的法律上的正当性。

② 在这里,“东西”也应作广义揭示,其含义既包括物,也包括非物的财产,还包括劳务。

物”,就将成为物权的内容;如果是后者,则作为法律支配层面的“支配于物的正当性”就将成为物权的内容。进而,就前者而言,倘若在事实层面权利人丧失了物之支配的可能,如物之遗失,而依照物权法的规则,物权人并不会丧失物权,那么法律将不得不面对享有“物权”,却不能“支配于物”的尴尬。就后者而言,既然物权立足于法律的“正当性”之上,那么现实中的物之事实支配,就可能与该正当性相符,也可能与之相悖。但无论法律上的支配正当性在现实生活中是否实现,该正当性本身,不会受到影响——在客观上有可能将事实状态回复到权利秩序之下时,这个法律上的“正当性”,还可以作为矫正非法的物之事实支配的权利基础。由此可见,对于物权的定义,应当立足于物之支配的“法律正当性”,而“事实支配”仅仅是“正当性”在现实生活中得以实现的结果,其不应作为物权的内容。

第二,关于物权的排他性。物权的排他性,就是指“任何人不得侵害物权”吗?“侵害”作为一种“行为”,属于事实层面的范畴。在物权法的领域当中,“侵害”只能导致物之支配的事实状态,背离于物权的应然秩序,而不可能导致对于物权人“支配正当性”本身的否定,因而不可能导致对于物权的破坏。严格地讲,如果将“物权的完整性”,定位为“支配正当性的完整性”的话,那么在物权法的领域当中,“侵害物权”这个表述本身,就是自相矛盾的。事实上,有可能对于物权的正当性提出的挑战,恰恰来自“侵害”之外的“适法事实”,如合意与法定事实。正是由于这些适法事实所蕴含的“正当性”,才迫使法律必须在“挑战者”与“应战者”各自的正当性之间,进行权衡取舍。换言之,如果从“人与人”之间的关系来看待物之支配活动的话,那么由物之存在的时、空唯一性所决定,排他性就意味着“支配的不相容性”。由于物之支配存在事实支配与权利支配的分立,在权利支配的层面,物权的排他性,本质就是一物之上若干物权“法律正当性上的不相容性”。[①] 相应地,物权对于事实层面的纠正,系属

① 我们通常所讲的“物权具有排他性,债权具有平等性”,正是以“法律正当性”上的“可否相容”为标准来进行判断的。

物权"对世性"的结果，是物上请求权所应解决的问题，而与物权支配之维持无关，因而与物权的排他性无关。正如日本学者铃木禄弥在他的著述中所强调的，"有很多人将'可排除世间所有的一般人的性质'称为'排他性'，而将'不允许互不相容的内容的权利同时成立的性质'的效力称为'对抗力'。但本书在表示上述两个意义上使用'绝对性'和'排他性'"。①

第三，关于物权的排他规则（对抗规则）。在若干物权存在于一物之上的情况下，法律"优先保护先设立的物权"，能够作为物权排他（对抗）的一般规则吗？首先，所有权与他物权的关系，是物权秩序当中最为"一般"的关系。其中，他物权具有限制所有权的意义，即"后设立"的他物权应当"优先"得到法律的保护，则构成了这个物权秩序中最为"一般"关系的内容。其次，公示公信原则，作为物权法基本原则之一，是协调物权秩序的最为"一般"的准则。从这一原则出发，先设立的物权是否可得排斥后设立的物权，即得到法律的优先保护，取决于前者的公示外观与其权利归属是否相符，即后者是否应当知道前者的存在。如果说在此先设立的物权优先得到了法律的保护，这也并不是基于其之先行设立，而是由于其公示外观与权利状态相吻合，即公示公信原则的结果。反之，倘若先行设立的物权，与其公示外观相脱节，那么其"不能对抗第三人"的事实，仍然是公示公信原则的结果。由此可见，在此发挥决定性作用的，乃是公示公信原则，而与物权设立的先后顺序无关。质言之，在这里，法律在一物之上若干物权竞存的"正当性之争"中取舍权衡的出发点，在于外部动态的交易安全的维护，而静态的财产安全——"先来后到"的秩序性，即是其典型代表——则必须让位于法律维护交易安全的价值目标。因此，"优先保护先设立的物权"事实上是与物权法对于社会关系的调整规律相抵触的。

第四，关于"物权的保护"与物权请求权。首先，"确认物权请求权"是否应当在"物权的保护"中，与物权请求权并列规定？毫无疑问，

---

① ［日］铃木禄弥：《物权的变动与对抗》，渠涛译，社会科学文献出版社1999年版，第33页。

"权利"是私法对于社会关系进行调整的起点。如果说"法律规范是应然规范"①的话,那么其对于社会关系"应然"秩序的构建,就是通过"权利"与"义务"这一组工具来实现的。然而问题是,确认物权请求权与"返还原物、排除妨害、消除危险"等请求权最大的不同,就在于前者不是一种在确定的权利应然秩序之下,变更物之支配的事实,使之回归到权利状态的法律工具(不是一种物权请求权),而是为了确定权利应然状态,邀请国家行政、司法机关介入其权利争议以解决之的手段。换言之,由于确认物权请求权所"请求"的相对方,并不是与之法律地位平等的"对方当事人",而是作为居中裁决者的行政、司法机关,因此确认物权请求权并非是一种私法上的实体权利,而系公法上的一种程序性权利。基于此,在发生物权归属争议的场合,争议的当事人是否"有权"请求有关机关确认其物权的问题,事实上就演变为其究竟应该"找谁"去确认物权的问题。换言之,诉讼法、行政法上关于司法、行政机关是否受理物权确认之请求、由谁来受理之的界定,将成为争议当事人是否"有权"提出物权确认请求的关键。显然,这个问题并非是物权法或者民法中一个"确认物权请求权"所可以解决的,在实体法中规定这一问题,犹如在实体法中规定当事人享有"起诉的权利"一样,并无意义。

其次,"损害赔偿请求权"是否应当规定于物权法当中?无论是作为民法典的组成部分,还是作为单行的民事法律,物权法都面临着与其他民事法律制度的配合、衔接的问题。由于在民法典或者民事法律体系当中,侵害绝对权或者绝对性法益而产生的损害赔偿关系,是应由侵权法所调整的范围,因此因物权侵害而生之损害赔偿,就应当交予侵权法来予以调整。否则,不仅会形成立法上的重复,而且还会造成法律适用上的冲突。详而言之,侵权损害赔偿制度,是一个相当复杂的规则体系,涉及构成要件、归责原则、免责与抗辩事由、赔偿范围、多数人侵权的处理以及一般规则与特殊规则的区分等问题。由于这些问题并非物权法所能够包容,因此在物权法中只能讲其简化为,"权利人可以请求损害赔偿"。这样,在

---

① [德]卡尔·恩吉施:《法律思维导论》,郑永流译,法律出版社2004年版,第18页。

物权法中,由于权利人"可以要求"损害赔偿与权利人"可以请求"返还原物、排除妨害、消除危险呈现出并列关系,那么从法律逻辑上讲,前者的"可以请求"与后者的"可以请求"理应适用相同的法律要件。进而,在"损害赔偿"问题上,便形成了"物权法上的损害赔偿"与"侵权法上的损害赔偿"分立对峙的局面,而这个局面构成了对统一的侵权损害赔偿制度的破坏。

值得一提的是,在我国民法学界,的确存在认同这种分立对峙局面的主张。在梁慧星研究员负责起草的《中国物权法草案建议稿》中,规定了权利人在主张排除妨害与消除危险的同时,倘若该妨害与妨害之危险同时致权利人损害的,权利人可得"继续向侵害人请求损害赔偿"(第 60 条)。对于这里的损害赔偿请求权的性质,草案认为,由于"损害赔偿在物权保护中的应用,目的还是为了达到恢复物权的完满支配状态的目的",因此,其作为"物权保护的一种法律手段,性质上属于物权请求权"。因此,"物权人根据本条向侵害人请求损害赔偿,只需符合第 58 条(排除妨害请求权)或者 59 条(消除危险请求权)的要件,以及本条规定的'受有损害'要件,即应成立损害赔偿责任。此与侵权行为责任的构成要件是有区别的"。[①] 笔者认为,这种观点难谓允洽。其原因在于,其一,从物权请求权与债权请求权之间的区别以观,如前文所述,其两者本质的区别在于各自的"请求逻辑"不同。损害赔偿请求权,无论是基于何种法律事实而产生,其均是以对方"金钱给付"为请求之内容,由于金钱的所有权归属于其占有者,因此"金钱给付"的请求逻辑为债权请求权的"请把你的东西给我",而不是物权请求权的"此物是我的,请你走开"。因此,将损害赔偿请求权定位为物权请求权,是不正确的。其二,就侵权法上的损害赔偿的适用范围以观,侵权法上的损害赔偿,系由"侵权行为"所引起。"侵权行为"的本质,在于"对应于绝对权的义务"之违背——"违反此一般人所负担之义务,始足构成侵权行为"。[②] 由此可见,"侵权行为"概念

① 梁慧星:《中国物权法草案建议稿:条文、说明、理由与参考立法例》,社会科学文献出版社 2000 年版,第 210 页。

② 史尚宽:《债法总论》,中国政法大学出版社 2000 年版,第 106 页。

在外延上,涵盖了"侵害物权致损"的情况:无论是物权的客体本身,还是物权人的其他财产,均属于绝对性权利或者法益。任何人违反由此所产生的"一般人之义务",无论是直接造成物之损害,还是因既存或者可能的物权妨害,致使物权人的其他财产遭受损害,其行为均属于"侵权行为"之范畴,因而由此产生的损害赔偿,就应当纳入侵权法的机制之下予以调整。换言之,"妨害与妨害之危险同时致权利人损害"的法律事实,在概念上无法从"侵权行为"当中脱离出去。

最后,"物权的保护"能否等同于物上请求权?事实上,"物权的保护"这一表述所得涵盖的范围,极为广泛:除过维持或者获得一个与物权秩序相符的物之事实支配状态,从而使物权在现实生活中得以实现,可以称之为"物权的保护"之外,前述的在一物之上物权竞存的情况下,法律在各个物权的正当性之争中的权衡取舍,对于表彰着动态交易安全的物权而言,也可以称为"物权的保护"。占有制度下法律对于占有的保护,也具有使需要得到法律救济的物权人,免于陷入被称为"恶魔之证明"[①]的物权证明的困境,从而凭借物之占有的事实,以实现"物权之保护"的目的。广而言之,"物权"概念本身,就意味着法律的保护:一部物权法,就是一部"物权的保护法"。由此可见,"物权的保护"的表述,其含义过于笼统,以至于在其所辖的内容上极具弹性、飘忽不定。从立法的初衷来看,"物权的保护"其实仅指"对于有悖于物权秩序的物之事实支配的否定与纠正",即"权利"与"事实"之间的关系问题。因此在这里,应当直接以"物权请求权"之表述取而代之,以利于概念的精确与制度的严密。

---

① 谢在全:《民法物权论》,中国政法大学出版社1999年版,第939页。

第五章　支配事实与物权制度

役权制度是罗马法上最早出现的,权利人为了自身利益而就他人之物进行支配的物权类型。役权制度作为一种"一般的"他人之物的对世性支配权,其不仅构成了近代大陆法系用益物权制度的基础,而且其所蕴含的协调人的支配利益的多样性与物权法定主义要求的法律技术,对于今日民法理论与实践,仍极具价值。

第一节　支配利益与物权法定主义

——以罗马法役权制度为角度

一、物之支配利益与物权法定主义之要求

役权是罗马法中最古老的支配于他人之物的权利。罗马最早产生的役权是耕地役权,它是由土地公有制之土地使用规则演变而来的。"罗马古时,土地属于村社所有,分给各个父权制大家庭耕作后,各个土地使用者为了耕种的便利和其他需要,对已分割的土地,在使用时仍保持未分割的状态。"[①]于是,在自己

---

① 周枏:《罗马法原论》,商务印书馆 1994 年版,第 390 页。

占有之土地上,同时存在他人支配的现象便因而产生。

古代罗马最初的役权观念,是附着在所有权的观念之上的,其与所有权之间的关系,是相互融合的。在早期人类法律观念中,支配尚未能从归属概念中分离出来,物之归属只是意味着"我得就物实施支配"。反过来,"我得支配于该物",便成了"该物归属于我"的判断的法律支撑——即使是罗马法中后来的、被后世民法学者称为"抽象的所有权观念",其事实上也是通过权利人对物的"支配范围"来表述对物的归属的:"所有权可以定义为对物最一般的实际主宰或潜在主宰。"[①]进而,所谓罗马法上"所有权的抽象性",事实上是通过"不限范围的物之支配方式的一般性"来彰显的。由此就不难理解,在罗马法早期,以在法律上"得以支配他人之物"为特征的耕地役权,是以"所有权"的形式表现出来的,即在当时为了土地耕作之便利,对于"通行的道路,流水的水沟,利用者可享有共有权。故耕作役权很早便被列为要式移转物"。[②]

随着役权从所有权中分离出去,而成为"他物权",其与所有权的关系便开始从融合走向对立:役权就此成为所有权的负担,这个负担具有对世性和追及性,所有权的变动将不会对役权的存续产生影响。役权的设定,也便由法定方式,走向意定。由于作为他物权的役权,在所有权变动的场合下,存在使做出役权设定的意思表示之外的第三人即新的所有权的取得者,承受此项所有权上的负担的必要,这就决定了役权的内容即役权人在他人之物上的支配范围的确定,必须摆脱对当初役权设定时当事人意思的探求,而通过法律上的定型化、标准化的方式来予以实现。与此同时,在罗马法上,虽然物上负担必须仅就"有体物"而设立,即"役权之上不得再次设定役权",但是已经设定役权的供役物的所有权,依然可以在其物之上为另一人再次设定役权。例如,乌尔比安在《论萨宾》第 17 卷中指出,"使用权(usus)属于一个人,无使用权的收益权(fructus sine usu)属于一个人,而所有权(proprietas)属于另一个人,这是可能的。比

---

① [意]彼德罗·彭梵得:《罗马法教科书》,黄风译,中国政法大学出版社 1992 年版,第 194 页。

② 周枏:《罗马法原论》,商务印书馆 1994 年版,第 390 页。

如，某人有一块土地，他将使用权遗赠给铁裘斯，后来其继承人又通过遗赠或以别的方式将收益权给予你”。[①] 在这种情况下，后设定的役权，必须以不对先设定的役权人的支配构成妨害为条件，而这一条件的前提，则在于役权人对于供役物的支配范围的明确化。上述两个方面，是导致罗马法上的“物权法定主义”产生的重要因素。进而言之，罗马法上的物权法定主义，乃是以通过物权类型概念的法定性，使世人了解物权人在支配对象上的支配范围为目的的。

二、物权法定主义之实现：寻求支配利益多样性与物权类型化之间的平衡点

随着役权从所有权中的分离，原先役权人直接在供役物上的利益，在法律技术上被重构为“实现役权人自身利益的手段”——在地役权，役权对于他人之物的支配，被认为是役权人支配需役之物的必要；在人役权，役权人对于他人之物的支配，被认为是役权人自身生活之需要。役权支配的手段性，进一步加剧了其具体的支配方式与范围因役权人具体利益的不同而变化不拘的特性。

于是，役权制度上物权法定主义的要求与基于役权人利益的多样性所导致的役权支配方式的多样性之间，便形成了一组张力。作为这组方向相反的力量共同作用的结果，罗马法上的地役权制度，呈现出令人瞩目的“类型细化”的面貌，即法律将社会生活中存在的各种役权支配的情况，尽可能地详细分类，使之成为法律制度上的役权的类型，从而纳入物权法定主义的原则之下。例如，罗马法的地役权制度中，作为“耕地役权”之一的“通行役权”，便可分为步行地役（iter 或 servitus itineris）、兽畜通行地役（actus 或 servitus actus）、货车通过地役（via 或 servitus vias）以及水上通过地役（servitus navigandi）等类型。至于“通行役权”之外的“取水役权”“畜牧役权”“采掘役权”，以及并列于“耕地

① ［意］桑德罗·斯契巴尼选编：《物与物权》，范怀俊译，中国政法大学出版社 1999 年版，第 147 页。

役权”的“城市役权”项下的各种具体役权形式，在法律上同样存在极为详尽的类型划分。[1]

值得注意的是，如此详尽的地役权类型划分，事实上仍然不可能涵盖役权人在需役地上利益的全部。例如，作为他物权的地役权，其之追及效力要求在所有权移转时，新的所有权人必须承受所有物上原有的地役权负担，因而这种负担不宜以新的所有权人实施积极的行为义务为内容。基于此，“役权不得表现为要求作为”（Servitus in faciendo consistere nequit）[2]的原则因而确立。然而，由于这个原则事实上无法否认役权人利益的实现存在有赖于供役地所有人实施积极行为的可能性，因此罗马法律并不禁止当事人在地役权之外，以“特别约定”的方式，施加给供役地所有人为了地役权人支配需役地的必要，实施积极行为的义务，如约定供役地所有人为地役权人“取水役权”的实现，而承担修理水渠、保持水流通畅的义务。基于“特约”的特别义务，会因当事人约定内容的不同而呈现出千变万化的特性，从而远远超越法律对其进行类型化总结的能力，进而完全不可能被纳入物权法定主义的体系之下。于是，这种“特约”，在罗马法上不可能具有对世、追及的物权效力，而被认为是“债权关系”的范畴，排除于役权制度之外。但是，当事人之间于物权法定主义之外的特约，所具有的能够满足当事人多样化的需求的功能，在罗马法中，业已显露无遗。

如果说基于土地本身所固有的稳定性，以土地支配之便利为目的的地役权，其物之支配利益尚有可能通过类型化的方式进行归纳的话，那么以权利人的生活需要为目的的人役权，因人的生活需要的几乎是无限的多样性，人役权人对于供役物的支配方式，同样远远超越了法律的类型化归纳的能力。由此所产生的法律技术难题就是，既然罗马法的物权法定主义的宗旨在于通过物权类型的法定性，使人了解物权人在支配对象上的支配范围，那么无法如地役权那样归纳成若干具体的法定支配方式的

① 周枏：《罗马法原论》，商务印书馆1994年版，第394～398页。

② ［意］彼德罗·彭梵得：《罗马法教科书》，黄风译，中国政法大学出版社1992年版，第251页。

人役权,其如何实现与物权法定主义的衔接? 对此,罗马法采取了"一般概括、具体排除"的分类技术以解决这个问题。

这个"一般概括、具体排除"法律技术首先体现在罗马法人役权中的"用益权"(ususfructus)。按照保罗在《论韦得里》第 3 卷中的定义,所谓"用益权是以不损害物的本质的方式使用、收益他人之物的权利"。[①] 从这个定义可以看出,罗马法在对其用益权支配范围的界定上,除过"不得损害物的本质"之限制外,是通过具有高度抽象性的"使用、收益"的概念来予以概括的。由于在用益权下权利人的利益所呈现出的多样性,其物之支配的具体形态无法在"使用、收益"基础上再做进一步类型区分,这就导致了"所有权人的权利除处分权(jus abutendi)外,均为用益权所吸收",[②]即用益权人在不损害物件本质的前提下,得为各种利用以及收益。相应地,负担着这种用益权的所有权,因用益权事实上的几乎漫无边际的支配范围,便被称为"赤裸的所有权"或者"虚有权"(nuda proprietas)。

从罗马法用益权客体的演进过程来看,如果说"虚有权"仍然不失为作为用益权客体之物的"所有权",并限制着用益权人"不得损害物件本质"的话,那么随着用益权人的利益与该项法律限制之间冲突的出现,后者便开始发生动摇。详言之,所谓用益权人的用益"不得损害物的本质",其内在涵义之一便是用益权必须以"不会因利用而改变其本质"的"不消费物"作为客体。因此,为坚守这一准则,维持"虚有权",在罗马帝政以前,在遗嘱中凡在消费物上设定用益权的部分一概无效。但是,如此处理明显不符合遗嘱人的意愿,有违用益权人的利益需求,故帝政初期,元老院作出决议,规定用益权可适用于消费物,与消费寄托一样,用益权人享有所有权人的权利,可以将这一部分消费物处分掉,而最终用同种类、同品质、同数量的物品返还。[③] 如乌尔比安在《论萨宾》第 17 卷中所言,"显然如果羊群或畜群的用益权被遗赠,用益权人必须以它们生产的

---

① [意]桑德罗·斯契巴尼选编:《物与物权》,范怀俊译,中国政法大学出版社 1999 年版,第 127 页。

② 周枏:《罗马法原论》,商务印书馆 1994 年版,第 402 页。

③ 周枏:《罗马法原论》,商务印书馆 1994 年版,第 399 ~ 400 页。

幼仔补充它,即必须以新生之幼仔代替死亡之牲畜”。[①] 对于“消费物”的用益客体的肯定,导致了原用益物所有者的“虚有权”地位消灭,而以债权取而代之;同时,用益人事实上享有了所有权人的权利——由于这种权利已经无法再被包容于“用益权”的概念之下,于是罗马法以“准用益权”的概念标示之。就此以观,在为特定人利益之实现而就他人之物的用益支配中,罗马法所呈现出的物之所有人由“虚有权”到“债权”;物之用益人由具有高度概括性的“用益权”到具有所有权性质的“准用益权”的清晰脉络,显示物权法定主义在他物权人多样性的利益前不断退让的趋势。

罗马法中的用益权,其权利人在“用益”目的下的几乎漫无限制的具体支配形态,其实并未使罗马人在人役权制度上已经放弃权利类型化的努力。事实上,罗马法人役权概念下并列于“用益权”的“使用权”(usus)概念的存在,正是这种努力的结果。罗马法将“使用权”与“用益权”并列,旨在通过物权法定的方式,明晰这两个人役权类型的不同的法定支配范围:“用益权包括使用和收益两种权能,而使用权则无收益权能。而且使用权人不得将其权利的行使完全让与他人,而用益权人则可以。”[②]换言之,罗马法试图通过界定权利的法定效力,将使用权人的支配形态,限制在“物之使用”的目的之下。然而,恰恰是由于罗马法在此仍然选择了“以支配目的确定权利类型”的法律技术,这个技术在同样存在人的利益的多样性与多变性的使用权这里,与用益权相同,其不可避免地遭到了权利人多元的支配目的冲击。自罗马帝政后期,法学学说和判例开始从权利人的使用目的出发,对使用权的权能予以扩大解释,如“拉贝奥和萨比努斯等都主张,如果使用人对标的物不能收取孳息,则其使用权将等于虚设,在这种情况下,使用人得于其需要范围内收取孳息以供食用”。[③] 于是,用益权与使用权之间“可否收益”的法定界限又被打破,物权法定主义再次向人的多元化需求让步。

---

① [意]桑德罗·斯契巴尼选编:《物与物权》,范怀俊译,中国政法大学出版社 1999 年版,第 132 页。

② 周枏:《罗马法原论》,商务印书馆 1994 年版,第 405 页。

③ 周枏:《罗马法原论》,商务印书馆 1994 年版,第 405 页。

至于罗马法中人役权的另外两种类型,即“奴畜使用权”(operae servi vel animalis)与“居住权”(habitatio),其在罗马法中原先均属于“使用权”。从历史的角度考察,“由遗嘱授予居住和奴畜使用权远在其他人役权产生之前……优帝一世始把它们正式列入人役权”。[①] 换言之,奴畜使用权与居住权得以与作为其上位概念的使用权在形式上并列,事实上是在罗马法后期新生的人役权概念对于历史上业已存在的使用权类型的接纳的结果。然而,这个历史的事实并不会妨碍我们从形式逻辑的角度来观察这种并列所蕴涵的法律技术。从逻辑上看,这两种权利是从特定的客体出发,将使用权中的“针对他人奴畜的使用”和“针对他人居住用房的使用”情形,分别从其上位概念(使用权)中抽出而独立成型的结果。

三、罗马法役权制度上协调人的利益的多样性与物权法定主义的法律技术

考察罗马法役权制度如何协调权利人的利益的多样性与物权法定主义之物权类型化要求之间的矛盾,我们可以总结出以下几个方面的立法技术:

第一,使用具有相对抽象性的物权分类标准,如“供役地支配之需要”以及“特定人的利益”等,从而建立起以“类概念”为基础的类型化物权体系,这可以使得法定的物权类型有可能在抽象的分类标准下,包容多样、多变的具体支配方式,以适应权利人的需要。

第二,在此基础上,罗马法对“类概念”的物权类型,再次进行类型划分,使其在满足权利人特定用益需要的前提下,尽量靠近于物权法定主义的要求。从罗马法的役权制度看,这种二次划分的方式,呈现出灵活多样性:一种方式是绝对细化,即详尽列举权利人有可能存在的利益形态,并在此基础上规定出极尽细致、类型繁多的物权的具体类型,因而试图用这种看来是无所不包的法律产品类型,来满足当事人变动不拘的利益状况,如罗马法“地役权”概念下的多种详尽的具体分类;另一种是适度细化,即在不可能通过前一种方式予以绝对细化的场合,法律只能以一种具有

① 周枏:《罗马法原论》,商务印书馆1994年版,第406页。

较低抽象性(但是仍然具有抽象性)的划分标准,将作为“类概念”的物权类型,适度细化,如罗马法人役权之下的“用益权”与“使用权”的划分。其结果就是,权利人的支配形态虽然进一步受制于较为具体的划分标准,但是由于适度细化的标准不可能绝对的具体化,因此这种适度细化后的物权类型,仍然保留着相当大的弹性——其可以包容当事人根据其不同情况,而采取不同的支配方式自由。

第三,与此同时,在一个具有抽象、概括性的物权类型中,对于现实社会中发生较为频繁、重复性较高的具体支配方式,罗马法将之从其上位概念中分离出来,使之成为一种独立的物权类型,如人役权中的居住权、奴畜使用权。这个过程的结果,是被独立分出的具体物权类型与原本作为其上位概念的、抽象的物权类型形成并列关系。由此所形成的“一般”与“特别”并列物权类型格局,能够使前者成为后者的“兜底”类型,从而在张弛有度中适应多样化的社会生活的需要。

第四,运用立法和法律解释,对既有的法定化类型下物权的支配方式与范围进行扩张,从而协调物权法定主义与社会生活之间的矛盾。例如罗马法后期在学说、立法上突破“用益权必须以不消耗物为客体”的限制,允许在消耗物上设置用益权;又如在同一时期,学说与立法突破“使用权不包括收取孳息的权能”之限制,允许权利人在使用目的之下,收取物之自然孳息、出租房屋以取得租金,等等。

第五,发挥当事人之间“特别约定”的作用,以特约满足当事人的特别需求,如为供役物所有权人施加“作为义务”的特约。虽然,由于这种特约的内容是在上述物权法定主义的构成之外,为了满足当事人的特殊利益而设立,因此在罗马法上,其仅具有债权效力,而不具有对世性和追及性。但是,在役权人与供役物所有权人之间,这种特约的存在却具有进一步克服物权法定主义之僵化倾向,满足多样性的人之需求的意义。而且,随着在罗马法(到了优帝一世时)役权设定的最主要的方式,由遗嘱、契约并存,变为契约,[①]上述这种意义无疑更加显著。

---

① 周枏:《罗马法原论》,商务印书馆1994年版,第409页。

值得一提的是,上述罗马法的法律技术,不仅导致了其役权制度能够在物权法定主义之下,较好地满足人的多样化的利益,而且更导致了整个用益物权制度的法律体系的生长和建立。换言之,罗马法用益物权制度中役权之外的其他两种权利类型——地上权和永佃权,作为役权制度之后出现的用益物权类型,其之产生,仍然是罗马法上述法律技术的结果。从地上权与永佃权产生的过程来看,这两种权利最初是当事人之间为了排斥市民法上土地对于他人建筑物的添附效应,以及有偿耕种他人土地等特定土地利用方式的一种约定,即其是一种"特约"的结果。如前文所述,因为这种特约系游离于最初的以役权为核心的物权法定主义之外,所以其最初仅仅具有债权的效力。后来,为了维护这种土地利用关系的稳定性,大法官法对于地上权与永佃权给予了类似物权诉权和取得占有令状的保护,①于是这两种权利开始了由债权向物权的转变。在这个转变过程中,"大法官通过诉讼手段,对地上权、永佃权给予绝对保护是可行的。但是,作为诉讼的基础,必须存在一个基础权原,即为权利性质定位。而要创设在他人物之上的权利,我们有理由相信,罗马人只有仿效他物权的最早模型——役权"。② 可以对此一判断作出印证的是,"直到优帝时期,地上权被视为一种独立的他物权,而在此之前,曾被看作一种地役权"。③ 由此可见,在罗马法上,地上权与永佃权首先被视为役权的范畴,进而被纳入上文所述的"从上位概念中分离并与之并列"的法律技术之下,从而获得了并列于役权的地位。

四、抽象化的役权:近代民法对于罗马法役权技术的沿袭与改造

罗马法的役权制度,对于近代民法的役权乃至于用益物权制度的构建,具有深远影响。《法国民法典》的用益物权制度,由其第二卷

---

① 周枏:《罗马法原论》,商务印书馆 1994 年版,第 414、420 页。

② 张鹏:《役权的历史渊源与现代价值定位》,载梁慧星主编:《民商法论丛》(第 18 卷),金桥文化出版(香港)有限公司 2001 年版,第 442 页。

③ D. H. Van. Zyl, History and Principles of Roman Private Law, p. 194,转引自张鹏:《役权的历史渊源与现代价值定位》,载梁慧星主编:《民商法论丛》(第 18 卷),金桥文化出版(香港)有限公司 2001 年版,第 442 页。

“财产以及所有权的各种变更”中第三编“用益权、使用权与居住权”和第四编“役权与地役权”组成。与罗马法的用益物权制度相比较，可以看出《法国民法典》第三编，其实就是抽去了罗马法“奴畜使用权”的人役权制度，而第四编，则是经过改造后的罗马法的地役权制度。进一步分析可知，在《法国民法典》的人役权制度中，“居住权”与“用益权”“使用权”的并列，标志着《法国民法典》沿袭了罗马法“从上位概念中分离并与之并列”的法律技术，因而继续保持着罗马法人役权制度所固有的弹性与包容性。与此同时，《法国民法典》的地役权制度，由“因场所的自然位置产生的役权”“由法律规定设立的役权”“由人的行为设定的役权”三个部分组成。显而易见，罗马法原有的地役权制度中极其详尽的“绝对细化”立法技术被《法国民法典》摒弃，而以产生役权的不同法律事实作为类型化的标准。在这个新的标准中，如果说在前两者——“因场所的自然位置产生的役权”和“由法律规定设立的役权”当中，由自然事实或法定事实所决定，仍然不可避免地存在法定主义的规定方式的话，那么第三种——“由人的行为设定的役权”，则赋予了地役权法定类型极大的灵活性：根据此处第 686 条的规定，“允许财产所有权人对其财产或为财产之利益，设定其认为适当的役权……由此设定的役权的使用与范围，由设定该役权的证书规定……”①可见，“由人的行为设定的役权”类型的存在，使当事人通过约定设定前两种法定类型之外的役权，具有了物权法定主义上的正当性。

如果说在《法国民法典》中，役权制度构成了其用益物权制度的全部的话，那么《德国民法典》的用益物权制度，则是由其第三编“物权法”中的第四章“地上权”、第五章“役权”、第六章“先买权”和第七章“土地负担”四个部分组成。在第五章“役权”中，包括了“地役权”“用益权”“限制的人役权”三部分。其中，“用益权”“限制的人役权”即为《德国民法典》的“人役权”制度。就《德国民法典》的地役权制度而言，较之于罗马

① 《法国民法典》，罗结珍译，中国法制出版社 1999 年版。

法的地役权制度,《德国民法典》同样没有采用其“绝对细化”的技术,甚至没有采用《法国民法典》地役权上“法律事实”分类方式,而是用抽象的地役权概念来表明法律对于地役权的要求。根据《德国民法典》第1018条的规定,“一块土地为了另一块土地的现时所有权人的利益,可以此种方式设定负担,使该所有权人可以在个别关系中使用该土地,或者使在该土地上不得实施某种行为,或者排除由供役地的所有权对需役地所产生的权利”。[①] 可见,《德国民法典》将地役权设定的出发点,定位于抽象的“需役地所有权人的利益”,从而使地役权人的支配范围在此目的下,获得了灵活性。而就《德国民法典》的人役权(“用益权”和“限制的人役权”)而言,其在“用益权”中所作的“物上用益权”“权利上的用益权”“财产上的用益权”的分类,其实是罗马法以及《法国民法典》上“用益权可得在不动产、动产以及其他财产上设定”规则的延续;《德国民法典》将“居住权”规定于“限制的人役权”中,而未将其与之并列,则是直接明确了“居住权”与其上位概念之间本来就存在的种属关系。换言之,《德国民法典》的人役权制度,仍然一如既往地保留着罗马法以及《法国民法典》上的包容性。

考察近代民法中最具代表意义的《法国民法典》与《德国民法典》,我们可以看出,罗马法上役权制度的弹性与包容性,在近代民法中不仅没有被放弃,而且得到了进一步的强化。与罗马法相同,近代民法的物权法定主义,在役权制度上遭到了个人利益的多样、多变性特征的抵御。作为两者妥协的结果,正如我们在前文中所看到的,役权中的“类型法定”,其法定之类型其实是具有高度抽象性的“类型”;“内容法定”,则因役权中具体的支配方式对于人的自由意志的依赖,除基于其抽象性的“类型化”而有一个轮廓式的界定之外,难以再进一步具体地实现。然而,由于登记公示手段的引入,使得第三人具备了知晓特定财产上负担的役权的(虽然是多样的)内容的可能,因此在役权制度上物权法定主义的不彻底性,却并未对于第三人利益以及交易安全造成负面影响。恰恰相反,登记公示制

---

① 《德国民法典》(修订本),郑冲、贾红梅译,法律出版社2001年版。

度的建立,赋予了役权领域宽松的法定主义技术以可能。正如有的学者所指出的,现今社会生活对于物权法定主义的不断突破,大都发生在担保物权中,用益物权领域中的这种现象却似乎未曾发生。究其原因,在“担保物权中,各物权种类的内容大都确定、清晰,没有宽泛地为当事人自由意志留下空间……而在现代用益物权体系中,存在地役权,以及限制的人役权这两种物权形式,它们标的物范围的广泛性、权利创设目的的随意性、权利内容的不确定性,使其内涵大大丰富,给予当事人留下极大的自由余地……这使整个用益物权体系未出大的漏洞,没有产生根本否定物权法定的必要”。[①] 由此可见,个人是个人利益的最佳判断者,个人利益是不能法定的。物权法定主义的生命力,乃在于在其得以维护交易安全的前提之下,将对于个人利益的约束减小到最低程度,从而最大限度地保障个人的选择自由。罗马法以及近代民法所展现给我们的,个人利益的多样性与物权法定主义之间在役权制度上的平衡技巧,对于我们如何理解物权法定主义,以至于如何构建未来的中国民法典,都具有极大的启迪意义。

第二节　论物权变动的理性基础及其实现

一、物之支配的一般理性规则

自人类产生之日,世界上便存在人与物的对立与统一。一方面,人,以其具有自由意志和实现自由意志的能力为根本特征,而物作为外在于人的客观世界,其没有意志而只能成为意志的对象。另一方面,物的客观世界,构成人的外部环境。人的维持生存、实现发展的物质需求与满足之间的矛盾,必须通过外在物这一中介得到解决。

人实现与物的统一的唯一的途径就是物之支配,即人以其优越于物

---

① 张鹏:《役权的历史渊源与现代价值定位》,载梁慧星主编:《民商法论丛》(第18卷),金桥文化出版(香港)有限公司2001年版,第492页。

的自由意志支配于物。物之意志支配意味着“我给它不同于它原有的灵魂,就是说,我把我的灵魂给它”。[①] 于是,人的主体地位与物的客体地位,同时确立。“人是有意志的、主动的、自由的,而物则是无意志的、被动的、不自由的。所以,把物据为己有,无非是表示我的意志对物的优越性。”[②]物之意志支配以自由的意志为基础,与法哲学上人的质的规定性相联系,是形成物之支配的根本。

然而,意志的特点,除了在于其自由性外,还具有内在性,即意志本身是一种人的纯粹主观的意识活动。相应地,物却是外在的、客观的。因此,要使物之支配具有现实的意义,仅有意志的支配,即“单是某物应属于我的这种我的内部表象或意志是不够的……下一步骤是这一概念的实在化”。[③] 换言之,人的意志欲体现于物上,必须通过一个中介,将主观内在的前者与客观外在的后者连接起来。这个中介,就是内在的物之支配意志的外在表现,或者说,外在化的意志。换言之,意志对物的支配,“必须对该物以外在的形式表现出来,而不单单停留在我的内部意志之中”。[④]

由于每个具备意志自由性的人都有生存与发展的需求,因此每个人都既有必要,又有可能地将任何外在物视为自己意志的对象并加以支配,“这就是人对一切物据为己有的绝对权利”。[⑤] 但是,若将人的这种对物而言的“绝对权利”,置于人与人之间的关系之中,这种“绝对权利”则受到了极大的限制:由于人的这种就物而言的意志上的优越性,就他人而言,其实并不存在,因此,当物之上已经存在人的意志支配时,倘若他人无视物上既存的意志,而将自己意志(也通过客观化)施加于物,那么在该物之上,既存意志与他人的意志就是对立的,进而前者必然受到后者的排斥。

可以看出,物上支配意志对于与之对立的他人意志这种固有的排斥

---

① [德]黑格尔:《法哲学原理》,范扬、张企泰译,商务印书馆1961年版,第53页。
② 武步云:《法与主体性原则的理论》,法律出版社1995年版,第151页。
③ [德]黑格尔:《法哲学原理》,范扬、张企泰译,商务印书馆1961年版,第59页。
④ [德]黑格尔:《法哲学原理》,范扬、张企泰译,商务印书馆1961年版,第59页。
⑤ [德]黑格尔:《法哲学原理》,范扬、张企泰译,商务印书馆1961年版,第52页。

力,维持着其物之支配的存续。同时就他人而言,其意志自由在特定之物上所受到的限制,应当基于如下两个条件:一是该物之上事实上已经存在别人的意志支配,这是限制的根源所在;二是这种物上的既存意志,是为该他人所可以察知的。这是因为,不具客观性的纯粹主观的意志,如前文所述,因其并不构成物之意志支配,故而,在此并不存在物上的意志排斥问题;相应地,就他人而言,纯粹主观的意志,由于其是无从察知的,因此其可以被他人认为是不存在的。基于此,我们获得"人的意志不应受到其无从察知的意志的限制"的命题,是水到渠成的。

在本质上,物上既存意志限制他人对立意志的自由的背后,就是维护其自身的自由。因为就既存意志的支配对象而言,"凡是对我随意使用它的任何妨碍,就是伤害我或对我的不公正,就像侵犯我的(按普通法则能与他人并存的)自由一样"。[①] 既然任何的有悖于既存意志的自由的取得物之支配的行事,如侵夺、妨害,都必然会受到排斥,那么他人欲取得物之支配,就必须避免侵犯既存意志的自由。换言之,物之支配的取得,必须以符合意志自由的方式来实现。

二、物权的实证与物权的公示

作为人的生存与发展所必需的物之支配活动,早在人为的法权关系出现之前的时期便开始了。限于当时的社会生活条件,人对物的支配只能是以一种最简单、最原始,然而也是最基本的方式进行的。这种方式就是以物之使用价值支配为内容的物之实际控制与领管,即物之占有。由于这种占有屏蔽了现今的一切法律和物权因素,而具有如马克思所言的"不可解释"的事实性,[②]因此,本书称为"纯粹的占有"。就其理性基础而言,纯粹占有的特征包括以下几个方面:

第一,纯粹占有为满足人的需求,"自须据为己有,为实力之支配"。[③]

---

① [德]康德:《法的形而上学原理——权利的科学》,沈叔平译,商务印书馆1991年版,第59页。

② 《马克思恩格斯全集》(第1卷),人民出版社1956年版,第382页。

③ 谢在全:《民法物权论》,中国政法大学出版社1999年版,第29页。

这种鲜明的“为我所用”的意志支配色彩，早在古罗马时期，即被法学家保罗所强调。由其指出的“我们取得占有须有占有之事实与占有之意思”中的“占有意思”，被概括为占有的“心素”要件，已广为流传。①

第二，在纯粹占有下，受动于意志的行为对物事实上的控制和管领，是意志唯一的外在表现方式，即以“为我所用”为目的，是以行为上对物的“据为己有”为条件的。由于“为我所用”必然伴随着“据为己有”，所以其两者在时间和空间上，其实是一个事实。因此，纯粹占有中意志外在化的实现，完全仰赖于物之行为支配。一方面，倘若物之事实控制、管领的行为支配不复存在，则物之意志支配立即无可依托，难以为继。另一方面，在纯粹占有中，“行为支配之所在，必定为意志支配之所在”的结论是具有逻辑上的唯一性的。

由此可以看出，由于纯粹占有下物之行为支配构成了意志外在化的唯一途径，这使原本应当是无限丰富的意志自由受到了极大的束缚。一方面，在纯粹占有中的行为支配，不可能及于人的实际控制能力之外的物。所以，意志的自由的范围必然受到行为支配能力的约束。另一方面，纯粹占有下的意志活动的内容一旦超越了纯粹占有下行为支配所可以表述的能力，那么意志便与其实证完全脱节，使这种纯粹主观性的意志，丧失了现实意义。

于是，当人类的意志随着发展、变迁的社会生活，跳出了“据为己有”“为我所用”的窠臼，开始寻求更为丰富多样的意志支配方式的时候，以支配形式上的经验性、范围上的有限性以及内容上的单一性为特点的纯粹占有，就注定要被另一种更高层次的物之支配方式所取代。这种支配方式的意义是，“我不能把一个有形体的物或一个在空间的对象称为是我的，除非我能够断言，我在另一种意义上真正的（非物质的）占有它，虽然我并没有在物质上占有它”。② 这种“非物质的占有”，或者说使人的意志

① [意]桑德罗·斯契巴尼：《物与物权》，范怀俊译，中国政法大学出版社1999年版，第176页。

② [德]康德：《法的形而上学原理——权利的科学》，沈叔平译，商务印书馆1991年版，第57页。

与物之间的联系得以实现的“抽象性”的因素,就是物权。

随着“物权”这一崭新的要素在物之支配活动中的出现,纯粹占有中意志的实证与行为支配之间原本牢不可破的纽带,被断然割裂。意志摆脱了经验的行为的束缚,在无须依赖具体的物之行为支配的表彰的情况下,开始以物权为载体,作用于物,其固有的自由性从而得到解放。

然而与此同时,我们不能够忽略,物权在存在上也是抽象的,在形式上仅仅是一个观念上的东西。因此,当法律欲以物权为意志支配的载体时,一个接踵而来的问题就是,对于同样具有主观性的物权,法律又如何实现其外在化呢?

由于物权外在化的本质,即为物权上所承载的意志的外在化,因此对于这一问题,最合乎理性的答案,就是通过一个连接意志与物权——既是意志的表征,又是物权产生的依据——的中介,来实现物权的外在化。这个中介,就是法律事实。

人的意志以合乎意志自由的方式支配于物,唯有通过两个途径:一是先占;二是合意。就前者而言,先占是指对于不存在既存意志支配之物,实施支配之意志。由于该物之上本来就没有人的意志存在,因此先占者的意志对于该物的支配,自然不会与他人的意志自由发生冲突。即先占者之所以能够将物置于自己的支配之下,并排除他人的妨害,“其理由并非因为他是最先的一个人而已,而是因为他是自由意志”。[①] 就后者而言,合意是对于已有既存意志支配的物而言,既存意志与他人的意志在该物之上首先是对立的。如果他人意志欲支配于物上,且不与物上既存的意志相冲突,那么唯一的办法就是消除既存意志与他人的意志的这种对立,并使其趋向统一,即在物之支配者许可他人支配于物的同时,允诺收回其在物上的既存意志。由此所获得的“双方都放弃了它们的差别和独立性”的“意志的统一”。[②] 与此同时,先占与合意,除了在内容上均可使人在不与他人的意志相抵触的情况下,以符合理性要求的方式,实现对外

① [德]黑格尔:《法哲学原理》,范扬、张企泰译,商务印书馆1961年版,第59页。
② [德]黑格尔:《法哲学原理》,范扬、张企泰译,商务印书馆1961年版,第81页。

在物的意志支配外，其形式上的共同之处还在于均得成为意志外在化的表彰，即具有"意志外在化的自足性"。就先占而言，其无非是纯粹占有的最初形成。先占的意志与先占的行为紧密结合在一起。就合意而言，"已告成立的合意本身是一种被表象的东西……用符号给予合意以特殊定在"。[①] 换言之，就合意的形态而言其表现为双方取得一致的设权意思表示行为。[②] 与先占相同，其仍是由意思与表示两个要素构成，前者合致的设权意志，后者即为合致的设权意志的外在化。

当合意与先占这两种理性的物之支配取得方式为法律所肯定时，其便成为私法上通往物权之门的法律事实。但是，这个最为合乎理性的方案，却无法使问题有效解决。详言之，如前文所述，意志外在化的意义不仅在于使物之意志支配得以实现，而且在于向他人表明物上既存意志的存在，即基于其自身的"可得察知"，得以排斥他人的对立意志。就后者而言，以法律事实作为物权的外在化标志，是存在"先天性"的不足的：第一，就"合意"而言，合意所表彰的外化的合致意志，其可得察知范围上的有限性，与其对于任何对立意志都应加以排斥的需要之间，基于意志排斥性的理性规则，是存在尖锐矛盾的；第二，对于一个业已存在的物权而言，其赖以产生的法律事实，都是"过去发生的事实"，而为实现物上支配意志的排斥性，使外在化的意志可得为他人察知，则是在物权存续期间，对外表彰物上意志支配存在的随时需要。

由此可见，以法律事实来对外表彰物权所承载的意志，必然会使"意志的外部存在状态"与"意志的表彰需要"之间，出现空间上与时间上的鸿沟。为克服物权的实证的"恶魔之证明"[③]的困境，对外表彰物上支配意志存在的方式，却只得另辟蹊径。

如果说物权外在化的意义在于向他人表明物上支配意志的存在的话，那么，与物上意志具有内在联系且可得察知的事实，除作为物权上意

---

① ［德］黑格尔：《法哲学原理》，范扬、张企泰译，商务印书馆 1961 年版，第 85 页。

② 董安生：《民事法律行为——合同、遗嘱和婚姻行为的一般规则》，中国人民大学出版社 1994 年版，第 30 页。

③ 谢在全：《民法物权论》，中国政法大学出版社 1999 年版，第 939 页。

志的直接来源的法律事实之外，恐怕就只能是作为物权上意志的体现的物之行为支配了。[①] 详言之，表明物上的意志支配存在物之行为支配，作为物权的公示事实，其与物权之间的逻辑性联系就是：既然物上可以有我的行为支配存在，“显然”物上有我的意志存在，而这种意志“显然”是以物权作为载体的。[②]

从表面上看，较之于纯粹占有的意志表彰，物权中的意志外在化方式，出现了“终点向起点的回归”，但是，由于物权这个新的要素的产生，使得其两者之间在本质上存在深刻的差异。

在纯粹占有中，行为支配构成了意志支配与支配对象之间的中介。而物权上的物之意志支配与行为支配，因为物权的介入，在联系上呈间接性，即物之支配意志经过物权的确认，无须以行为支配作为桥梁，就可以作用于物。物之行为支配仅仅是物之意志支配的外在表现而已。进而，此时物之意志支配与物之行为支配在存在上已经彼此独立，其在时空上则出现了彼此分立的可能。

因此，在纯粹占有中，物之意志支配与行为支配之间具有必然的逻辑性联系，即行为之所在，即意志之所在。而在物权中，以物之行为支配与意志支配之间的联系，不仅是间接的，而且是或然的。物之行为支配充其量只能表明物上“可能”有支配意志，或者说承载意志的物权的存在。

由此可以看出，在物权中，法律事实与行为支配两者之于物权的关系，是截然不同的：前者作为物权的“实证”，与物权的内在本质相联系，基于意志与物权之间的唯一性逻辑关系，标志着物权的真实所在；后者作为物权的“公示”，是物权的推定状态，是人为技术的结果。其以物权的或然性外在表现为基础，意义在于使他人由物权的外在表现推知物权的

---

① 占有之于动产物，与登记之于不动产物，其法律上的物权表彰意义的根源，即在于此。虽然作为“身体把握”的占有与作为“物上标志”的登记，在形式上有显著差异，但是其本质却是相同的，即都在对外宣告，特定之物上已经有“我的”意志的存在。事实上，“当我把握某物……时，其最终意义同样就是一种标志，这种标志的目的对于他人来说，在于排斥他人并说明我已把我的意志体现于物内”。参见[德]黑格尔：《法哲学原理》，范扬、张企泰译，商务印书馆1961年版，第66页。

② 这一推理在逻辑上的唯一性，容待后文阐述。

存在。因此，物权的公示并不是物权，而只是物权的"外部影像"——它可能是物权的真实写照，也可能仅仅是一个"幻象"。法律之所以将这个影像作为物权的公示手段，原因在于，对于那些无从证明或者发现物权真实状态的人而言，这个直观的影像，或许是他们所可能认识到的与物权最为接近的事实。

三、物上既存意志的排斥力及其限制

物权的公示，其意义有二：一是表明物上是否已存在人的意志，即令人作出物上的支配意志"有无"上的判断；二是进而表明物上存在"谁的"意志，使人作出物上意志"归属"上的判断。

就前一意义而言，物权的公示事实与物权的实证，对外表述着始终一致的"有无"之判断。基于他人对于该物支配的取得，必须符合意志自由的理性法则，物权公示的这一意义，首先就是对于诸如侵夺、妨碍等"绝对意义"上的违背意志自由的物之支配取得方式的否定。[1] 以物权为载体的物上支配意志，其对于他人对立意志的排斥，是通过物权的方式实现的。物权的这种对于意志的排斥力的反映，即被称作"物权的排他性"。

就后一意义而言，其理性价值在于为欲以合乎理性自由的方式即合意，获得物之支配的他人提供途径。而要通过合意实现物之支配，首先就需要确定"与之合意的对象"，即确定物上既存意志的归属。然而，如果将物之支配的合意取得，置于物权的实证与公示相分立的背景之下，则实证的物权所承载的意志，与公示的物权所表彰的意志的"影像"，已不再是一个人的意志，而是两个人的意志了。一方面，基于物之支配的理性要求，他人只有与前者，即物权人的意志达成"合意"，才能真正实现消除意

---

① 之所以称物之侵夺、妨碍在"绝对意义"上违背了意志自由，原因在于，基于物权的公示，他人至少应当明确的一点就是，该物之上已经有"某个人"既存的意志支配。此人是谁在此并不重要，重要的是这个业已存在的支配意志是"可得察知"的。因此，只要该他人无视物权公示的这一表述，径行为该物之支配，就必然会侵害物上"某个人"既存意志的自由。而且，由其违背意志自由的绝对性所决定，不仅以物权为载体的物上支配意志得以对此加以排除（物权之诉），而且基于物权的公示的支配意志的"影像"亦得排斥之（占有之诉）。换言之，这里的法律理性基点就是"适法排除不法"。

志对立的合意目的;另一方面,这时展现在他人面前的,却只有后者,即公示事实所表彰的,事实上背离于真实物上支配意志的“幻象”。与这个“幻象”达成合意,几乎是他人依理性方式取得物上支配的唯一选择。显然,这样的“合意”,根本无从使他人意志与物上既存意志实现统一,此时其两者在物上的对立仍然存在。由此所产生的问题就是:物上的既存意志,能否基于其排斥性,或者说是基于其所依托的物权的排他性,将该他人的对立意志,予以排除呢?

首先,这个问题之所以值得提出,根源于一个理性价值判断上的悖论。一方面,从“物之支配的取得应当符合意志自由”的理性法则来看,他人基于与那个“虚幻的”合意所取得的物之支配,是不符合物之支配的理性法则的;然而另一方面,从“人的意志不应受到其无从察知的意志的排斥”的理性法则来看,由于直接表彰物上实在的支配意志的法律事实,是他人所无从察知的,因此倘若使他人受到(对他而言是“隐形”的)物上实在的支配意志的排斥,恐怕亦难谓就合乎物之支配的理性法则。由于这个悖论的存在,法律无法像断然否定物之侵夺、妨害那样,坚定地维护物之意志支配者或行为支配者的固有自由,而不得不对这两个在此发生对立的理性法则进行衡量。在这个衡量的过程中,物上既存意志与他人意志因未达成统一而形成对峙。

其次,显而易见,仅仅依靠所谓理性的思维是不可能解决这个悖论的。于是,另外一个法的价值取向在此发挥了决定性的作用,这就是法的社会价值。就法的社会价值而观,在既存的物之支配者与他人之间的对峙中,后者的地位得以凸显,即“第三人的利益实际上正是市场经济的交易秩序的化身,社会整体的正常的经济秩序就是由一个个第三人连接起来的”。① 换言之,在上述两个理性法则的权衡中,这一社会价值判断,向后者投放了决定性的砝码。法律通过对于前者的排斥力的限制,使后者“真正地”取得物上的支配。由此可见,当物之意志支配与物之行为支配不再始终统一,作为其两者在法律上表述,物权的法律事实与物权的公示

① 孙宪忠:《物权法基本范畴及主要制度的反思》,载《中国法学》1999 年第 2 期。

事实,亦出现了分立时,在物上既存意志与他人意志所形成的对抗中,法律限制前者的排斥力并强化后者于物上的支配,乃是物之支配的理性法则在物之物权支配形态中规律性的演变。进而,如果将他人依理性法则取得物之支配的过程称为“物权的变动”的话,那么用法律的语言逻辑和技术对这种理性法则的演变过程与结果所作的表述,就是所谓的“物权变动的立法模式”。

四、意思主义与折衷主义:合意的双重理性意义与“不可对抗”

人类的交换活动,总体上经历了一个由简单到复杂,由即期交易为主到远期交易为主的发展历程。在即期交易中,双方的意志除过追求“物权的变动”的目的之外,其实再无其他。因此,在即期交易中,合意的意义就在于克服双方意志的对立,消除对立意志之间的排斥。在远期交易中,与即期交易相同,交易的目的仍然是“物权的变动”。但是,所不同的是,远期交易中合意与合意的实现之间,出现了时间的间隔。这个间隔的存在,使得交易者一方的意志的改变,即反悔,成为可能。显而易见,反悔的结果将是原本达成统一的双方意志重新走向对立,进而作为交易目的的物权变动的基础,随之破坏。因此,在远期交易中,出现了“信用”的要求,即交易的实现,除了需要双方意志的统一之外,还需要双方对于意志的统一状态的维持,即双方对于各自意思表示的遵守。在这里,合意的另一理性意义显现出来,即合意中“约定的表示不是平常一般的表示,而是包含着已经成立于当事人之间的共同意志,它消除了当事人的恣意妄为和任意变更,所以问题不在于他方是否心中曾经有过或已经有了别种想法的可能性,而在于他方是否有那样做的权利”。① 因此,当交易双方的意志都“放弃了它们的差别性和独特性”②而达成合意后,每一方的意志都受到了他方意志的制约。正因如此,在双方合意之上,基于对信用的需求,“应为”的观念由此产生。众所周知,交易中信用的需求在法律上的满

---

① [德]黑格尔:《法哲学原理》,范扬、张企泰译,商务印书馆1961年版,第86页。
② [德]黑格尔:《法哲学原理》,范扬、张企泰译,商务印书馆1961年版,第81页。

足，就是作为“法律上可期待的信用”[①]的契约，而基于“应为”观念对他方践行诺言的要求，即为法律上的契约债权。

由此可以看出，交换活动的两个基本条件，即为实现物权变动所需的物上对立意志的统一，以及为维持这种消除了彼此对立的意志所需的双方对于其实证的意志的遵守，均建立在合意或者说契约的基础之上。换言之，就当事人双方而言，一项合意中，既包含物权变动的要素，又包含债权产生的要素——契约为物权的变动和债权的产生，同时提供了理性上的基础。

在此基础上，较之于折衷主义，意思主义立法例以最直白简单的法律语言，表述了物之支配的理性法则在物权变动中的要求。一方面，法律事实与物权的产生相联系，就“有主物”而言，作为法律事实的合意就与“物权的变动”相联系——“物权的变动依合意产生”；另一方面，公示事实则与他人于“有主物”上的意志支配的合理性相联系，即在发生意志间的对抗时，以排除该他人物之支配的不法性，进而限制既存物权基于“适法排除不法”的排他性的适用为其意义所在——“不具公示的物权，不得对抗[②]第三人。”

可以看出，物权变动的意思主义立法例，是最少人为干预的，因而也是与物之支配的一般理性法则最为接近和最为自然的。正因如此，意思主义完全委诸“不可对抗性”来解决物上意志冲突，并对于物权与其公示可能出现的，采取了一种完全放任的态度。其直接后果就是，由于物之支

---

① 张俊浩：《民法学原理》，中国政法大学出版社 1997 年版，第 542 页。

② 有学者在看到“不具公示的物权不可对抗第三人”的法律规则时，即直觉地认为“具备公示的物权即有对抗第三人的法律效力”。这其实是一种错觉。事实上，“具备公示的物权”，就是物权与其公示相统一的物权。就他人而言，其如欲在物权的客体上为自己之支配，只有两种选择：或是合意，或是侵夺、妨害。对于前者，他人得以基于物权公示的指引，与真实的物权人达成对立意志的统一。因此，不会出现意志的对抗。对于后者，物权人自得以依物权的排他性，直接排除之。这是物权的“适法排除不法”的排他性的问题，而不是均具有理性基础的对立意志间的对抗问题（如前文所述，这种“适法”对于“不法”的排斥的效力，同样存在于“不具公示”的物权当中）。故而，物上的意志对抗，其前提是物权与其公示的分立，其结果则是物上的原既存意志即物权，对于他人意志的“不可对抗”。因此，就“具备公示”的物权而言，并非是其具有“对抗性”，而是其不存在产生对抗问题的基础。由此可知，所谓的“某种具有对抗性”的判断，本身就是错误的。

配中物权与其公示的分立的普遍存在,“不可对抗性”导致了既存的物之意志支配,或者说既存的物权维持上的脆弱性。

因此,对于法律上物之支配的理性规则的思考与探索,必然不会因意思主义立法例的确立而止步。如果说下面的问题是如何在法律上对意思主义下脆弱的物权维持予以强化的话,且如果不能够置“人的意志不应受到其无从察知的对立意志的排斥”的理性法则于不顾,进而置与之联系的社会财产秩序于不顾的话,那么,避免物上意志对抗的发生就是必然的途径。进而,力求使得物权的实证与物权的公示状态相一致,则无疑是这一问题的唯一的解决方法。根据这一思路,上述问题的答案就应当是,将物权公示的事实,人为地引入物权的实证事实之中,使之成为物权实证事实的组成部分。或者说,使之构成法律上物权变动的成立要件。在此基础上,物权变动的“公示成立主义”立法例遂告建立。由于公示事实被引入物权变动的法律事实,合意已不能再因双方意志对立的消除,而足以引起物权的变动了。换言之,物权的变动,除过合意事实之外,还需公示。这就是物权变动的“公示原则”。[①]

然而,我们不能够忽略,公示原则之下,物权实证与物权公示的分立,其实并没有得到根本性的杜绝。其原因在于,在公示成立主义之下,作为法律事实的公示要件与作为物权推定的公示事实之间,仍然存在分立的可能。详言之,作为法律事实,公示要件与合意相同,都仍然是物权成立之前或者成立当时发生的事实。要维持物权公示与实证的始终如一,就必然要保证随着物权成立而确立的物权人的物之行为支配,不会在物权存续期间,为非物权人的行为支配所取代。显而易见,这是不可能的。那

---

① 在“物权变动的公示原则”与“物权公示”的关系上,学界存在前者为后者的前提的观点,即认为因为物权的变动须经公示,所以作为一项抽象的法律范畴的物权,才有了公示的可能。这种观点是不正确的。其实,恰恰相反,正是由于物权的公示事实具有公示物权的作用,因此才被选作物权的成立要件的,进而才引起“公示原则”的确立。进而言之,物权公示事实的物权公示作用,来源于其与物权之间内在的关联性(虽然这种联系是或然性的),且作为无从察知物权实证的他人判断物权归属的唯一依据。公示事实与物权之间的这种内在的关联性,其实也并不以“前者构成了后者的成立要件”为唯一内容——立法上,“公示成立主义”与“公示对抗主义”两个立法例的存在,就清楚地说明了这个问题。

么，如果发生这样的情况，物权成立时合意要件或许尚存内部客观的权利实证，而公示要件此刻早已烟消云散了。在这种情况下，对于欲取得物权，而又无从察知物权实证的“他人”而言，与公示事实上推定的物权人达成合意，乃是唯一的选择。质言之，上述的物权变动时的公示要件，与物权存续中的公示事实的分立，本质就是作为法律事实的物权实证，与作为物之行为支配的物权公示的分立。由于其根源于物之物权支配中，意志是以抽象的物权为载体支配于物的，而根本无须依托于具体的物之行为支配，因此，这个问题是无法杜绝的。

相应地，法律仍不得不如公示对抗主义那样，最终通过对该他人的“公信力”保护和对既存物权人意志排斥力的“不可对抗性”限制来解决。事实上，当法律将与物权仅有或然性联系的物之行为支配事实作为公示的事实时，一个基于上述理性考虑的法律逻辑便已经产生：对于无从察知物权实证的他人而言，物权公示之所在，就是物权之所在。这种公示事实所具有的得以作出的法律所承认的物权推定的效力，法律上称为物权公示的“公信力”。[①] 由此可以看出，公示成立主义之下，物权变动的理性基础，仍然是以合意作为他人不受既存意志的排斥，并以合于意志自由的方式获得物之支配的理性途径的。法律对于物权变动的公示要求，并非有意赋予其某种独立的理性意义，而是欲使合意的这一理性意义得以公开罢了。由此来看，就维持物权与其公示相统一的意义而言，公示成立主义与前述的公示对抗主义相比较，除在物权变动的发生上多了一个法定的“标志式”事实之外，并无其他实质性的差别。

---

① 作为对于物权的实证事实，即法律事实的较弱的可察知性的补足，公示的公信效力以他人“无从察知”（法律上称为“善意”）为前提，这也是他人的意志虽与物上既存意志相对立，却不应受后者的排斥的理性基础所在。倘若他人不具备上述前提，明知或应知物权的真实状态与公示状态的不符，那么对其而言，以“不知”为前提，以“推定”为本质的公信是没有意义的。倘若该他人与非物权人的物之行为支配者经合意而取得物之支配（法律上称为“恶意”），自然无从与物上既存意志发生对抗，而应受到与之对立的既存意志的排斥。实务中，基于法律事实的可察知性较弱这一“普遍性”，当事人的“善意”为一般状态，具有无需证明的推定效力，而其“恶意”则为特殊状态，可以由对方当事人的事实证明，推翻“善意”的推定。综上所述，公信力与善意第三人制度是紧密联系的，脱离开物权公示的公信力，将对于当事人的善意与否的识别，建立在纯粹的“主观心理判断”的基础之上，是没有意义的。

然而，如前文所述，合意同时构成了债权产生与物权变动的理性基础。但是公示要件所对外公开昭示的，却仅仅是合意的内容当中的“一部分”，即物权变动的理性基础部分，而“另一部分”，即合意中的债权产生的理性基础部分，作为“物权变动”法律事实的公示要件，是没有可能，也没有必要将其昭示于众的。这使合意的上述的“两个部分”，各自具有了不同的法律意义。

首先，在物权变动的交易当中，交易者的合意因此被进一步细化为“物权变动要素”与“债权产生要素”。在公示成立主义之下，公示要件与合意的物权变动要素相结合，在法律上导致物权的变动，而合意的债权产生要素则独自引起债权的产生。换言之，由于公示要件在法律事实中的存在，激活了构成合意的这两个要素之间原本潜在的区别。[①]

其次，上述合意当中的“物权变动要素”与“债权产生要素”之间的关系以及各自的性质如何，由此成为一项重要的问题。对于这一问题的不同认识，导致了公示成立主义之下立法模式的再次分化。事实上，合意的“物权变动要素”与“债权产生要素”的关系问题，其实就是目的与手段的关系问题。一方面，合意中债权产生要素之于物权变动要素的意义，在于通过维持决定物权变动的意思合致的交易条件，来维持物权变动的意思合致。因此，手段的意义并不在于其本身，而在于目的的实现。另一方面，基于手段之于目的的不可或缺性，交易者在追求物权变动的意志目标的驱使下，存在刻意地塑造与物权性质迥异的契约债权的意志内容。加之伴随着社会交换形式的日趋复杂，契约债权之于交易目的实现的重要意义愈加凸显，这使合意中作为目的的意志与作为手段的意志之间的相异性愈加明显。

应当明确的是，上述合意中的物权变动要素与债权产生要素之间关系的两重性的结论，仅仅基于观察方法的不同所致，其并无碍于“一个”

---

① 事实上，这两个要素也存在于前述公示对抗主义下的合意之中，而且公示对抗主义所赖以建立的理性基石，即“合意同时为物权变动与债权产生提供了理性上的依据”，正是来源于此。只是在这一立法例之下，合意的两个要素是共同地（而不是各自独立地）发挥法律上的作用，因而没有必要对其两者加以区分。

合意得以蕴含“物权变动”与“债权产生”的双重理性意义，即这两个紧密联系的不同要素实际上统一于“一个”合意之中。

基于合意中物权变动要素与债权产生要素所蕴含的双重理性意义，使物权的变动建立在合意的物权变动要素基础之上，并以公示要件对于物权变动要素的理性内容加以公开的立法例，遂告建立。这就是公示成立主义之下的“折衷主义”。折衷主义下，合意本身不能独立引起物权的变动，并不意味着其不具备引起物权变动的理性基础。只是由于物权变动的公示原则的确立，抑制了这个理性基础在法律上的独立效力，而与公示要件的结合，恰恰是其抑制的解除和效力的释放。

此可以看出，公示成立主义之下的“折衷主义”立法例，与前述的公示对抗主义立法例其实并无不同：一方面，其均是建立在合意的双重理性意义的基础之上的。另一方面，其均是基于公信原则，以不具公示物权的“不可对抗性”来解决因物权的实证与公示的分立所引起的意志对峙。换言之，上述两种立法模式的理性基础，均为物之支配的理性法则的自然延伸。

五、“形式主义”立法例理性基础的辨析与质疑

如前文所述，公示成立主义的确立，的确使得合意在具有独立引起债权产生的法律效力的同时，丧失了导致物权变动的独立的法律效力。基于此，一个以合意独立的法律效力为着眼点的理论，就此形成。根据这个理论，由于合意在法律上仅得独立引起债权的产生，故而将其归纳为引起债权产生的“债权合意”或者“债权行为”。进而，赋予公示要件以独立的理性基础，即认为在债权合意之外，还存在另一个独立的合意。其以当事人物权变动的意志的合致为内容，并且使之与公示要件相结合。这个合意，被称作“物权合意”或者“物权行为”。当这个“物权行为理论”被付诸立法时，这个立法例，则被称为“形式主义”立法例。

较之于折衷主义，形式主义立法例下的合意，由于其只具有独立引起债权产生的效力，在形式主义立法例中被称为“债权合意”。由此产生的第一个问题就是，形式主义下的“债权合意”，是否还具有引起物权变动

的理性要素,就像这个事实在折衷主义之下那样?

答案应当是肯定的,即形式主义下所谓的"债权合意",其实仅仅是就合意独立的法律效力而言的。因而法律上"债权合意"的定性,是无法否定这个合意当中作为物权变动要素的物权变动的合致意志的存在——意思主义与折衷主义均是以此为理性上的基础。"在日常生活用语中,甚至在法律工作者简略式的表达方式中,买卖行为和转移所有权行为二者往往是混杂在一起的。把自己称为某项物体的买受人者,一般并非仅指债权行为,而且想说明自己通过买卖行为而成为该物的所有人。"①抽去物权变动要素的债权产生要素,或者说不含有任何物权变动目的的"纯粹的"债权合意,是无法想象的。因此,"债权合意"仅仅独立引起债权产生的法律效力,并不导致这个合意中仅仅具有引起债权产生的理性要素。

应当指出的是,通过法律事实之法律效力,来确定该法律事实的理性意义的观察方法,本身就是错误的。事实上,形式主义下的"物权合意"同样不具有独立引起物权变动的法律效力。正如依形式主义立法例所赖以建立的物权行为理论的首创者所断言的,"仅该意思表示作为一个完整的交付是不够的,因此还必须加上物的实际占有取得作为它的外在行为"。② 即形式主义下的"物权合意"之于物权变动的关系,与折衷主义下的合意之于物权变动的关系,其实是完全一样的。那就是都必须与公示要件相结合,方才具有独立的法律意义。换言之,形式主义下的"物权合意"与物权变动法律后果的距离,并不比其"债权合意"或者折衷主义下的合意来的更近。换言之,形式主义下的物权合意,内容上不过是对于债权合意中的物权变动要素的"复述"罢了——如果它真的存在的话。

事实上,形式主义立法例的本旨,与其说在于使"物权合意"的概念独立化,不如说在于使物权变动的结果独立化。详言之,基于"债权合意"与"物权合意"概念上的区分和彼此的独立,后者得以成为物权变动的"唯一"的理性基础。由于物权变动的后果法律上直接与"物权合意"

---

① [德]迪特尔·梅迪库斯:《德国民法总论》,邵建东译,法律出版社 2000 年版,第 174 页。

② 孙宪忠:《德国当代物权法》,法律出版社 1997 年版,第 58 页。

相联系，故而“债权合意”对于物权变动的后果，不再具有法律事实的意义。于是，“物的履行行为（比如动产的交付）的效力只与物的合意成因果关系，而不与债务关系成因果关系……当原因行为被撤销时（比如一个买卖合同被宣布无效时），依此原因行为所为的物的履行行为（比如出卖人将标的物交付给买受人的行为）却不能当然失效，因为当事人之间的物的合意并未失效，物的取得人因此取得的物权不能随之撤销”。① 这个为形式主义立法例所肯认的“物权变动结果不受债权合意效力影响”的学说，即为物权变动的“无因性理论”。

一个较为流行的观点认为，物权行为概念的独立性，可以摆脱物权行为的无因性效力而单独存在，这即是所谓的“采纳物权行为概念，而否认其无因性”的观点。据说这样做有利于物权与债权之不同性质的权利的区分以及法律关系的明确。这种观点的欠妥之处在于：

首先，这种观点站在形式主义的立场上，用“债权行为”的概念来认识意思主义和折衷主义之中的“合意”，对于尤其是意思主义下“未予公示”的“债权行为”也能引起物权变动的做法予以指责，从而忽略了意思主义与折衷主义下的合意物权变动要素的蕴涵。须知，引起物权变动的法律事实的理性重心，乃是在于合意，即物上对立意志的消除，而并不在于公示。公示要件不过是公开合意内容的技术手段，其本身无法为物权的变动提供理性的支撑。事实上，“债权契约”的概念，是相对于“物权契约”而言的，只有当后者成为一个法律范畴时，前者才具有独立的法律意义。质言之，这种观点所采取的以法律事实的法律效力来确定其理性意义的观察方法是错误的。

其次，这种观点将“债权与物权的概念得以清晰”的效果，归因于“物权行为”概念的确立，从而忽略了这种效果事实上乃是依赖于债权关系与物权关系发生上的“非同步性”，进而忽略了这种“非同步性”乃是根源于形式主义与折衷主义的共同上位概念——公示成立主义。换言之，随着公式事实被引入物权变动的法律事实构成，并与合意的物权变动要素相

① 孙宪忠：《德国当代物权法》，法律出版社1997年版，第63页。

结合，债权与物权发生上的“非同步性”即告实现，而与人们对于合意当中的两个要素的认识，如其中的物权变动要素是否应当被视为一项独立的合意无关。因此，“有利于债权物权的区分及法律关系的明确”的特征，并非形式主义之物权行为概念所独有，其在折衷主义下，同样具备。

综上所述，如果将物权行为的独立性与无因性割裂开，则形式主义之下的物权变动，事实上就是建立在与折衷主义完全相同的理性基础之上的。这两个立法例中物权变动的基础，均是以“消除双方意志对立”为内容的合意。只不过这个内容在折衷主义下是一个合意的组成要素，而在形式主义下则被视为一项独立的合意了。换言之，将这个引起物权变动的合意内容，是否当成一个独立的合意，在理论上以及实践中将不具有任何意义——如果形式主义的确也如折衷主义那样，仅仅是为了给物权的变动打造一个法律上的标志的话。

在形式主义之下，其所谓的物权变动的“无因性”，并不意味着物权变动的后果可以脱离人的意志而单独存在，而是法律上将物权变动建立在物权合意的理性基础之上，并与债权合意脱离了“因果关系”而已。换言之，“无因性”的实质是物权变动“另有其”独立于债权合意的理性基础，即物权合意。如果这个基础不复存在，那么物权变动的后果将不可能发生——即使此时已经发生了公示要件事实。进而可以看出，无因性理论的理性上的支点，就是“使设立债权的意志具有效力瑕疵的法律上的病毒，因物权合意的独立性，不会传染给设立物权的意志”这一判断。

然而，这个判断是非常牵强的。合意作为双方法律行为，其由主体、意思表示和标的三个要素组成。其中主体要素与标的要素，在债权合意中与物权合意中是同一的。故而债权合意中主体要素的瑕疵（如行为人欠缺相应行为能力）与标的要素的瑕疵（如标的的不法或有悖于公序良俗），将直接构成物权合意当中的瑕疵——形式主义立法例下对于无因性理论的限制的学说，就是由此展开。意思表示要素，则集中地反映为物权变动交易的条件，构成物权合意中主体意志形成的利益基础。如果这种交易条件在法律上的确定和维持不复存在，那么形成交易动机的基础就会动摇，进而这种交易动机，即追求物权变动的意志内容就会随之不复存在。因此,作为目的与手段的关系,物权变动要素与债权产生要素在指向上应当是相互一致的。否则,目的意志要素与手段意志要素南辕北辙之处,必定是意志自由遭受限制或者扭曲之处。由是观之,倘若债权合意中的债权产生要素出现了法律瑕疵,那么这个瑕疵将直接指向该项合意中的物权变动要素本身或者它的形成基础。而其后伴随着公示要件的那个内容上无非是债权合意中的物权变动要素的“复述”的物权合意,如何得以凭借其概念上或者说形式上的独立性,来屏蔽其内容上的瑕疵?如果实在要寻出这个支撑无因性理论的判断的法律实证,那恐怕就是因无涉意志内容,故不会牵连物权合意的意志的“要式”债权合意的形式要件上的瑕疵了。即便如此,无因性理论作为一项法律准则,就其应当具有的普遍适用性而言,恐怕也是难谓允妥的。

其实,“无因原则并不能产生取得人虽无有效原因行为也能保留其所取得物权之后果。即使不存在瑕疵同一性情形,取得人也必须……将‘无法律上的原因’所取得的东西予以返还”。[①] 如果不考虑不当得利之债的返还请求权与物权请求权效力上的差异,或者假定权利——无论是不当得利之债权,还是物上请求权——都是会顺利地得到实现的,那么无因性理论对于欠缺债权合意的物权变动的结果,最终仍然是持有一种否定态度的。[②] 就这一点而言,其与折衷主义立法例并无二致。

---

① [德]迪特尔·梅迪库斯:《德国民法总论》,邵建东译,法律出版社 2000 年版,第 178 页。

② 在这里,无因性理论应该说是存在一个悖论的。就物权变动的无因性来看,既然物权的变动系于物权合意之上,那么其理应只与物权合意同其命运。如果假设债权合意存在瑕疵,且该瑕疵不会影响到物权合意的话,那么物权变动的后果就应当是没有瑕疵的,即不应存在不当得利的返还问题;就不当得利而言,如果不当得利之债是以利益获得的“无法律依据”为产生前提的话,那么形式主义下的物权合意之于物权的变动,难道不构成法律上的依据吗?退而言之,如果将“物权的取得”这一利益所需的法律依据定位于债权合意的话,当债权合意因瑕疵而最终无效时,其影响的范围将不仅限于“已取得的物权能否维持”,而且连“该物权能否取得”亦成为问题。由此可以看出,在物权变动的无因性给予物权的变动脱离债权合意影响以肯定的评价的同时,不当得利返还制度却又给予其否定的评价。换言之,无因性理论的悖论就在于,它一方面使物权变动以物权合意为基础,或者说其与物权合意形成了“因果关系”;另一方面却又以债权合意作为物权变动的法律上的“原因”。

事实上，无因性理论的建立目的并不在于调整交易者双方的物权义务关系，而在于调整交易者双方与他人，即第三人之间的关系问题。“物权行为无因性之理论，本身在某种程度具有保护交易安全之作用，此最为学者所重视。”①换言之，对第三人利益的保护，才是无因性理论的旨趣所在。

无因性理论对于第三人利益的保护，是基于这样的模式：在物权的处分人向其后手（第三人）处分物权时，倘若处分人与其前手关于物权变动的债权合意是无效的，基于无因性理论，处分人向第三人的处分行为仍然为“有权处分”。相应地，一方面处分人的后手得以顺利地获得物权，另一方面处分人的前手对于处分人的不当得利的返还请求权，则因物权的优先性效力而被处分人的后手业已取得的物权所破除。这个模式，使得第三人得以基于物权的公示外观，确定交易对象物权享有的事实，而“不必对其前手们之间的原因行为进行考察。这些原因行为的无效，不影响让与人享有物权”，进而“维护法律交往的方便性和安全性”。②

从表面上看，无因性理论在保护第三人利益的机理上，与物权的公示之公信力原则似乎是相同或者相通的。但是，进一步分析可知，其两者的理性基础，在本质上是截然对立的。

如前文所述，公信力原则根源于法律对于物权实证与公示之不可避免的现实的正视，基于物之支配中“人的意志不应受到其无从察知的他人意志的排斥”的理性法则，赋予物权的公示事实以独立的法律意义，并通过分立与公示事实的物权的“不可对抗性”来解决物上的意志对峙。在这里，原物权人的“不可对抗性”的背面，就是第三人的“从无物权人处取得物权”。

而无因性理论在第三人利益保护上的基点，在于通过保障权原上的正当性，来保障物权取得上的正当性，即“无因原则是以这样一种想法为

---

① 王泽鉴：《民法学说与判例研究（一）》，中国政法大学出版社1998年版，第265页。

② ［德］迪特尔·梅迪库斯：《德国民法总论》，邵建东译，法律出版社2000年版，第178页。

出发点的:只有在物权的让与人是物权人的情况下,物权的继受取得(传来取得)才肯定能成功”。① 换言之,“正当的权原,是物权取得的必要条件”,或者说“物权只能从物权人处取得”的判断,正是无因性理论之所以建立的基础。

因此可以看出,无因性理论并不能如通常认为的那样可作为公信力原则的基础,相反,其在本质上是对公信力原则的否定。因为,无因性理论不是正视因必然存在的物权的实证与公示的分立而无法避免的意志间的对抗,而是试图凭借物权变动结果的无因化,来消除物权的实证与公示的分立,以避免这种对抗的发生。

然而,这种努力是不会成功的。首先,就物权的固有特点来看,如前文所述,引起物权与其公示的分立的原因,并不仅限于物权变动的公示要件发生后而债权合意无效的场合,登记错误、占有改定和指示交付等诸多的其他场合也会发生这种情况。那么,在这些场合下,对于第三人可否根据物权的公示事实,从“无物权人处取得物权”的问题,无因性理论是无法回答的。其次,就无因性理论本身的机理来看,其为避免因债权合意的难以察知性而造成第三人的损害,将债权合意隔绝于物权变动的法律事实之外,而使物权变动建立于物权合意之上。然而问题在于,物权合意作为物权变动的双方当事人的“内部”意思表示,其与债权合意具有完全相同的难以察知性。因此,无因性理论在使第三人不必考察前手之间债权合意的有效性问题的同时,却又将前手之间物权合意的有效性问题摆在了第三人面前。

可以看出,无因性理论在第三人利益保护上,是存在其自身无法解决的重大缺陷的。这些根源于这个理论本身的缺陷,最终只有依赖于公信力原则,这个不可能为无因性理论所包容而只能存在于该理论体系之外的法律原则来弥补。这正是在肯认无因性理论的形式主义立法例中,仍需保留公信力原则和公示事实的物权推定制度的原因。

---

① [德]迪特尔·梅迪库斯:《德国民法总论》,邵建东译,法律出版社2000年版,第177页。

反过来,法律对于公信力原则的肯认,就意味着“取得人不仅仅可以从物权人那里取得物权,而且也能够从非物权人那里善意取得物权”。[①]在公信力原则之下,无因性理论的“物权只能从物权人处取得”的出发点,其实已不复存在。这就使人不能不对于这个理论在理性上、法律上和实务上的实质意义,或者说其存在的必要性,产生根本性的怀疑。[②]

---

① [德]迪特尔·梅迪库斯:《德国民法总论》,邵建东译,法律出版社2000年版,第179页。

② 如果说在公信力原则之下,是否认同无因性理论,对于第三人的利益仍然存有影响的话,那就是第三人在无法依公信力原则取得物权时,却可以依无因性理论取得物权的情况。这种情况只有在一种场合下才会发生,即第三人明知或者应知其前手们的债权合意无效而受让物权的场合。应当明确的是,在这一场合下,第三人并没有交易中的法律风险,即其可以基于其对交易信息的掌握情况和条件,根据法律上的制度安排,作出是否从事交易的决策,且这些决策的要素都是确定的。因此,在这一场合中,法律所面临的问题其实是是否以牺牲物之支配的理性法则为代价,即在第三人可得察知物上既存意志的前提下,仍使其意志不受排斥,从而鼓励交易的问题——这已与第三人利益的保护或者说社会交易秩序的维持无关了。

第六章　让与担保及其视野下的典制

第一节　让与担保交易的机制及其与物权法典的关系

一、形式上的"让与"与目的上的"担保"

让与担保，是指债权人与担保人通过移转财产归属权利合同，使债权人获得原先属于担保人的财产上的归属性权利，从而在其债权到期不能实现时，能够在该业已由其取得的财产上，获得受偿的交易方式。让与担保，必须以债权人对担保人或第三人享有债权为基本条件。否则，"债权不成立时，则欠缺为让与担保的权利移转之法律上的原因"。①

让与担保作为"所有权担保"的一种形式，其首先表现为一种"让与交易"，即其以移转担保财产的归属权利（如物之所有权、债权、知识产权等）为法律的表现形式，而当事人的债权担保目的，则蕴含于由此而产生的"归属权利移转"的法律逻辑结果之中。因而，"让与担保就是'为了担保'把标的物的所有权转让给

① 史尚宽：《物权法论》，中国政法大学出版社2000年版，第427页。

债权人(买主),外形上债权人作为所有权人出现。然而,即使是所有权转移了,其目的也只不过担保的设定”。[①] 由此就不难理解,学理上关于让与担保性质的“所有权说”与“担保权说”分歧的根源:前者不过是从交易的法律逻辑而言的,后者则是从当事人的交易目的而言的,仅此而已。

需要指出的是,在法律逻辑的层面上,让与担保交易所让渡的,只能是财产归属权利本身,如所有权,这决定了让与担保交易的质的规定性,非此不能满足让与担保交易担保功能实现条件。因此,任何将当事人担保的目的提升到法律逻辑层面的学说,都是难以成立的。例如,将交易中所让渡的权利直接定位为作为“他物权”的担保权论,其最大的破绽就在于法律定性与法律机制之间的矛盾:既然担保财产并未脱离担保人的责任财产,债权人何以阻却担保人的一般债权人在该项财产上的受偿请求?这种认识,本质上是对在各国物权法至今尚未对让与担保权作出物权性界定,而这种交易却业已蓬勃发展的客观事实的视而不见。又如,将交易让渡的权利界定为“形式的所有权”,而担保人则保留“实质的所有权”的所有权论,其不足之处更是显而易见:在以一物一权原则作为支柱之一的物权法体系上,此论无法回答“该财产到底是谁的?”如果像很多学者那样,认为“对外而言是债权人的,对内而言是担保人的”,那么这种认识不仅违背了一物一权原则,同时还与物权的“绝对性原则”发生冲突。因为物权的绝对性原则的内容就是,“在权利人所享有的绝对支配权力的作用上,物权可以针对任何人而主张”。[②]

从法律行为的意思表示理论来看,当事人意思表示的过程,可以依次排列为动机、目的意思、法效意思和表示行为四个阶段。[③] 这四个阶段在让与担保交易中得到了完整的体现:当事人在该项交易中的动机,是多样的,以融资借款为主;债之担保为其目的意思;权利让与则属于法效意思。

① [日]近江幸治:《担保物权法》,祝娅等译,法律出版社2000年版,第251页。

② [德]鲍尔、施蒂尔纳:《德国物权法》(上册),张双根译,法律出版社2004年版,第58页。

③ 董安生:《民事法律行为——合同、遗嘱和婚姻行为的一般规则》,中国人民大学出版社1994年版,第225页。

在这四个阶段中,直接决定着当事人行为后果的意思,乃是法效意思,而非目的意思或者动机:目的意思只有在法效意思与其发生背离时,如虚假行为或错误,方才具有矫正法效意思的意义;[①]至于动机,因其变化多端,无从把握,故从来不能作为影响法律行为效力内容的因素——“只要当事人间有要约与承诺之意思,买卖契约即告成立,动机随之与法律行为脱离关系,盖法律行为之法律效果,系依当事人之意思表示确定,非依动机来判断”。[②] 由此,让与担保交易的结果,由当事人财产让与的法效意思所决定,只能是使债权人获得完整的(而不是相对的)所有权(而不是他物权)。

由此可见,让与担保交易作为一种以担保为目的的让与交易,在“让与”的层面上,其法律后果与普通的让与交易并无不同。“担保所有权的基础是‘真实的’转移,它显然是将完整的所有权赋予给了被担保人。”[③]

二、“创设”还是“加工”:让与担保的机制与物权法典的调整目标

那么,在让与担保交易中,“让与”形式何以能够实现“担保”目的呢?从法律机制上看,其原因在于:用于担保的财产,因让与担保的成立,已经归属于债权人,即“脱离”了担保人责任财产的范围。由此,从“自己财产、自己责任”的民法法理出发,该项财产不再作为担保人的一般债权人之债权受偿的物质基础,债权人遂得到了对该财产的独占性。这一机制,使得让与担保明显区别于典型的物权担保:典型的物权担保,其担保目的并不是通过将担保财产从担保人责任财产中分离出去而实现的,而是赋予债权人在担保人责任财产的特定范围内的排他性价值支配权,使之“优先”于担保人的一般债权人。在这里,典型担保物权“优先受偿”的依据,来自于“物权优先于债权”的法理,其与让与担保所遵循的“自己财产、自己责任”的逻辑,迥然不同。

---

① [德]迪特尔·梅迪库斯:《德国民法总论》,邵建东译,法律出版社2000年版,第446、567页。

② Jhering, Geist de romischen Rechts 111 Teil 5 Aufl. S. 210 f. 转引自林诚二:《民法理论与问题研究》,中国政法大学出版社2000年版,第71页。

③ [德]罗伯特·霍恩、海因·科茨、汉斯·G. 莱塞:《德国民商法导论》,楚建译,中国大百科全书出版社1996年版,第204页。

可见,在典型的物权担保中,担保权人要在担保人的责任财产上,抑制一般债权人的请求,获得优先受偿,就不能不依赖于法律对于此项排他性权利的“特别规定”。这种“特别规定”的意义,就在于确定此项权利的“物权”性质,从而纳入民法上“物权与债权的关系”这一逻辑结构之中。比较而言,让与担保交易中“自己财产、自己责任”的法律机制,则直接根因于权利能力制度,即权利能力作为民事主体权利与义务的“驻足集散”的载体,[①]必然会派生出“权利是我的,义务是我的,我以我的财产来承担我的责任”的观念。由此可见,让与担保的法律机制的确立,仅以权利能力制度为条件,而与物权法定主义无关。进而,在“自己财产、自己责任”的法律机制确立后,当事人的让与担保交易的实施,又转向合同自由原则:当事人完全可以通过合同,在民法一般的让与交易制度框架之内,促成担保财产与担保人责任财产的分离,实现担保目的。换言之,让与担保之交易目的的实现,取决于“让与”交易之完成,其根本无须借助于物权法典的“规定”,而是直接依据权利能力制度与合同自由原则,通过普通的让渡财产权利的交易形式即可实施。

因此,将物权法典对于让与担保的“规定”视为此种交易之存在前提的认识,是错误的。一种常见的观点认为,在我国的物权立法中,之所以需要“规定”让与担保,理由就是让与担保具有典型担保物权所不具有的广泛适用性。然而,这种观点所忽略的,这是让与担保如此广泛的适用性,恰恰来自于这种交易摆脱了“物权法定主义”的束缚,而仅仅以“合同自由”以及“非专属的财产权利”均得让与为其条件。因此,从“广泛的适用性”出发,只能够得到“物权法典无须对让与担保进行专门规定”的结论,而不是相反。事实上,在法律与社会生活的关系上,“法律惯常只提供一个框架,在这个框架中,我们以行为来塑造生活之时,我们才由于我们的行为不间断地受控于法律。法律在其中对我们的生活起着决定性作用这一形式就在于,法律告诉我们,我们应该如何具体地行为”。[②] 在大陆

① 曾世雄:《民法总则之现在与未来》,中国政法大学出版社2001年版,第80页。

② [德]卡尔·恩吉施:《法律思维导论》,郑永流译,法律出版社2004年版,第44~45页。

法系各国物权法典至今未对让与担保做出特别规定的背景下,这种交易形式得以产生和发展的事实,即表明后者乃是在民法一般规则的制度“框架”下运行的。

这并不是说,物权法典是否应当“规定”让与担保的问题,乃是一个假问题。只不过,我们必须明确所谓物权法典的“规定”,到底“规定”什么?事实上,物权法典对于让与担保的“规定”,其立意不可能在于使这种交易得以存在,而只能在于降低这种交易在民法的一般逻辑结构中所面临的风险。必须承认,让与担保交易中当事人的“担保”(而不是“让与”)的目的,决定了当事人的交易目的,并不仅仅以“债权受偿”的基本目的为限:一方面,对于债权人,其在取得担保财产之后,仍然有继续保有该项财产的归属性权利之需要。否则在债权实现之前,担保财产转由第三人取得,债权人担保之目的就将随之落空。另一方面,对于担保人,其在移转财产予债权人之后,也仍然有在债权人的债权实现时,重新获得担保财产的归属性权利的要求。由于让与担保交易在民法的一般规则下表现为普通的让与交易,上述当事人的担保目的被屏蔽于法效意思之外,无从得到反映,因而存在交易风险。如当事人对担保财产的擅自处分以及债权人破产,就会导致这种风险的发生。

对于这种风险,法律可以采取的态度,无非有两种:一是将其看作正常的让与交易中的风险,通过既有的制度框架,如权利转让、公示公信原则、善意取得以及损害赔偿来解决之。如果这样,自无需特别规定让与担保制度,因为民法一般的逻辑体系,足以提供问题答案。二是将当事人的担保目的,纳入考虑范围。于是在现有制度体系之外,对这种风险进行干预。这就需要在物权法典中特别规定“让与担保”制度,从而创制出一个有别于普通的让与交易的让与担保制度体系。

由此可以看出,在物权法中专门制定“让与担保”制度,其目的并不在于“创设”,而在于“加工”。在此立法目的之下,物权法“应否”规定让与担保制度的问题,于是就演化为其“能否”对让与担保交易中的内部风险进行干预、控制的问题了。显然,对于这一问题的判断标准,计有以下两端:

第一,在物权法典中制定“让与担保”制度,旨在阻却一般的让与交易规则在让与担保交易中的适用。倘若立法者无力阻碍民法既有逻辑体系作用的发挥,则特殊的“让与担保”制度就建立了可能。

第二,作为一个新的体系,其必须是民法既有的逻辑体系在一个新的领域的延展。“实证法秩序内在的一致性,其一方面是法学体系化工作的成果,另一方面则是一种先决规定,籍此,(作为人类精神活动产物的)法秩序内的一些规范性及其目的性关系,彼此才不至于混沌一片。”[①]如果在这个领域的内部,无法实现民法逻辑体系的贯通,则该制度的存在将意味着对民法原有体系的冲击和破坏,因而特殊的“让与担保”制度就建立了可能。

从风险来源上,如上文所述,其主要以当事人的擅自处分和债权人的破产为诱因。由于后者乃属于破产法应当规范的问题,故本书以前者作为讨论的重点。

三、公示困境:让与担保风险控制的可行性分析

(一)动产让与担保中擅自处分行为的防止

动产让与担保交易,在担保人取得担保物所有权的同时,担保物可能由债权人所占有,也可能继续由担保人所占有,即其可以通过现实交付来完成,也可以通过占有改定来完成。兹就这两种情况下的风险控制的可行性进行分析。

1. 依现实交付而设立的动产让与担保

在动产担保物为债权人所占有的情况下,债权人此时处于强势地位。这就意味着,在此只存在债权人擅自处分其所占有的担保物予第三人,从而使担保人日后收回担保动产所有权的期望破灭的风险,而不可能存在因担保人处分该担保动产,危及债权人担保利益的情况。

在债权人处分担保物给第三人时,根据民法的一般规则,第三人可依债权人的“有权处分”行为,获得相应物上权利。担保人唯得根据其与债

---

① [德]卡尔·拉伦茨:《法学方法论》,陈爱娥译,五南图书出版公司1996年版,第47页。

权人之间的债权约定,通过损害赔偿请求权,以兹救济。如果物权法典意欲阻却民法一般规则在此的适用,便需使担保人重新获得担保物所有权的预期,具有对世效力。在不得触动民法上"人不应受到其不可察知的权利之影响"的法理原则前提下,物权法典必须将"担保人在债权实现时要收回担保物的所有权"的交易目的,公之于众。这就引出了让与担保交易中担保目的的公示问题。

让与担保的公示,旨在公开当事人的"担保目的",从而使之区分于一般的让与交易,阻却甚至否定常规的动产占有的公信力。显然,要排除"事实"的公信力,只有通过"文义"的方式。

动产让与担保中的文义公示,无外乎两种:一是物上标记;二是登记。就物上标记而言,现实交付的让与担保,担保物系为债权人所占有,物上的标志也就同样处于债权人的控制之下。当债权人决定向第三人处分权利时,物上标志所带来的阻碍并不大于让与担保合同自身的约束力所带来的障碍。对于第三人而言,倘若债权人消除物上标志、向其处分标的物,法律无法苛求第三人无视占有的公信效力,而"应知"原来物上标志的存在。再就登记而言,众所周知,民法动产物权变动的公示方法,必须以占有为一般方式,登记为例外情况,后者采取类型法定主义。由于动产让与的交易,其适用范围除过限制流通物之外,几无限制;又由于任何一种动产的让与交易,却都无法排除当事人担保目的的存在,因此一旦法律摆脱类型法定主义的约束,而将动产让与担保的公示,一概寄托于登记方式,那么占有传统的公示效力就将面临瓦解:无论动产让与担保的登记在现实生活中发生的频率是多么小,所有的动产受让人都不得不开始考虑,在出让人占有事实的背后,是否还存在另外的登记。倘若登记成为了动产交易之中不可或缺的考虑因素,那么不仅传统的占有的权利正确性推定效力将被破坏殆尽,而且频繁发生的动产交易也将因权利调查而不胜其烦。

退一步讲,假定立法者有意通过登记方式来取代动产的占有公示方式,那么在我国目前不动产登记制度尚且不完备的情况下,如何建立起一个更为繁琐的动产登记系统,该系统将面临在类型上不计其数的动产的交易登记与查询,这是一个必须严肃对待的现实问题。再退一步讲,即使假定立法者具有如此的决心,那么是否所有的动产权利均适于登记,却也是值得考察的。登记的目的,在于物上权利的确定。而物上权利的确定,又有赖于物的特定化。就动产而言,大量存在的是无法通过登记中的文义表述而得以特定的情况,如首饰、农畜产品等。对于这些动产权利的确定,登记是无能为力的。

由此可以看出,摆脱动产物权登记的类型法定约束,一概以登记作为所有动产让与担保的公示方法的思路,是行不通的。既然物权法典无力将当事人的担保意思通过"文义"方式公之于众,那么担保人对于担保物所有权回归的预期,对于外部的第三人来讲就是不可察知的。那么,如果债权人处分担保物给第三人,法律只能基于后者对债权人占有事实的信赖而使之取得物上权利,并听凭担保人重新获得所有权的预期归于消灭。对此,物权法典没有进一步加以干预、控制的可能。

2. 依占有改定而设立的动产让与担保

可得以占有改定方式设定动产担保,这是让与担保之所以大行其道的重要原因,"动产所有权比起质权权益来更为容易取得,因为人们可以在移转动产所有权的同时,保留对动产的直接占有"。① 在场合下,不占有担保物的债权人如欲处分该物予他人,其只能够通过指示交付的方式进行。相应地,担保人的占有,则系属有权占有——其与债权人之间占有改定的约定,为其占有提供了法律上正当的本权基础。由于"占有人的法律地位不应当受到没有占有人共同参与的请求权让与的削弱",②因此担保人所享有重新获得动产担保物所有权的预期,并不会因此丧失。可见,占有改定的让与担保,交易的风险仅存在于因担保人擅自处分担保物,而损害债权人所有权担保利益的情况。

因此在这里,物权法典所关注的,只能是对担保人的擅自处分行为的控制。在一般的民法规则体系下,占有改定的动产让与担保设定后,第三

---

① [德]罗伯特·霍恩、海因·科茨、汉斯·G. 莱塞:《德国民商法导论》,楚建译,中国大百科全书出版社 1996 年版,第 204 页。

② [德]曼弗雷德·沃尔夫:《物权法》,吴越等译,法律出版社 2002 年版,第 279 页。

人之所以能够基于担保人的无权处分行为而获得担保财产的所有权，其原因只能在于动产占有的公信效力——担保人仍然保留着担保物的占有。由于这种让与担保，“它的创设没有任何外部表现，（担保人的）债权人不能确定，在债务人（担保人）占有的财产中，哪些是属于他自己的，哪些不属于他自己”。[①] 因此，物权法典欲阻却担保人处分行为下第三人的取得，唯一途径仍旧是通过文义公示的方式，对外表彰当事人担保的意思，从而排除动产占有的公信力。显然，在这里我们又重新陷入了动产让与担保之公示的困境之中。如前文所述，在这种情况下，法律除了赋予债权人以损害赔偿的救济权外，只有听凭第三人的善意取得和担保取得人的担保权利丧失，不可能有其他的作为。

（二）权利让与担保中擅自处分行为的防止

1. 证券化权利让与担保

所谓证券化权利，是指以有形的证券载体为依托的财产权利，如票据、债券、存单、仓单等。此类财产权利的让与，其共同之处在于，出让人必须交付作为权利载体的证券予受让人，方能实现权利的移转。因此，与现实交付的动产让与担保的情形相同，证券化权利的让与担保交易，其内部的风险仅存在于债权人的擅自处分行为上，此乃是法律需予以控制的目标所在。

仍然与现实交付的动产让与担保相同，在此阻止债权人擅自处分的方式，仍在于以文义公示的方法，将当事人有别于普通证券转让的担保的意思，公之于众。在登记与物上标记这两种文义公示的方式中，登记方式首先应被排除，否则将导致附着在证券上的权利的种类和内容，将不再以证券本身的记载为依据：证券之外的登记，也开始具有了决定证券权利的法律意义。显然，这将直接破坏有价证券的“文义性”特征。因此，公示当事人的担保目的，只有物上标记一种方法。在有价证券的场合，“物上标记”自然就表现为背书了。然而，问题在于，为了阻止债权人的擅自处

---

① ［德］罗伯特·霍恩、海因·科茨、汉斯·G. 莱塞：《德国民商法导论》，楚建译，中国大百科全书出版社1996年版，第204页。

分，法律是否有必要安排一种"让与担保背书"制度？

事实上，在有价证券的法律制度中，增设"让与担保背书"，是完全没有必要的。在以有价证券设定担保时，当事人本来就可以有"转让背书"与作为"非转让背书"的"设质背书"两种选择：如果担保人不想限制债权人另行向第三人再为转让或者再次出质，即舍弃日后收回证券的预期，其可作转让背书，即以让与担保作为交易的形式；如果担保人仍欲在日后重获证券权利，权利质权下的设质背书制度完全能够满足担保人的这种需要。在设质背书之下，虽然被背书人得"行使汇票上之一切权利"，但是"其所为之背书，只具有代理人背书之效力"，[①]即票据质权人不得背书转让票据或者再次出质。[②] 而此项原则，在我国担保制度中，已经在整个有价证券质押的领域得到承认。[③]

由此可以看出，在证券化权利的让与担保中，由于不存在担保人擅自处分的风险，而债权人的擅自处分又可以通过设质背书的规则来加以防范，因此物权法典在此是无所作为的。

2. 非证券化权利让与担保

所谓非证券化的权利，是指其权利本身不以有价证券作为依托的具有财产价值的权利，主要包括非证券化的普通债权和知识产权两部分。普通债权让与担保，由于债权作为一种无形财产，不可能以"标记"方式表明当事人的意思，因此物权法典如欲将当事人内部的让与担保意思公之于众，使之区别于普通的债权让与，从而排除债权人擅自处分的可能，其只能通过登记来实现这一目的。在现有民法体系中，设置登记制度的债权，主要以不动产债权为限，如预告登记制度和异议登记制度——不动产交易的重大意义以及不动产固有的物权登记制度，为不动产债权登记提供了必要性和可能性。至于此外绝大多数的其他债权，法律上尚无登

---

① 《统一汇票本票法》第 19 条，载郭锋、常风编：《中外票据法选》，北京理工大学出版社 1991 年版，第 221 页。

② 谢怀栻：《票据法概论》，法律出版社 1990 年版，第 133 页。

③ 最高人民法院《关于适用〈中华人民共和国担保法〉若干问题的解释》第 101 条规定："以票据、债券、存款单、仓单、提单出质的，质权人再转让或者质押的无效。"

记制度存在,这就所谓的“债权相对性”的由来。在这一背景下,物权法典要制定普通债权的让与担保制度,即对让与担保权人的擅自处分实施干预,这就意味着法律必须建立起针对所有债权的登记系统。这个系统古今中外前所未有,如此高昂的立法成本是否能够承受?

综上所述,只有不动产、准不动产、不动产债权和知识产权等这寥寥几项适于登记的财产之让与担保,由于其本身即既有的登记制度,决定了该制度可得同时作为让与担保的公示手段,从而为物权法典干预此类权利的让与担保交易的风险,提供法律技术上的平台。对于一般动产和一般债权,这些在社会生活中充当了让与担保交易的绝大比例标的的财产,基于其文义公示的困境,物权法典从根本上无法在不破坏既有物权法律的逻辑技术体系的前提下,对其进行加工与塑造。对于这些在社会生活中构成让与担保交易的最为重要组成部分的一般动产和一般债权而言,物权法典是无法对其加以“规定”的。

四、相得益彰还是弃优逐劣:让与担保登记与固有登记制度的关系

在不动产、准不动产、不动产债权和知识产权这个有限的范围内,让与担保登记所公示的当事人意思,有两个方面:一是“让与”意思的公示。这是使得担保财产脱离担保人的责任财产,实现让与担保目的的基本条件。二是“担保”意思的公示,即对外表明交易双方的“让与”意思,乃是以“担保”为目的。在这两个层面中,由于“让与”意思的公示,事实上无法使让与担保与普通的让与相区别,因此“担保”意思的公示,才是让与担保登记的核心内容。[①] 在交易双方的利益关系上,“担保”的公示,对于债权人而言,其实并无实际意义:债权人取得担保财产的归属权利之后,该财产与担保人的责任财产间的关系业已切断,后者的一般债权人就该财产主张清偿的隐患也已被消除,同时担保人也没有在登记公示的财产上实施无权处分之可能,因此,债权人在债权到期不能实现时凭借所有权

---

① 在日本,法学理论的通说和不动产登记实务,均是在买卖登记中,允许当事人将“为了担保”或“为了让与担保”作为登记的原因,也予以登记,从而公示当事人的担保目的。参见田士城、宁金成:《担保制度比较研究》,河南大学出版社 2001 年版,第 384 页。

实现债权的担保利益,无论是否对外公示交易的“担保”意思,均已成为“囊中之物”。故而,在“让与”意思之外,登记公示“担保”的意思,其法律意义其实在于为了担保人的利益,限制债权人的擅自处分行为,从而保障担保人对于担保财产之归属的重新取得。这才是让与担保登记制度的调控标靶。

问题也就由此而来。首先,是让与担保登记与不动产预告登记之间的关系问题。让与担保之登记,如上文所述,其核心即在于使担保人日后获得担保财产之归属的债权,具有对世性。然而,在不动产交易的场合,物权法体系中,本已存在不动产债权的“预告登记”制度。该项制度的法律意义,其实与不动产让与担保登记相同,即在于防止“债务人通过诸如将已出卖的权利再转让给他人的方法,使债权人享有的以物权变动为内容的请求权受挫”。[①] 因而,不动产让与担保的登记,其法律功能已经为预告登记所覆盖。即使物权法典不将让与担保交易提升到制定法层面而予以“规定”,在民法的一般规则体系下,当事人通过“让与 + 预告登记”完全可以达到同样的效果。

其次,毕竟预告登记制度的适用范围,仅以不动产债权为限,即对于不动产之外其他的适于登记的财产之让与担保,则无从适用。如果物权法典执意要在预告登记之外,建立起一个统一的让与担保登记制度,从而将所有适于登记的财产的让与担保公示,均涵摄于其中,那么其又将面临下一个问题,即担保人的地位如何确定?详言之,让与担保的登记,在确定了债权人的担保财产“归属者”的法律地位的同时,担保人的法律地位却模糊了起来:既然在让与担保交易中,债权人乃是担保财产的主人,那么担保人在担保物上究竟有什么权利?与典型担保物权相比较,在典型担保物权中,虽然担保人是担保财产的拥有者,但是担保权人可得凭借“抵押权”“质押权”这些在法律上具有坚固实体的权利,来承载登记的担保意思。那么在让与担保交易中,担保人所依托的表明担保意思,限制债

---

① [德]鲍尔、施蒂尔纳:《德国物权法》(上册),张双根译,法律出版社2004年版,第415页。

权人处分的权利，到底是什么？如果在这里的答案，仍旧是“取得担保物的债权”，那么又将回到前一个问题上：其与预告登记到底有无区别？

无疑，这个问题将把让与担保中担保人法律地位的界定，引向民法中期待权的理论领域。从期待权的理论出发，让与担保中担保人的“担保意思”，只能在维持债权人的归属权利的前提下，演化为在担保人重新取得担保财产归属的“期待地位”——这个期待地位，因具有可得对世的权利效力，可称为“期待权”。然而至此，期待权理论上的一系列难题，就接踵而来：担保人的这种“权利化的期待地位”，其权利的载体，究竟是具有对世性的买回权或者回赎权，还是这种地位本身就是一项独立于买回权或回赎权的权利？对于担保人而言，这种具有财产价值的“所有权的期待地位”，可否成为交易的对象？对于债权人而言，在债权人的“归属权”经过担保意思的登记公示而受到再次处分的限制的同时，担保设定人的“期待地位”或者“回赎权”却同时获得了对世性效力，则法律就完全可以将其付诸物权的对抗规则对后者加以保护，那么限制担保人的另行处分又有何必要？等等。

众所周知，期待权的理论问题，在德国民法以及整个大陆法系民法中，业已历经数十年争论，①学说众说纷纭，观点莫衷一是。“期待权所涉甚广，内容极称精微，其间若干问题，经德国学说数十年之检讨，犹聚讼未已。”②在德国，其仍然只是停留在学说与判例之中，而在制定法上至今未敢定论。我国理论关于期待权的研究刚刚起步，由这一概念所引起的复杂的理论问题，尚有待进一步研究。如果物权法典要基于登记制度，将让与担保交易中当事人的担保目的公示于众，那么在该目的之下的担保人的法律地位是什么，便成为了一个无法回避的问题。我们的民法理论研究，是否为回答这些问题，做好了准备？

最后，诚然，知难而退绝非是立法与法学研究应有的态度。但是问题

---

① 德国 Bauer 教授曾言：“在民法学上，未曾有一问题，若……期待权，如此受重视，如此被深入研究者。”Bauer, Sachenrecht, S. 573. 转引自王泽鉴：《民法学说与判例研究(一)》，中国政法大学出版社 1998 年版，第 142 页。

② 王泽鉴：《民法学说与判例研究(一)》，中国政法大学出版社 1998 年版，第 142 页。

在于,对于不动产、准不动产、不动产债权和知识产权等适于登记的财产的担保设定,本来就有抵押权或质押权的典型担保制度可兹利用。即使物权法典不考虑"规定"让与担保登记所可能带来的理论难题,而将这些问题留给法学理论去作探讨,那么还有一个问题不容回避,即让与担保登记与既有的抵押权登记、质押权登记在适用效果上的优劣比较。不难发现,两者相比较而言,典型担保的优越性是显而易见的。

首先,典型担保物权中清晰明快的"自物权—他物权"关系,不会存在当事人法律地位辨析的难题:担保权人凭籍他物权对所有权的限制性和对普通债权的优先性,其担保利益至为牢固,且其所享有的担保物权也可以随债权的转让而转让,从而实现其财产价值;相应地,担保人根据其从未曾让渡的所有权,仍然保留着物之用益以及再次就担保财产进行处分的权利。而担保财产效用发挥的最大化需求,也就在这个权利中得以实现。

其次,在担保权的属性上,典型担保的担保权,具有附从性。其在债权实现或担保物权实行之后,该项权利会自动消灭,而让与担保的担保权,因其以归属权(所有权)为表现形式,因而不具有附从性。① 这就意味着,一方面,在债权实现时,除非交易的当事人双方将"债权实现"约定为让与行为的解除条件,担保人并不会因债之履行而自动获得担保财产的归属。② 另一方面,在债务到期不履行而致使债权人实行担保权的场合,"对于债权人实行让与担保权而确定地取得所有权的情形,登记簿无法将此变化体现出来。质言之,登记簿不能显示出标的物所有权在让与担保权实行之前或实行之后的权属状态"。③ 因而在这一点上,让与担保较之于典型担保为劣。

再次,在担保权实现的方式上,典型担保物权,受到"流质约款禁止"的限制。其之实行,以清算为必要。让与担保,则是以担保人继续保有所有权,作为担保权实现的方式,因而不再受"流质约款之禁止"的约束,清算也就不再成为担保权实行的必要程序。在这里,让与担保的弊端至为

---

① 孙宪忠:《德国当代物权法》,法律出版社1997年版,第341页。

② [德]曼弗雷德·沃尔夫:《物权法》,吴越等译,法律出版社2002年版,第373页。

③ 田士城、宁金成:《担保制度比较研究》,河南大学出版社2001年版,第384页。

明显:既然此种交易的目的在于债之担保,那么不经清算之受偿,必将丛生流质之弊。为此,“德国帝国法院在一系列判决中所确定的原则是:债权人不得直接依据取得标的物的所有权并涤除担保合同的方式实现其债权,而只能根据对标的物进行变价处分的方式实现其债权”。[①] 日本法院的判例,也有相同要求。[②] 此种观点,亦为我国学者所采纳。[③]

由此可以看出,对适于登记的财产而言,其之担保设定可以有让与担保与典型担保两种选择。其两者其适用范围一致,操作的难易程度也相当,具有强烈的可替代性——典型担保物权至为明显的优势,严重地压缩了让与担保交易的适用余地。[④] 既然适于登记的财产担保,可以有更为简单、更为优越的典型担保物权可供利用,那么为什么要设定让与担保的登记制度,从而避简就繁、弃优逐劣呢?

五、结语:让与担保交易中的担保目的不应提升到制定法的层面

“让与担保”一词,具有双重含义:其首先是一种“让与交易”。由于这种交易能够使得所让与的财产脱离出让人的责任财产的范围,因而可得作为债权担保的工具,并承载当事人担保的意思。由于让与交易,是在民法一般规则体系下进行的,其并不以物权法典的专门“规定”为条件。所以,为许多学者所称道的让与担保的灵活性与广泛适用性,其实与物权法典是否应当对这种交易作出“规定”,毫不相干。“让与担保”一词的第二个方面的含义,就是规定于物权法典之中“让与担保制度”。这是物权法典出于对当事人的“担保意思”的强调,对于一般的让与交易的再次塑造。其核心目的在于防止交易双方的擅自处分,将交易双方的风险降至

---

① Baur/Stürner, Lehrbuch des Sachenrechts, 16. Auflage, Verlag C. H. Beck, 1992, Setie 631. 转引自孙宪忠:《德国当代物权法》,法律出版社 1997 年版,第 344 页。

② [日]近江幸治:《担保物权法》,祝娅等译,法律出版社 2000 年版,第 255 页。

③ 梁慧星:《中国物权法建议稿:条文、说明、理由与参考立法例》,社会科学文献出版社 2000 年版,第 784 页。

④ 资料表明,在日本 1966 年大阪法务局登记的 1,180,000 余件不动产所有权转移登记的案件中,以“让与担保”为登记原因的事例仅仅有 590 件。参见田士城、宁金成:《担保制度比较研究》,河南大学出版社 2001 年版,第 384 页。

最低。概言之,物权法典对于让与担保的"规定",其意义乃在于"加工",而不在于"创设"。

然而,必要性因素并不构成物权法典"规定"让与担保的充分条件,可行性因素同样是法律必须考虑的问题。物权法典如果要控制让与担保交易中的风险,其就必须做到"截断"一般财产让与的公示外观与公信效力之间的逻辑连接,而嵌入"让与担保"的公示内容。然而,除过少数特定的本身可以附着于固有的登记制度的财产外,如不动产、准不动产、不动产债权和知识产权等,对于绝大多数财产,包括一般动产、一般债权(事实上,这一类财产担保需求,乃是在社会生活中推动让与担保交易蓬勃发展的决定性力量),物权法典是不可能做到这一点的。法律除了将此类财产的让与担保的交易纳入一般的民法制度之下加以规制,无法再进行加工塑造。因此,法律对于让与担保交易进行再次加工的余地,被压缩在上述有限的几项适于以登记为公示方式的财产让与担保交易的领域之内。在此领域内,让与担保与抵押权、质押权等典型担保物权的适用范围完全重合。两者相比较,前者不仅丧失了灵活性与广泛的适用性的优点,而且在典型担保物权明快的"所有权——他物权"结构的映衬之下,反而暴露出担保人法律地位难以确定、法律关系复杂、适用效果僵化的弊端。

因此,让与担保交易的适用范围极为广泛,但是物权法典对其可得干预的范围却极为狭小。故而对于让与担保交易,法律的立场应当是立足于民法的一般规则体系对其加以调整和规制。当事人的担保目的,不可能提升到物权法典的层面,获得民法体系结构上的意义,而应在个案中,对其予以考量,通过对民法一般规则的司法和学理解释,来追求案件处理的妥当性。

第二节　典制习惯及其在成文法上的重构

伴随着"西法东渐",典制历经了由习惯到制定法、由纯然的东方习俗到与西来的民法制度相融合的转变。直至我国《物权法》的颁布,典制再次与作为制定法的民法相互分离,而回归其纯然的交易习俗的性质。

在这个跌宕起伏的过程中,典制历经了诸如“典权的性质”“典权在成文法上的废存”等一系列的争论。这正如梁治平先生所指出的,“(对于典权)诸多此类的争论,既表明典之制度的复杂性,也暴露出现代民法制度在将一种异己物(就‘民法’原本出于欧洲之历史、文化与社会而言)完全纳入自己体系时的无力”。[①] 正因如此,《物权法》将典权排除于物权的制定法体系之外,并不能使人就此遗忘典制的存在——典制在我国有着悠远的存在历史,其是不可能因为制定法的“不规定”而消于无形的。恰恰相反,与制定法的再次分离,更是为典制平添了一种神秘感、一种诱惑力:典制究竟是一种怎样的制度?蕴涵于典制当中的交易理念究竟是什么?典制“当初”是如何被纳入民法的“用益物权”体系之下的?在《物权法》颁布之后,作为交易习俗的典制与《物权法》真的就没有关系了吗?所有这些盘问,均离不开这样一个事实,即典制是在我国“本土”社会中产生和发展起来的,因而始终与其所赖以产生、发展的社会与法律观念息息相关。因此,对于上述问题的阐释,应当在历史以及历史发展的背景之下来进行。就此以观,《物权法》的颁布,使典制摆脱了长期以来被制定法强加于其上的“用益物权”的性质,这恰恰为我们考察典制的“本来”面目,提供了契机。

一、从人身到财产:信用之保障形式的嬗变

人类商品交换的形式,从总体上讲,经历了一个由即期交易到即期交易与远期交易并存的发展过程。在即期交易当中,由于这一交易形式“同时履行”和“及时清结”的特性,能够最大限度地降低交易风险,因此法律(在当时表现为原始习惯)只要立足于静态财产的保护(禁止偷盗、抢夺),便可以维持动态交易的正常进行,而无须另行创设财产的交易规则。当远期交易出现之后,从“允诺”与“允诺的履行”之间的时间间隔上,萌生出一个商品交换中崭新的要素,这就是践行允诺的“信用”。于是,信用的保障遂成为交易活动中关键要素。在国家法律产生之前,由于“在原始社会,神意为人民之公的行为之基准,此种信念,深存于普通社会;盖原

---

① 梁治平:《清代习惯法:社会与国家》,中国政法大学出版社1996年版,第94页。

始人民崇敬神灵之念极强，且绝对服从之”，[1]因此“凭神立誓”成为最初的信用保障手段，如古希伯来人缔约中的“指物盟誓”。[2]

在国家产生之后，基于信用之于商品交易的重要性，世俗法律介入了经济生活当中，开始充当信用的维持者的角色。从古代法律为信用之保障所采取的手段来看，债务不履行的责任，经历了一个“由人身责任到财产责任”的转变过程。

在债务不履行的人身责任上，最为极端的表现，就是古罗马的《十二表法》。根据该法的规定，在债务人不清偿债务且无人为其担保时，债权人得拘留债务人达60天。在此期间内，如不获和解或者他人代为履行或担保，债权人得将债务人出卖于国外或者杀死之。甚至，如债权人有数人时，得分割债务人的肢体进行分配，纵不按债额多少切块，也不以欺诈论罪。[3] 比较而言，中国古代的“作奴抵债”要温和得多。据《太平御览》记载，“前汉董永，少失母，独养父，父亡无以葬，乃从人贷钱一万，永谓钱主曰：‘后若无钱还君，当以身作奴。’”[4]除了债务人的人身，可以成为信用责任的对象之外，与债务人具有某种人身关系的“他人”乃至“他物”，也可得成为责任的对象。前者如《晋书》中云，“淮南俗卖子与人作奴婢，名为赘子，三年不能赎，遂为奴婢”。[5] 后者如古代埃及的“坟地典质”，即将家族成员的墓地乃至尸体作质以达到信用担保的目的——此类担保物难谓有财产之价值，但是基于古埃及与“尸体的复活”及“灵魂之不死”有关的宗教信仰，这种信用的担保却具有最强的效力。[6]

伴随着人类文明的进步，债务不履行的人身责任形式开始被法律所禁止，[7]债务人的财产遂成为维持信用的物质基础，在这一点上，《唐律》“诸负

---

① ［日］穗积陈重：《法律进化论》，陶汇曾等译，中国政法大学出版社2003年版，第17页。

② 何勤华、李秀清主编：《外国法制史》，复旦大学出版社2002年版，第16页。

③ 周枏、吴文翰、谢邦宇：《罗马法》，群众出版社1983年版，第365页。

④ 《太平御览》卷四一一人事部“孝感”条。

⑤ 《晋书·恒冲传》。

⑥ ［美］莫里斯：《法律发达史》，王学文译，中国政法大学出版社2003年版，第55页。

⑦ 例如《宋史·太宗记》记载，“至道二年，江南两浙福建州军贫人负富人钱息无以偿，没入男女为婢者，限诏到并令检勘还其父母，敢隐匿者治罪”。

债不告官司,而强牵财务,过本契者,坐脏论"[①]的规定所折射出的"牵制债务人财务"的"违约责任"方式,[②]便是典型的表现。"但是,债务人全部财产的状态,因债务人的道义心、经济能力及其他个人因素而受到很大影响……不仅如此,对同一债务人的其他债权人,均依债权人平等原则,在同一地位上要求分配。所以,意外出现的其他债权人对原债权人是不利的。"[③]因此,商品交易自然产生了让债权的保障真正摆脱"债务人的个人因素"以及"其他债权人"的影响的要求。作为对于此项要求的回应,在以债务人的全部财产为基础的一般担保之上,便发展出了针对于特定财产的特别担保。

以特定财产进行担保,其要义在于债权人在该特定的财产上,应当具有不受债权人或者其他担保设定人个人因素的影响,并且优先于其他债权人的排他性支配权利。这样一种"优先、排他的权利"究竟是什么,其如何方得实现,则取决于法律观念上对于"物"与"物权"的认识。

二、罗马法与中国固有法:作为他人物上支配前提的物之归属观念的比较

自人类产生之日,世界上便存在"人"与"物"的对立。物虽然具有人之生存与发展的物质基础的意义,但是其本身并不是"客体"。物的"客体性"的地位,是在与人的"主体性"地位的参照下,即在人与物由对立走向统一的过程当中,方才产生的。由于人以其具有自由意志和实现自由意志的能力为根本特征,而物则没有意志而只能成为意志的对象,因此人与物的这种由对立走向统一的途径,就是"物之支配",即人以其优越于物的自由意志支配于物——"我给它不同于它原有的灵魂。也就是说,我把我的灵魂给它"[④]——也只有在物之支配中,人的主体地位与物的客体地位,方能同时确立。然而,意志具有内在性的特点,相应地,物却是外在

---

① 《唐律·杂律》。

② 李志敏:《中国古代民法》,法律出版社1988年版,第137页。

③ [日]我妻荣:《债权在近代法中的优越地位》,王书江等译,中国大百科全书出版社1999年版,第49页。

④ [德]黑格尔:《法哲学原理》,范扬、张企泰译,商务印书馆1961年版,第53页。

的、客观的，要使物之支配具有现实的意义，仅有意志的活动，即“单是某物应属于我的这种我的内部表象或意志是不够的……下一步骤是这一概念的实在化”。[①] 换言之，人的意志欲体现于物上，必须通过一个中介，将主观内在的前者与客观外在的后者连接起来。这个中介，就是内在的物之支配意志的外在载体，即外在化的意志。

早在人为的法权关系出现之前，人对物的支配方式，表现为“对物的实际控制与领管”，即物之占有。在物之占有中，受动于意志的行为对物事实上的控制和管领，乃是唯一的将人的意志表述于外的式（“为我所用”的意志，是以对物“据为己有”的占有为载体的）。进而，当人类支配于物上的意志随着发展、变迁的社会生活，需要摆脱占有这种经验性的载体，并以一种“通过心灵可以想象的，撇开一切空间和时间条件的抽象的概念或拥有思想”[②]作为新的载体的时候，占有就注定要被另一种更高层次的物之支配方式所取代。这种支配方式的意义就是，“我不能把一个有形体的物或一个在空间的对象称为是‘我的’，除非我能够断言，我在另一种意义上真正的（非物质的）占有它，虽然我并没有在物质上占有它”。[③] 显然，这种“非物质的占有”，或者说使人的意志与物之间的联系得以实现的“抽象性”的因素，就是“物之归属”的观念。

“物之归属”观念的结果，就是使意志摆脱了经验的“占有”事实的束缚，从而有可能在无须依赖具体的物之支配行为的表彰的情况下，通过社会法律观念上所认同的“归属”概念，直接作用于物。最为典型地体现这种“此物归属于我，无论我是否占有它”的观念的法律技术，当数古罗马法上的“所有权”概念。

在罗马法上，“所有权可以定义为对物最一般的实际主宰或潜在（in potenza）主宰。我们说‘最一般的主宰’，而未对这种主宰权的内涵作进

---

① ［德］黑格尔：《法哲学原理》，范扬、张企泰译，商务印书馆1961年版，第59页。

② ［德］康德：《法的形而上学原理——权利的科学》，沈叔平译，商务印书馆1991年版，第64页。

③ ［德］康德：《法的形而上学原理——权利的科学》，沈叔平译，商务印书馆1991年版，第57页。

一步的确定,这是因为所有主的权利是不可能以列举的方式加以确定的,换句话说,人们不可能在定义中列举所有主有权作什么……”[①]可见,在“此物归属于我,故我可得支配之”的“归属—支配”逻辑之下,与“所有权”概念相对应的,是超越了这种具体的物之支配的归属观念;相应地,“物之支配”作为“物之归属”的结果,其在法律上也并不表现为“所有权”,而是表现为所有权的“权能”。罗马法上“所有权”与“所有权权能”在概念上的相互区分,进而为“物之归属”与“物之支配”的可分离性观念的产生,提供了法律思想上的条件。换言之,在罗马法的这种抽象的所有权观念中,完全允许在物的交换价值或者使用价值(或者说所有权的“权能”)的一项或者全部与所有权分离之后,该物的归属并不发生变化:一方面,就物之整体而言,其归属于物主,即“作为我的东西的物,就完全被我的意志所贯穿”;[②]另一方面,就物的使用价值与交换价值而言,因其与物之归属的分离并不会对后者产生影响,故而具有了相对的独立性,可以同时成为他人意志支配的对象。于是,在抽象的所有权基础之上,标志着罗马法上物之归属与物之支配权能的可分离性的“自物权—他物权”体系,遂告建立。

比较而言,同为古代法律的中国固有法制,很早就产生了“归属”的观念。荀子有云:“礼起于何也?人生而有欲,欲而不得,则不能无求,求则无度量分界,则不能不争,争则乱,乱则穷,先王恶其乱也,故制礼义以分之。”然而,这个建立在“定分息争”基础之上的“归属”观念,始终未能抽象出一个类似于罗马法上的“所有权”的概念,而是在法律上通过“产”“业”“财”等概念,来表明的对于物的拥有。[③] 进而言之,正如日本学者寺田浩明所指出的,传统的中国“土地法秩序中成为交易对象的并不是具有物理性质的土地本身,而是作为经营和收益对象的抽象的土地,即‘业’”。[④] 即在中国古代法律思想上,“归属”之观念,是以“可得独立

① [意]彼德罗·彭梵得:《罗马法教科书》,黄风译,中国政法大学出版社1992年版,第194页。

② [德]黑格尔:《法哲学原理》,范扬、张企泰译,商务印书馆1961年版,第68页。

③ 李志敏:《中国古代民法》,法律出版社1988年版,第83页。

④ [日]岸本美绪:《明清契约文书》,载滋贺秀三等:《明清时期的民事审判与民间契约》,王亚新等编译,法律出版社1998年版,第302页。

地支配于物”为内容的。如果说罗马法上是通过“我拥有某物的所有权”来表示“某物归属于我”的话，我国固有法制观念上则是以“我可以独立地支配某物”来表明“某物归属于我”的。从具体的习惯法制度层面以观，我国明清时期土地租佃当中的“一田两主”，便是这种依托于实物的归属观念的典型代表。按照日本学者仁井田陞的介绍，“把同一地块分为上下两层，上地（称田皮、田面等）与底地（称为田根、田骨等）分属不同人所有，这种习惯上的权利关系就是‘一田两主’。田面权（上地上的权利）与田底权（底地上的权利）并列，也是一个永久性的独立物权。底地所有人的权利，是每年可以从享有土地使用收益权的上地所有人那里收租……而且，上地底地的所有人，各自处分其土地时，相互间没有任何牵制，这是通例”。[①] 从经济的角度来看，“一田两主”是明清时期土地租佃活动发展的结果，其旨在赋予承佃人自由转佃的权利。“永佃权产生之后，地主为了保证地租来源的稳定，一般不允许佃农把佃耕的土地自由转让……但是，随着阶级力量对比的变化和经济关系的发展，‘私相授受’（私下转佃）日益成为不可变更的既成事实……一旦永佃权的自由转让成为一种‘乡规’、‘俗例’，它就具备了一定的‘合法性’。”[②]于是，“一田两主”的概念，便为这种合法性提供了依据。在此值得玩味的，是“一田两主”所采用的“习惯法律”技术。显然，这一习惯是通过将承佃人塑造为“土地拥有者”的方式，以实现其自由转佃之目的的。为躲避“一物不二主”，便将土地一物二分，使出佃人与承佃人各自成为“上地”与“下地”的拥有者，从而达到“各自处分”“互不牵制”[③]的效果。然而，在出佃人与承佃人之间的租佃关系中，后者事实上并没有真正成为土地的主人，其之地位仍然是耕种他人土地的用

① ［日］仁田井陞：《明清时代的一田两主习惯及其成立》，载刘俊文主编：《日本学者研究中国史论著选译》，中华书局 1992 年版，第 411 页。

② 杨国桢：《明清土地契约文书研究》，人民出版社 1988 年版，第 100 页。

③ 其实，这种“各自处分”“互不牵制”依然是单向的，即本质为“承佃人处分佃权，出佃人不得牵制”。因为无论有无“一田两主”之说，在耕佃关系中，早有“换东不换佃”“倒东不倒佃”等地主的变动不会影响佃户地位的习惯。参见梁治平：《清代习惯法：社会与国家》，中国政法大学出版社 1996 年版，第 82 页。

益者,这是毋庸置疑的事实,舍此则不能解释"上地所有人"拥有可得向"底地所有人"收取地租的权利。既然承佃人仍旧是"他人"土地上的耕作者,那么如果从罗马法的视点以观,其有无再行转佃的权利,这仅仅是其"权能"大小的问题,而无须将其与"物之归属"挂钩。但是,由于我国传统法律思想上不存在抽象的"所有权"概念,因而无法在"用益物权"的概念之下,将"物之支配"分离于"物之归属"的概念之外。由此所引发的结果,就是当他人在物上存在足以对物主构成限制的"支配"时,我们的祖先唯有通过使之成立"物之归属"的方式,以表述这种支配的存在。

中国古代社会的这种名为"取得他人之物的归属",实为"就他人之物而支配"的情形,并非仅限于对他人之物的用益。事实上,在就他人之物为债权担保的场合,这种情形仍然存在。详言之,由于在我国法律技术上,同样不存在"担保物权"这样一种可以与"所有权"并行不悖的权利的概念,因此欲在他人之物上获得债的物上担保的利益,就不得不通过取得物之归属的方式进行。要取得物之归属,则发生在担保设定人与债权人之间的那种交易,就不得不依托于"买卖"的形式。然而,与普通的买卖不同的是,在以担保为目的的"买卖"中,出卖人其实并无永久性的让渡物之归属的意思,这就使得债务履行后的"回赎"成为当事人之间必不可少的约定,由此便形成了我国传统社会交易中的"活卖"。

三、"活卖"与"出典":以物之归属为载体的物上担保

所谓"活卖",是指附有"回赎"约款的土地买卖。据学者考证,这种交易形式最早见于六朝。① 自明代以来,活卖交易进一步成熟。及至清代,其开始由民俗习惯上升为实定法制度。② 在明代,土地的"推收"(国家确认的土地归属移转手续)由元代的"依例投税,随时推收"③变更为在"大早黄册之年",即每十年造册登记各户丁口财产时,同时办理土

① 戴炎辉:《中国法制史》,台湾三民书局1979年版,第311页。转引自梁治平:《清代习惯法:社会与国家》,中国政法大学出版社1996年版,第97页。

② 杨国桢:《明清土地契约文书研究》,人民出版社1988年版,第30~36页。

③ 《元典章》,"户部""田宅""典卖"。

地推收。[①] 土地交易与推收过户之间存在的时间差,在客观上给予了当事人在办理推收之前,变更乃至解除交易的回旋空间。例如“卖主在推收之前,可以借口‘卖价不敷’要求加找田价,或者借口‘无从办纳钱粮’要求加贴,或者由于经济情况好转要求回赎,而买主在推收之前,又可以把田地转卖给第三人等等”。[②] 可见,这个回旋空间的存在,导致了“活卖”与以“一卖千休”“寸土不留”为特征的“绝卖”之间的分离愈加明显,从而使当事人之间“非永久性让度物之归属”的“买卖”交易成为可能。清代在明代的基础上,为“适应活卖与绝卖分离的发展趋势,在法律上明确绝卖与活卖的不同权利义务,推广使用活卖文契与绝卖文契”。[③] 其中,绝卖为专用文契,“契内都要声明‘听凭买主永远管业’,或者进一步声明‘永无找赎’、‘用断瓜葛’之类,以表示卖主与土地切断关系”。[④] 相应地,活卖文契则“契内必不言绝卖,切往往有回赎(或定年限或无年限)字样”。[⑤] 至此,绝卖、活卖不同的权利义务的确立以及各自适用文契的推行,标志着当事人“暂时性”移转物之归属的意思,可以通过类型化的交易形式,得以实现。

“活卖”与“绝卖”的两分,赋予了我国传统的买卖交易以更为广泛的经济意义。由于买卖的目的并不是局限于(如同我们今天所理解的)物之归属的永久性地移转,因而“活卖”具有了愈来愈鲜明的“工具性”意义。该意义使当事人可以在买卖的框架之下,实施并无买卖(绝卖)意思的经济交易——这就是“借买卖之名,行担保之实”。详而言之,在我国古代的农业社会,土地是人民生计的根本保证。“尽管明清以降民间土地交易极其频繁,但是其性质始终不是商业性的。在绝大多数场合,出卖土地无非是因为无食、乏用、粮钱无着等,而这意味着,出卖土地之行为往往是不情愿的和无可奈何的。在此情形之下,其售卖价格虽低但是可以赎

① 《明书》卷六八,“赋役志”。
② 杨国桢:《明清土地契约文书研究》,人民出版社1988年版,第32页。
③ 杨国桢:《明清土地契约文书研究》,人民出版社1988年版,第34页。
④ 杨国桢:《明清土地契约文书研究》,人民出版社1988年版,第34页。
⑤ 梁治平:《清代习惯法:社会与国家》,中国政法大学出版社1996年版,第95~96页。

回的活卖便可能成为一种可选择的买卖式样而与绝卖并行不悖。”[①]进一步分析可知,活卖中出卖人出卖其物,意在价金之取得,即筹措款项的目之实现。而“回赎”约款的存在,则表明出卖人无意于永久性地保留其所得之价款,而有日后“返还”之考虑。因此,该项价款事实上具有“借款”的性质。进而,买受人所取得的“可得回赎”的物之归属,其意义就在于当“回赎”事实没有发生时,买受人手中的“所有权”,可以使其安居“业主”的法律地位:这不但可以对卖受之物实施“自主占有”下的支配,而且可以在出卖人无力还款时抵销该项交易的风险,即发挥担保之作用。

以买卖之名,行担保之实,是我国传统习俗中一个司空见惯的做法。我国固有的“抵押”,即所谓“指地借钱”“靠产揭钱”,其最终的债之担保目的的实现,事实上也是依靠“买卖”的形式。详言之,在民间习惯上,“指地借钱”对于债权人的保障,仅仅在于当债务人无力清偿本息时,债权人可以“将其田地收管,收租抵利”。[②] 至于其余未偿的本息,债权人是否可以在所抵的土地上,有优先受偿之权,则各地习俗不同。[③] 与此同时,在债务人同时存在若干债权人,并因欠债过多而无力偿还的场合下,民间习惯上还存在类似于破产制度的“尽产摊账”之说,即将债务人所欠债款,在各个债权人之间分摊,在后者部分受偿的情况下,消灭前者债务。由于“抵押权”人优先受偿的地位并不稳定,倘遇债务人“摊账”,其利益常常遭受损害。在这种情况下,由于我国习俗上的“抵押”并无严格的“优先受偿”的效力,因此要使得债权人的担保利益具备“物权”意义的保护,就不能不寄托于债权人对所抵土地的“归属”的取得即通过“买卖”的名目来实现,这就是我国清代社会层出不穷的“抵押而预立卖契”的缘由。在交易实践中,以买卖形式实施抵押的方式,多种多样,其共同之处在于,在债权债务关系发生时,当事人订立绝卖文契,但同时以债款本息的清偿作为限制该绝卖契约发

---

① 梁治平:《清代习惯法:社会与国家》,中国政法大学出版社1996年版,第98页。

② 梁治平:《清代习惯法:社会与国家》,中国政法大学出版社1996年版,第104页。

③ 如福建顺昌县习惯,在债主管业收利一定期限后,其可就所抵土地变卖,以优先受偿;而湖北竹山、巴东两县,则“抵押权人”的债权并不能优先于其他债权人而受偿。参见胡旭晟等点校:《民事习惯调查报告录》,中国政法大学出版社2000年版,第302、344页。

生效力的条件，这个条件或者记载于浮签，粘于卖契之上，谓之“死约活签”；或者载明于卖契最后，谓之“死头活尾”；或者在卖契之外的借据上另行书写，谓之“死契活抵”，等等。[①] 可见，这种“死”中有“活”的卖契，其实仍是“以绝卖作为债务不履行的结果”的活卖，而借活卖以行担保的交易习惯，在“预立卖契的抵押”上，表现得淋漓尽致。

活卖与绝卖相互分离，促成了活卖与典的融合。由于活卖中当事人意在担保，而没有立时绝卖的意思，因此当事人的这种有别于绝卖的意思，就有可能用另外一个与绝卖相去更远的概念来取代，这就是“典”。典在我国历史上一直是一种借债的担保方式，其所具有担保的意义，从长期存在的“典”与“质”“当”等词的并用习惯上即可得到反映。[②] 然而，典之概念的存在，事实上并不意味着我国传统法律当中“担保物权”观念业已产生。换言之，典制上的债权担保，其实并不是建立在物之归属之外直指物之交换价值的“他物权”观念的基础之上的，而是以“活卖”的机制作为担保作用发挥的依托——与“预立卖契的抵押”相同。[③] 因此，明清时

---

① 梁治平：《清代习惯法：社会与国家》，中国政法大学出版社1996年版，第102页。

② 典制在我国历史上一直是一种借债的担保方式，其所具有担保的意义，从长期存在的“典”与“质”“当”等词的并用习惯上即可得到反映。参见李婉丽：《论我国典权制度之演变》，载《当代法学》2002年第7期。

③ 事实上，在人类法律文化发展的早期，以移转物之归属的方式，为他人设立物上的担保，此乃常见之现象。例如，在罗马法幼稚时期存在的“信托”中，当事人一方（受信托人）从另一方（信托人）那里以要式买卖或拟诉弃权的方式取得要式物的归属，同时双方达成一个非要式的“信托简约”，为信托人保留在其债务清偿之后，向受信托人索还物品的权利。参见[意]彼德罗·彭梵得：《罗马法教科书》，黄风译，中国政法大学出版社1992年版，第341、361页。又如七世纪以前日耳曼法上的“所有质”，其“须由债务人作成不动产之出卖证书交付与债权人；债权人则另据返还证书一纸，载明债务偿还时，其出卖证书，即行无效，应即返还于债权人等字样，交付与债务人”，即“此种制度先将不动产所有权让与债权人，俟债务清偿时，再将担保物之所有权返还于债务人”。参见李宜琛：《日耳曼法概论》，中国政法大学出版社2003年版，第144页。由此可见，在“抽象的所有权观念”以及随之而来的“所有权与所有权权能相分离的观念”产生之前，由于债务人不可能在保留物之归属的同时，使他人享有用于担保的“他物权”，因此让渡物之归属于他人，其实是满足社会生活中的担保需求的唯一途径。与此同时，当事人有别于一般的买卖的担保意思，则必定表现为对于保留债务清偿后重新取得担保物的权利的约定——这其实是法律发展过程中的规律，中国如此，西方亦然。只是西方的这种“所有权”担保，很快就在罗马法的抽象所有权观念下，过渡为“他物权”担保了，而中国的典制则在长期对外封闭的社会环境中始终延续，并且成为在今天横向的时间轴线上“独有”的交易习惯罢了。因此，如果说典制“自古”就为我国所独有，则未免言过其实。

期的典制,其几乎是活卖的再一次表述——“回赎本就活卖而发生,而出典人备出原典价以收回典产亦袭用此文字。土地买卖中间环节如‘找贴’及相应之契式,也被借用来表述从典到(绝)卖各种环节的契约关系”。[①] 而且,“典与活卖混同,契纸上只有微小的区别,有的在卖契文末写上典字,有的文字与卖契一样,但中人不画押,不加注意,是难以辨认的”。[②] 这就是我国明清时期极为盛行的所谓的“典卖合一”的交易形式。“典卖合一”习俗之所以能够盛行,与我国传统的“归属”观念密切相关。如前文所述,我国传统的“归属”观念,乃是以“可得对物实施支配”作为内容的。从这个观念出发,债权人因典契所得之可回赎的“典权”,其实与因活卖契据所得之可回赎的“所有权”,在交易的效果上并无不同。一方面,债权人因此所得到的对于债务人移转之物的支配范围,是一样的,即都是以“业主”的支配范围实施“管业”——由此便解释了在典之关系中,为什么承典人会拥有远远超出大陆法系民法上用益物权人的几乎不受限制的支配空间的原因;另一方面,其是“可回赎的”。[③] 另外,典与活卖在官方的手续上的趋同,也强化了其两者之间的同质性——“订立活契时,地权不必推收过割,卖主仍旧承担粮差义务”。[④] 明代刊刻的民间日用杂书如《家礼简仪》,便在卖(买)田契式后说明:“如典契,亦仿此式,不用割除。”[⑤]

但是,同时应当看到,由于“典”在概念上脱离了“卖”的范畴,因此进一步强化了活卖中当事人有别于现时绝卖的意思,并使得“典”与“绝卖”

① 梁治平:《清代习惯法:社会与国家》,中国政法大学出版社 1996 年版,第 100 页。

② 杨国桢:《明清土地契约文书研究》,人民出版社 1988 年版,第 42 页。

③ 有学者常常执着于“典权”与“所有权”之间“他物权”与“自物权”的性质区分。其实,这种区分在当时的语境之下,是没有意义的。详言之,在继受西方民法之前的中国传统社会,人们在交易中的“设定物上担保”意思,尚无法通过移转“所有权权能”的技术来实现,而只能凭籍移转“物之归属”本身来完成,由此所导致的结果,只能是债权人取得以“物主”身份实施“管业”的地位。与此同时,基于债权的暂时性,“物上担保”也应当具有暂时性,因而作为该担保的载体,即债权人所取得的物之归属,也就具有了暂时性的特征,这就是其“可回赎性”。换言之,当事人所具有的不同于“立时绝卖”的担保意思,只能够通过“回赎约款”来体现,而不能够通过否认债权人的(哪怕是暂时的)业主地位来体现。

④ 杨国桢:《明清土地契约文书研究》,人民出版社 1988 年版,第 273 页。

⑤ 杨国桢:《明清土地契约文书研究》,人民出版社 1988 年版,第 42 页。

在概念上的对立，更加明显。这不仅使“重孝而好名”的中国人可以免受“出卖祖产（哪怕是活卖）”的舆论指责与心理压力，而且因典与绝卖的进一步对立，出典人的回赎权备受重视。在习惯上，未约定期限的典权，只要典契上未曾载明“到期不赎，视为绝卖”的字样，出典人可以随时回赎。“甚至业经约定典期者，至典期届满后，原业主无力回赎时，其当事人间之典权关系，依然存在，毫无影响，迨而后原业主回赎时，典主不得予以拒绝，以至有一典长至百年以上者”。[①] 民间“卖在一朝，典在千年”“一典千年活”等典制谚语，均因此所生。

四、“用益物权”与“即取得所有权”规则：民初制定法中的典制

清末民初，我国开始继受大陆法系民法，并掀起了我国历史上的第一次法典化浪潮。在这个浪潮中，典制历经“民律一草”“民律二草”以及民国民法典，开始了由习惯法向成文法的演变，并且首次接受来自于西方法律观念的审视与改造。在这个我国固有习惯与西方成文法制的碰撞过程中，典制逐步偏离了其原有的运行轨迹。

第一，典与卖被截然分开。随着大陆法系民法“抽象的所有权”观念的承袭，我国传统习俗中的“买卖”——既包括“绝卖”，也包括“活卖”——被看作西洋民法中“抽象的所有权”的变动原因。与此同时，在严格区分“自物权”与“他物权”的民法观念下，本来与活卖具有相同性质的典，却基于其不同于“卖”的概念，以及当事人对立于立时绝卖的意思，被赋予完全不同于买卖的“另一种”后果。显然，在民法的逻辑下，这种支配于物上的权利既然不是因买卖所形成的“自物权”，那么它就应当具有“他物权”的性质。由此，传统中“典卖合一”的习俗，在成文法中被割裂。

第二，由担保物权到用益物权。典与卖的完全分离所引起的问题就是，由于典卖分离而具有了“他物权”属性的典权，在大陆法系民法担保

---

① 王文：《典权期限之研究》，载郑玉波主编：《民法物权论文选集》，台北，五南图书出版公司1984年版，第1026页。

物权与用益物权两分的他物权体系中，应当处于何种位置——那个众说纷纭、莫衷一是的“典权性质”之争，也就在此时拉开了序幕。在清末民律一草的制定中，负责物权编起草的日本学者志田钾太郎与松冈义正博士，认为中国传统之典权，性质为移转物之占有的不动产担保物权，遂在民律一草中，以“不动产质”来表示典权。民国初期的民律二草，物权编的起草者黄右昌教授复于不动产质之外，另行规定典权制度。① 及至1929年，民国民法典《民法物权编》立法理由中，明确说明民法典在质权中将仅设立“动产质”及“权利质”，而不动产质将以典权取代之。同时，《民法物权编立法原则》第10条规定，“支付典价占有他人之不动产而为使用及收益者，为典权人”，②从而奠定了民国民法典将典权定位为用益物权的基础。

将典权认作是用益物权，其实是在大陆法系民法的逻辑框架之下，典与卖绝对分离的必然结果。详言之，当典与卖割裂并对立之后，典权人对于典物的支配地位，便由原先“典卖合一”之下与买受人并无不同的“业主管业”，变成了“非所有人的物之支配”。进而，原先无非是典权人作为“业主”的“管业”范围，自然被理解为“他物权人”的“用益权能”——“业主”身份与典权支配的割裂，自然使得该“用益权能”因远远超越了欧陆民法上用益物权范围而显得如此的引人注目，以至于典之目的被直接解释为“用益他人所有之不动产”。

与此同时，当典跻身于西来之民法物权体系之后，其所固有的“担保”意义，开始受到“典型的”担保物权观念的质疑。这个质疑的起点，就是承典人“不能”如民法的“债权人”那样，请求出典人偿还典价，即使在“典物价值低于典价”的情况下——典制习惯上“典价低于(绝)卖价”的事实在此被忽略之后，以实践(而不是法理)为出发点的习惯法之形成过程中的“不必”，被理解为成文法上的“不能”。于是，典价之返还不再被视为债务之履行，进而典权被赋予了迥异于担保物权的“主权利”性

① 郑玉波：《民法物权》，台湾三民书局1984年版，第136页。

② 谢振民编著，张知本校订：《中华民国立法史》，中国政法大学出版社2000年版，第770、774页。

质——典价之返还可以引起典权之消灭这个明显的事实，进而也被忽略。经过了这样一番改造之后，制定法上的典之交易，便如我们今日所见到的那样，成为出典人与承典人就对方不动产和典价的“相抵利用”[①]了。

第三，限制典权的期限。我国典制习俗，在典权未约定绝卖条款时，回赎期限不受限制，故有“典在千年”之说。回赎权的永续性，使得“找贴”能够成为“典”与“绝卖”之间的不可或缺的过渡环节——未经找贴，基于回赎权的习惯上永续性，典物之绝卖就不能发生。“实际上，活卖值贱……很多都不只加找一次，有二找、三找而未断的，有经过五次以上找断后又要求再找的，江西雩都便有‘十找九不敷’之说。”[②]典制习俗中对于典价与（绝）卖价之间差价的强调，本质上就是对于“绝卖的发生，必须要以出典人最终形成永久性地让渡产业的意思”这一判断的强调。[③]

然而，如此的典期与履找不绝的找贴，不利于社会关系的稳定，也易生纠纷。因此，自清代以来的制定法，都对典期采取了限制的态度。在此基础上，将清代制定法对于典期以及回赎问题的干预，与民国立法作一个简略的比较，将是饶有趣味的。

首先，从回赎权的限制条件来看，乾隆十八年间，清政府订立条例规定，“自乾隆十八年定例以前，典卖契载不明之产……若远在三十年以外，契内无绝卖字样，但未注明回赎者，即以绝产论，盖不许找赎”。[④] 其所规定的“盖不许找赎”的后果，系以典契“未注明回赎”为条件，因此该项规定尚有“依合同约定推知当事人的意思，并以此推知结果为依据做出立法处理”的立法思想。比较而言，1929 年民国民法典《民法物权编立法原

---

① 米健：《典权制度的比较研究——以德国担保用益和法、意不动产质为比较考察对象》，载《政法论坛》2001 年第 4 期。

② 杨国桢：《明清土地契约文书研究》，人民出版社 1988 年版，第 35～36 页。

③ 事实上，绝卖的意思是在找贴后才最终形成的。例如在明末清初，闽北土地的活卖交易中存在的“‘找’、‘贴’、‘断’、‘洗’、‘尽’、‘休心断骨’”（参见杨国桢：《明清土地契约文书研究》，人民出版社 1988 年版，杨国桢书，第 273 页。）等不同性质的找贴，表明出卖人就是在这种多次找贴的过程中，才逐渐形成了与买卖物的归属渐离渐远以至彻底断裂的意思的。

④ 《大清律例》卷九，《户律・田宅・典卖田宅・条例》。

则》第13条规定："出典人于典期届满后，经过两年，不以原典价回赎者，典权人即取得典物所有权。典权未定存续期间者，出典人得随时以原典价回赎典物，但自出典后，经过30年不回赎者，典权人即取得典物所有权。"[①]由此可以看出，民国立法乃是将"到期不赎"作为典权人"即取得所有权"的唯一条件。至于当事人是否有"回赎"或者"绝卖"的意思，法律一概在所不问。于是，法律的"强制性规定"成为典权人的"即取得所有权"的唯一依据。

其次，从"找贴"之于"绝卖"发生上的意义来看，依清代例律，"如契未载绝卖字样或注定年限回赎者，并听回赎，若卖主无力回赎，许凭中公估，找贴一次者，另立绝卖契纸。若买主不愿找贴，听其别买，归还典价"。[②] 如前所述，在典契上注明有"回赎"约款的，依清律并不能因典期届至而自然发生绝卖。因此，承典人欲取得典物，必须通过"公估找贴"后的"绝卖契纸"。进而，倘若承典人不愿找贴，则"绝卖契纸"无由产生。这时，承典人只能将典物"别买"他人，以卖价受偿典价——在卖价高于典价时，超出部分出典人尚能收取。比较而言，民国民法典对于找贴亦有规定。民国民法典926条规定："出典人于典权典权存续中，表示让与典物之所有权与典权人者，典权人得按时价找贴，取得典物所有权。"然而，民国民法典所规定的"找贴"，是以倘若在典期内无法达成"找贴"合意，则承典人一概"即取得所有权"的后果为背景的。加之，该条所称的"找贴"被解释为在典期存续期间当事人所另行达成的"买卖合同"——"其实找贴并非何人之权利问题，乃出典人与典权人一种买卖契约，盖找贴须基于双方之合意（出典人表示欲卖，典权人表示欲找），始能成立"。[③] ——那么承典人既然可以无需找贴便依法律之强制规定"即取得所有权"，其又何必与出典人达成找贴合意？事实上，民间典制中的"找贴"，在此已经名存实亡。

---

① 转引自谢振民编著，张知本校订：《中华民国立法史》，中国政法大学出版社2000年版，第773页。

② 《大清律例》卷九，《户律·田宅·典卖田宅·条例》。

③ 郑玉波：《民法物权》，台北，三民书局1984年版，第154页。

显而易见,民国民法典在典权制度中所采取的此种立法手段,无疑是立足于“清理历史遗留问题”、强化社会经济秩序,以期“快刀斩乱麻”之功效。事实上,这种立法价值趋向在民国初期的民事立法活动中极为盛行。在民律二草制定之时,政府修订法律馆总裁江庸曾就前清民律一草之所以必加修订,提出理由谓“前案仿于德日,偏重个人利益,现在社会情状变迁,非更进一步以社会为本位,不足以应时势之需求……”①及至民国民法典民法总则制定之时,当时中央政治会议所厘定的立法原则也云:“自个人主义之说兴,自由解放之潮流,奔腾澎湃,一日千里,立法政策,自不能不受其影响。驯至放任过甚,人自为谋,置社会公益于不顾,其为弊害,日益显著。且我国人民,本以自由过度,散漫不堪,尤须及早防范,籍障狂澜……”②由此不难理解,在通过制定法对于典制习俗进行改造时,立法何以对于个人利益的保护至为不足,哪怕为秩序之追求而牺牲即使是大陆法系民法亦极为看重的“不动产所有权”也在所不惜的原因。

五、“典卖分离”还是“典卖合一”:我国民法典权制度的设计

民国民法典对于典权“用益物权”的定位,使“用益物权说”始终位于典权性质争论的主流。从“用益物权说”的角度来观察,既然典之关系是出典人的典物,与承典人的典价之间的“相抵利用”,那么我们可以得出的结论就是,由于“相抵利用”并不是“互易”,因此当事人于未来“双方返还”彼此的财产,就应为“相抵利用”交易当中的应有之意。换言之,不仅出典人有权通过返还典价而要求对方返还典物,而且承典人亦有权通过返还典物而要求对方返还典价——这与典制中仅出典人回赎之权的特征不相符合。

退而言之,即使通过法律的强制性规定,强令仅有出典人有权回

① 谢振民编著,张知本校订:《中华民国立法史》,中国政法大学出版社2000年版,第748页。

② 谢振民编著,张知本校订:《中华民国立法史》,中国政法大学出版社2000年版,第756页。

赎,那么在出典人未能回赎时,承典人也只能基于"同时履行抗辩权"的法理,留置典物、拒绝返还,其又如何能够就此取得典物的所有权?从传统的典制习俗以观,承典人取得典物之归属,乃是基于典契上"到期不赎,便作绝卖"的约定。这一约定就承典人而言,其典价支出后,最终的结局或是重新收回典价,或是取得典物归属。无论何种结果发生,其作为典之交易的最终结局,必定对于承典人的交易目的,有着决定性的影响。如此,典之交易又如何能概括为"以用益他人之不动产为目的"的交易?

那么,再退而言之,将承典人取得典物所有权后果,与当事人"以用益他人之不动产为目的"的意思隔绝开来,而再次归诸法律的强制性规定,从而赋予承典人的典物取得,以"原始取得"的性质。然而,考察民法中"原始取得"的诸种形态可以发现,在个人领域之关系中,能够适用于不动产的情形,计有以下三类:

第一,基于"新物"之取得,因并无"原"所有权人的存在,当然是原始取得。

第二,基于不动产的占有而取得,即取得时效。这种情形,由于取得人与原所有权人之间不存在交易关系,因此也就不存在原所有权人"反对意思"之阻碍,故而占有人可以依法原始取得。反之,如果占有系基于交易而发生,那么当事人之间的关系,则依相应的权利义务而定,自无法律置当事人的意思于不顾,而强行规定占有人所有权之取得的余地。

第三,基于与物权的真实归属相分离的不动产登记之公信力而取得。此时第三人之取得虽是基于交易,但是其交易的对方乃是无权处分人,而不是原所有权人,因此,在这里仍旧因无所有权人的"反对意思"存在,而有法律强制规定的余地。

由此可以看出,在存在原所有权人的情况下,原始取得发生的条件,一在于"可能",即取得人因并未与原所有权人建立起交易关系,故没有原所有权人相反的意思,构成原始取得上的障碍;二在于"值得",即取得人也不(应)知原所有权人的缺位,即为善意。依此反观典之交易,所有权人的仅仅让渡“物之用益”的意思直接参与典之交易活动，且承典人“他主占有”的心态至为明显，这时法律如何能够不问当事人的意思，而强行规定“原始取得”？这种做法，本质上只能是对于所有权的“永续性”的违背。

上述的“相抵利用”与“承典人所有权的取得”之间的内在矛盾，乃是无视典制固有的担保意义，人为地将典权定位为“用益物权”的必然结果。事实上，当物之所有人不向对方给付一定数额的金钱，便将以丧失该物作为代价时，无论这种交易以何种面目出现，也无论对方是否可得对该物进行用益，该物实质上就是对方取得该笔金钱的物上担保，这乃是交易之公理。只有恢复典之交易的担保意义，承典人所有权的取得，方才能够得到合理的解释；也只有如此，我们才有可能进一步比较典制与民法“典型担保物权”之间的差异，从而为这个传统习俗在寻觅到最为准确的民法语言的表述。

如前文所述，抵押、质押以及留置等民法中的“典型担保物权”，其是在抽象的所有权以及由此所衍生出的“归属”与“支配”的可分性观念之下，经历了“系由纯粹之物的代当责任，先转化为补充的物的责任，然后再转化于‘担保物自体，不为担保权之对象，而以担保物所保有之交换价值为其对象’”①的演变过程，于是形成今日“就他人之物的价值支配权”的权利性质。比较而言，由于在我国传统中并无上述观念，因此以此为背景的典制，始终是处于“物的代当责任”阶段，而未能演化成“交换价值支配权”。典制中“物的代当责任”表现为两个方面：一是在出典人终告不能返还典价时，承典人以取得典物的方式受偿；二是承典人一旦就典物受偿，出典人的典价返还义务即告消灭。

显然，典之交易的担保意义，具有非典型担保的性质。因而，不能够简单地将典权认作是抵押、质押、留置之外的第四中“担保物权”。那么如何用民法的话语表述典权的担保意义，我国“典卖合一”的习惯，就为

① 张龙文：《典权与不动产质权之比较研究》，载郑玉波主编：《民法物权论文选辑》，台湾五南图书出版公司1984年版，第1002～1003页。

我们提供了一条有益的思路。

由于活卖在民法中可以理解为“附买回特约的买卖”或者“附解除条件的买卖”，那么我国民法如果继续沿袭传统的“典卖合一”的习俗，可直接将典权规定为“负担回赎权的所有权”或者将典权合同规定为“附解除条件的买卖合同”，而买卖合同的解除条件则为“典价之返还”，即回赎。在此需要说明的是，有学者认为，典权为物权关系，而附回赎权之买卖则为债权关系，其两者性质截然不同。[①] 将“附回赎权之买卖”看成是债权关系，其实是将“回赎权”看成是债权性质的权利。然而，这个结论显然是过于武断了。[②] 在现代民法中，通过不动产的登记方法，对外公示回赎权的存在，就可以赋予其物权的效力。

由此可以看出，按照“附解除条件的买卖”来定位典权交易，不仅符合传统上“典卖合一”的习惯，而且使承典人广泛的典物的支配权利，能够从“自物权”的角度得到说明，同时出典人的“回赎权”作为附着在承典人所有权上的一个物权性质的负担，可以得到对世效力的保障。由此还可以看出，在“典卖合一”的模式之下，典制事实上在发挥着“不动产让与担保”的作用。而且，在典制的构造之下，不动产的让与担保，将可以发挥更加广泛的社会意义。

第一，以典权为依托的不动产让与担保，将物上占有之移转作为法定要件，并允许典权人对物进行用益支配，以抵消债款之利息，因而赋予了占有转移以实质性的意义。如此，可以使得以典权为依托的不动产让与担保，与抵押形成“互补”之势，且有利于物之效用的发挥。

---

① 杨与龄：《论典权制度之存废》，载梁慧星主编：《民商法论丛》（第12卷），法律出版社1999年版，第300页。

② 从历史的角度来看，买回权（回赎权）可以是对人请求权的性质，但也可以是具有物上对世效力的权利。例如，早期罗马法上“信托”中信托人的返还请求权，显然具有债权的效力，即“如果债权人愿意，他也有权出卖物品，但所根据的是已取得的所有权。如果他在为清偿债务规定的时限到达之前行使了这种出卖权，他可能会在‘信托之诉’中受到追究”。参见[意]彼德罗·彭梵得：《罗马法教科书》，黄风译，中国政法大学出版社1992年版，第342页。换言之，第三人对于所有权的取得，并不会由于债权人对于“信托义务”的违反而受到影响。比较而言，古日耳曼法的“所有质”虽与罗马法上的“信托”极其相似，其均是以移转物之归属为担保之方式，但是“所有质”中所附的买卖合同的解除条件，却具有物权的效力。参见李宜琛：《日耳曼法概论》，中国政法大学出版社2003年版，第144页。

第二,以典权为依托的不动产让与担保,克服了一般让与担保中担保设定人在担保设定之后,“物之所有权究竟属于何人”的“担保权说”与“所有权说”的困扰。在一般的让与担保中,倘若强调当事人担保交易之意思而采取“担保权说”,则不仅排除了担保人就担保物进行用益以抵销债款利息的可能,而且无法解释担保人何以能够将担保物从设定人责任财产中分离出去并优先受偿的担保功效;倘若强调交易的让与形式而采取“所有权说”,则在形式上担保设定人与物之间的权利联系又被切断,其过于薄弱的法律地位,必将阻碍其对物上的交换价值的进一步的支配,如再行设定抵押。为此,民法理论不得不创制出“期待权”的概念,作为设定人法律地位的补充。然而在我国民法理论上,“期待权”的理论研究刚刚起步,这个在大陆法系民法中历经百年讨论而仍未见于立法的问题,在我国要用于立法实践仍须待以时日。然而,如果将不动产让与担保,附着在典权的形式之上,则“回赎权”这个我国典制中固有的概念,则可以在这个具体的制度上,避开“期待权”的理论问题,却获得完全相同之功效。如此,以典权为依托的不动产让与担保,会形成泾渭分明的“回赎权—所有权”的对峙格局:前者可以再行抵押,而后者可以全面支配;同时前者作为后者的物上负担,具有对抗第三人的效力。

第三,大陆法系让与担保的理论,为了与“流质约款之禁止”规则相协调,常有债务不履行时的清算规定。我国传统典制中的“找贴”“别买”,恰恰提供了完备的“清算”方式。详言之,我国民法中的“找贴”“别买”制度,应当与“回赎权”的制度结合起来予以设计:(1)“返还典价”,应是回赎权的积极权能。其之行使,意义在于出典人重新取得典物的所有权,回赎权消灭。(2)“要求找贴”,应是回赎权的消极权能,此项权能应当具有“形成权”的性质,不以承典人的同意为要件。且“找贴权”一经在典期内行使,即开始起算诉讼时效期间,典期届至,不再对找贴权产生影响。当事人就找贴价不能达成合意的,由第三人评估作价。找贴权一次行使,回赎权消灭。(3)当事人事先约定“别买”方式的,或者约定变“找贴”为“别买”的,法律上无禁止之理由。“别买”价金扣除典价后如有剩余,应向出典人返还。①

六、结语

今天,中国的民法典立法工程,又一次启动。典制,这个中国传统习俗的遗产,在这个历史的际遇下,又一次面对“民法”这个西来法律的审视。在这个过程当中,如何从民法的角度来看待典制,自然成为我们在这个问题上民事立法取向的起点。然而我们不能忘记的是,在此应当纳入我们视野范围的,绝不应当是民国民法典所展现给我们的,业已经过改造的“典权制度”;同时,我们的理论起点,也不应当建立在民国民法典所给出的“定论”基础之上——事实上,从我国大陆有关典权的司法解释中,我们不难看出当初的民国民法典在此所发生的影响——如前文所述,民国民法典对于典制的这种成文法改造,其实是难谓成功的。因此,在我国民法典制定中对于典制的考察,应当立足于我国传统的典制习惯本身以及对于民初立法的反思,通过独立思考,得出自己的结论。

---

① 此项规则来自民国时期最高法院的决议。该决议的内容是当事人在典契上注明“到期不赎听凭典权人出卖典物以收回典价之条款”的情况下,法院应认许之。且典权人所得价金超过典价者,其超过之数,应返还出典人。参见民国最高法院1942年11月19日民刑庭会议决议,转引自王文:《典权期限之研究》,载郑玉波主编:《民法物权论文选集》,台湾五南图书出版公司1984年版,第1040页。进而言之,由于民国民法典未对“别买”问题作出直接规定,因此民国最高法院在此排除了“到期不赎,即取得所有权”规则的适用,作出了符合传统习惯的决议。此项决议,殊值赞同。

第七章　遗失物视角下的无权占有与诉讼时效

第一节　无权占有之返还制度与相关法律制度的关系辨析

一、引言：无权占有之返还制度

我国《物权法》专设“占有”制度，对占有的事实予以法律保护。在占有的诸种类型中，“无权占有”作为占有之一种，其除依法应受法律保护、不受他人不法侵害外，还具有“不得对抗本权”的属性，即占有物上的权利人可得依法请求无权占有人返还占有物。基于此，我国《物权法》第242、243条，对于无权占有人的占有物返还义务及其返还范围作出了规定。由这两个条文所界定的《物权法》上“返还无权占有物”的规则，其根据“是否存在占有物毁损、灭失”的事实，可分为两个逻辑层面：

第一，在无权占有物未发生毁损、灭失的情况下，根据《物权法》第243条的规定，无权占有人应当向权利人返还原物；原物产生孳息的，还应当返还孳息。

第二，在占有物发生毁损、灭失的情况下，根据

《物权法》第 242 条的规定,应当区分“善意占有”与“恶意占有”而分别对待。在善意占有的情况下,即占有人不知道其为无权占有时,善意的无权占有人对标的物的毁损、灭失,不承担损害赔偿责任;在恶意占有的情况下,即占有人知道其为无权占有时,恶意的无权占有人需对于标的物的毁损、灭失承担赔偿责任。

随着“无权占有”之返还制度的确立,在民事司法审判实践中,便会面临前述《物权法》的规定与其他相关法律制度——包括不当得利之返还制度、无因管理制度以及拾得遗失物之返还制度——的关系辨析问题。

二、“无权占有”之返还与“不当得利”之返还的关系辨析

最高人民法院《关于贯彻执行〈中华人民共和国民法通则〉若干问题的意见(试行)》(以下简称《民通意见》)第 131 条规定:“返还的不当利益,应当包括原物和原物所生的孳息。利用不当得利所取得的其他利益,扣除劳务管理费用后,应当予以收缴。”由此条规定出发,对于不当得利的处理,可以分为三个方面:其一,“原物”应予返还;其二,“孳息”,如前者如不当得利所产生的天然孳息、租金、利息等,也应予返还;其三,“其他利益”,如不当得利在经营活动中所产生的孳息,则扣除相关费用后,由国家收缴。较之于前述《物权法》第 243 条的规定,“无权占有”的返还规则,仅仅要求占有人返还“原物”与“孳息”,而并未如《民通意见》第 131 条那样,作出“收缴其他收益”的规定。因此,《物权法》“无权占有”的规则,应解释为凡占有物所产生的增值部分,无论是“孳息”还是“其他收益”,一概应被视为“孳息”,应予返还权利人,国家不再“收缴”。

如果我们将“无法律依据而占有财产、取得利益,并依法应负返还义务的人”,统称为“无法律依据的返还义务人”的话,那么在其财产返还的问题上,我国现行民法并存两个法律制度对之加以调整,即《物权法》第 242、243 条上的“无权占有”制度与《民通意见》第 131 条中的“不当得利”制度。如前所述,由于其两者在返还方式上存在差别,因此在法律适用上所产生的问题就是,“无法律依据的返还义务人”在何种情况下,应当依据“无权占有”来返还财产?在何种情况下,又应依据“不当得利”来

予以返还？

诚然，《民通意见》第131条“利用不当得利所取得的其他利益，扣除劳务管理费用后，应当予以收缴”的规定，因其显明的国家干预倾向受到学者的批评，认为“这一规定带有浓厚的计划经济色彩，是公权对私权的肆意干涉，与不当得利制度衡平当事人利益、实现社会公正的功能格格不入，更与建立、完善社会主义市场经济的目标背道而驰”。[①] 但是，需要说明的是，对于上述问题的辨析意义，并不仅仅在于《物权法》第243条与《民通意见》第131条关于其两者在返还的范围、在是否应予收缴的判断的规定有所不同，而且“无权占有”与“不当得利”的不同法律定性，还会引起其他一系列重要问题上的判断差异，包括权利人的返还请求权是否适用诉讼时效，是否具有优先于返还义务人的其他债权人的效力，在法院基于返还义务人的其他债权人的申请，对相应财产进行扣押、执行时，返还权利人可否提起异议，在返还义务人进入破产还债程序时，权利人可否行使取回权或者别除权等。

笔者认为，对于“不当得利”与“无权占有”的界定问题，需要从“不当得利返还请求权”与“无权占有返还请求权”这两种请求权的性质差别上入手来寻求答案。

基于不当得利所产生的返还请求权，是一种“不当得利之债中的请求权”，即债权请求权。这意味着，作为一种债权请求权，不当得利返还请求权应受到诉讼时效制度的制约；基于债权的平等性，在得利人的责任财产上，返还请求权人与得利人的其他债权人具有平等的受偿关系。进而，之所以返还请求权人必须与得利人的其他债权人居于平等的受偿地位，原因在于，应予返还的不当得“利”，事实上已经构成了得利人责任财产的组成部分，成为了得利人的债权人（包括不当得利返还请求权人，也包括其他债权人）债权受偿的一般担保。换言之，得利人所应予以返还的利益，如物、权利或者其他利益，其业已为得利人所“得到”。此时受损人所主张返还的，乃是已经“属于”得利人的利益。

---

① 霍政欣：《中国不当得利制度——以比较法为视角》，载《求是学刊》2006年第2期。

事实上,将不当得“利”,定位为已为得利人“取得”之利,在传统民法理论中早有定论。按照台湾民法学者王泽鉴先生的阐释,“就具体事例而言,(不当得利)受利益之主要情形有:(1)权利之取得,凡所有权、抵押权、债权及其他财产权之取得均属之;(2)法律所保护事实上地位之取得,占有之取得,为其著例;(3)债务之免除,例如他人清偿自己债务而免自己之支出”。[①] 在上述三个方面的列举中,第(1)、(3)两项将“不当得利系属得利人业已取得之利益”的判断表述得清晰无误:就“权利之取得”而言,得利人无法律上的依据,却“取得”所有权、抵押权、债权等民事权利的,构成不当得利;就“债务之免除”而言,在第三人代为清偿债务人之债务时,尽管债务人对清偿人构成不当得利,但是其对于债权人的债务却真实地消灭了,即债务人已经取得了该“债务消灭”之利益。至于上述列举中的第(2)项,即“法律所保护事实上地位之取得”,如对他人之物形成占有,此时所构成的不当得利,其“利”之所指,并不是该他人之物本身,而是占有人所“取得”的对于该他人之物的“使用利益”。例如,在我国台湾的司法判例中,占有他人之物所形成的不当得利,其“所受之利益”,系指得利人消极地减免其应支付的使用代价;相应地,对于受损人而言,只有在其原有使用该物之计划,或因此不得利用或出租时,方可构成受损人“受有损害”。[②]

比较而言,无权占有作为一种“无本权的占有”,[③]由于无权占有人对于占有物不享有任何本权,因此从逻辑出发,占有人不可能在任何意义上“取得”占有物。进而,权利人请求返还占有物的基础,只能基于物权或者占有事实对世性的绝对效力。换言之,无权占有的返还请求权,性质为“物上请求权”。这意味着,一方面,无权占有的返还请求权不受诉讼时效的制约,并具有优先于无权占有人的普通债权人的效力。例如,在无权

① 王泽鉴:《使用他人物品之不当得利》,载王泽鉴:《民法学说与判例研究》(三),中国政法大学出版社 1998 年版,第 100 页。

② 王泽鉴:《使用他人物品之不当得利》,载王泽鉴:《民法学说与判例研究》(三),中国政法大学出版社 1998 年版,第 116 页。

③ 王泽鉴:《民法物权》(2),中国政法大学出版社 2001 年版,第 177 页。

占有人的债权人申请人民法院就占有物实施查封、扣押时，该物上的权利人可依据其物上返还请求权，向法院提出异议；在无权占有人破产时，其则可依据该物上请求权，行使别除权或者取回权。另一方面，“无权占有”的概念本身即表明，占有人并未“取得”任何占有物上的权利——正是由于占有物并未构成无权占有人的“责任财产”的组成部分，这才为前述返还请求权人的执行异议权、取回权、别除权的成立，提供了法律基础。

由此可以看出，在法律适用上，“无权占有”与“不当得利”在返还范围上的区分，应当以“返还请求权”的性质作为依据，而“返还请求权”的性质判断，则又是以“无法律依据的占有者”是否“取得”了相应的财产或者权利作为界定标准。以此为出发点，“无法律依据的返还义务人”能够“取得”相关权利或利益，从而构成不当得利的典型例证，应当是如下两种情况：

1. “无法律依据的返还义务人”以“消耗物”作为其占有的标的时，构成不当得利。由于消耗物的“使用”与“处分”乃是同一过程，因此消耗物具有一般种类物的性质。无论是因消耗物的借贷所形成的返还关系，还是因消耗物的无法律依据的占有所形成的返还关系，返还义务人均是以其“所有”的、与原物相同种类、品质、数量的他物进行返还。换言之，消耗物占有的转移将会导致所有权的转移。因此，对于消耗物而言，返还权利人所要求返还的，必然是业已由返还义务人所“取得”的相同种类之物，即其返还请求权性质上为不当得利的债权请求权。

2. “无法律依据的返还义务人”依据添附制度取得新物的所有权时，就该新物上原属于他人所有的部分，构成不当得利。在附合、混合与加工三种添附形式中，就附合与混合而言，当不同人所有之物基于物理上之力而结合在一起而难以分割，或者相互混合在一起而难以区分识别时，一方对于该新物所有权的“取得”，即意味着对于另一方原有之物的“取得”。就此部分而言，取得新物所有权的一方，对另一方构成不当得利；再就加工而言，当一方所有的原材料被另一方加工成为一个新物时，取得该新物的一方，亦即同时取得了另一方的原材料或者加工劳务，因而也就对另一方构成了不当得利。

由上述思路往下,如果我们将"不当得利"的概念界定为"无法律依据的返还义务人已经取得的利益"的话,那么这一判断所引出的下一个与"无权占有"之辨析有关的问题就是:为我国大陆民法理论所普遍采纳的"给付不当得利"概念,其在我国大陆的民法制度中,真的能够成立吗?

所谓给付不当得利,是指基于给付行为所产生的不当得利——"给付之提出,其目的在清偿债务,但实际上此项债务并不存在,给付人得主张不当得利之返还请求权"。[①] 给付不当得利,通常被认为包括两种情形:(1)自始无给付目的,如非债清偿、给付原因(如合同)未成立、无效或者被撤销;(2)给付原因嗣后不存在,如附解除条件或者终期的法律行为。[②] 我国大陆民法理论上"给付不当得利"这一概念,源自于对我国台湾"民法"及其理论的借鉴,并成了得到学者广泛认同的不当得利的重要形态。

事实上,将欠缺原因的给付视为不当得利,是台湾"民法"效仿德国物权变动的立法模式,承认"物权行为"及其无因性理论的结果。从德国以及我国台湾"民法"物权变动的立法模式出发,在"物权行为"与"债权行为"彼此独立的前提下,物权变动的完成被建立在"物权行为"的基础之上,并与"债权行为"脱离关系。由此所导致的结果就是,一方面,"债权行为"的被撤销或者无效,并不会影响物权变动本身的效力——按照德国学者的表述,"一个源于错误的交付也是完全有效的";[③]另一方面,"根据抽象原则并不能想当然地认为物权取得人可以无根据地取得他人的财产,因为……在原因行为被撤销之后,已为物的交付的当事人可以向物的取得人提起不当得利的返还之诉"。[④] 换言之,在德国以及台湾"民法"上,缺乏原因之给付之所以会被定性为不当得利,原因在于根据其所奉行的物权行为无因性理论,给付原因的不存在并不会影响给付的受领人基于给付行为(动产交付或者不动产登记)而"取得"物权;相应地,正是由

① 梅仲协:《民法要义》,中国政法大学出版社 1998 年版,第 179 页。

② 张俊浩:《民法学原理》,中国政法大学出版社 1997 年版,第 849 页。

③ [德]K. 茨威格特、H. 可茨:《"抽象物权契约"理论——德意志法系的特征》,孙宪忠译,载《外国法评译》1995 年第 2 期。

④ 孙宪忠:《德国当代物权法》,法律出版社 1997 年版,第 63 页。

于受领人已经“取得”相关的权利，给付人才只能够通过“不当得利”这一债权请求权，向受领人主张“利益之返还”。这就是“给付不当得利”概念的由来。

比较而言，在我国大陆的物权立法上，德国与台湾“民法”上的物权行为概念及其无因性理论并没有得到立法的反映。“在我国物权法的起草过程中，起草者……没有采纳德国法中的物权行为理论，而是采取了形式主义与意思主义相结合的模式。这一点是值得肯定的。”①从我国《物权法》的物权变动立法模式出发，动产的交付与不动产的登记，并不被视为一种法律行为；相应地，物权变动的发生，与买卖等合同（德国、台湾“民法”理论上所称的“债权行为”）的效力息息相关。这就意味着，纵然已经发生动产的交付或者不动产的登记，倘若买卖等合同无效或者被撤销，在法律后果上伴随着买卖等合同“自始无效”的，将是物权变动的“自始未发生”。此时，让予权利的一方有权按照《合同法》第58条“合同无效或者被撤销后，因该合同取得的财产，应当予以返还”之规定，请求返还财产；由于物权变动“自始未发生”，财产的返还义务人并未“取得”该项财产，因此让予权利的一方所享有的返还请求权，为物权请求权。换言之，欠缺原因之给付，在我国大陆民法中并不构成不当得利。此种情况下的财产返还，应当适用《物权法》中的无权占有制度，而不应适用《民通意见》中的不当得利制度。②

三、“无权占有”之返还与“无因管理”的关系辨析

《民法通则》第93条规定：“没有法定的或者约定的义务，为避免他人利益受损失进行管理或者服务的，有权要求受益人偿付由此而支付的必要费用。”这即是我国民法上的“无因管理”制度。由无因管理“为本人

---

① 王利明：《我国民法典重大疑难问题之研究》，法律出版社2006年版，第294页。

② 需要说明的是，“合同无效时出让人的返还请求权为物权请求权”这一判断，存在些许例外。如前文所述，根据前述“消耗物占有的转移将会导致所有权转移”的性质，由于当返还义务人所应返还的标的为货币等消耗物的情况下，其依然可以“取得”该标的物，因此返还请求权人只能根据不当得利之债权请求权要求返还。但是在这一例外中，受让人对于标的物的取得，是根据标的物的性质，而与“给付不当得利”的概念无关。

的利益”的特征所决定，管理人在实施管理行为时，应负“谨慎管理义务”。关于管理人是否违反“谨慎管理义务”的判断标准，《民法通则》及其《民通意见》没有对此作出明确规定。民法学理上，认为“谨慎管理义务”的违反，应当以管理人具有“故意或重大过失”为条件——“管理人为免除本人之生命、身体或财产上之急迫危险而为事务之管理者，对于因其管理所生之损害，仅于有恶意或重大过失时，负赔偿责任”。[①] 由此就产生了无因管理制度中的管理人谨慎管理义务与《物权法》上的无权占有人返还规则的法律适用辨析问题。

如前文所述，《物权法》第242条规定，在“占有物发生毁损、灭失”的情况下，善意的无权占有人不对标的物的毁损、灭失承担赔偿责任，即仅就占有物的现存价值予以返还，而恶意的无权占有人则需对标的物的毁损、灭失承担赔偿责任，即应当按照其占有时的标的物价值进行返还。以此为背景，我们可以发现，无因管理人在管理过程中，对于被管理人所有财产的占有，属于“无权占有”，且由无因管理“为本人的利益”的特征所决定，管理人必然“知道”其所占有的财产，系属本人所有之财产。因此，无因管理人对于被管理人财产的占有，又将被纳入“恶意无权占有”的范畴。问题也就随之而来：在无因管理过程中，倘若管理人由于管理活动的需要而占有本人的财产，且该项财产在管理活动中毁损、灭失，此时管理人是应当按照《物权法》第242条关于恶意的无权占有的返还规则，“无条件”地承担损害赔偿责任，还是按照无因管理的原理，仅仅在其有“故意或重大过失”的情况下，才予以赔偿？

笔者认为，对于这一问题的回答，应当从“无权占有”与“无因管理”两个制度的立法宗旨的差别上来寻找答案。对于无权占有制度而言，其立足于“无本权占有”的一般情况，以恢复权利人应有的财产占有状态为宗旨，来确定占有人应当如何向权利人返还财产；对于无因管理制度而言，其则是以管理人助人为乐的心态之鼓励、保护为宗旨，因而在“故意或重大过失”的情况下才承担赔偿责任，正是这种立法宗旨自然延伸的结

① 梅仲协：《民法要义》，中国政法大学出版社1998年版，第172页。

果。就此以观,所谓“恶意的无权占有”,是泛指占有人在“知道”自己没有任何本权,而占有他人财产的一般情形。比较而言,无因管理下管理人对于本人财产的占有,则是一种“特殊的”恶意无权占有,即具有“为本人利益”之特征的恶意无权占有。因此,在为了本人利益而占有其财产的情况下,无权占有制度与无因管理制度之间,呈“一般规则”与“特殊规则”的关系。根据“特殊规则优先适用”的准则,倘若此时他人财产发生了毁损、灭失,法律适用的出发点应当在于管理人“利他心态之保护”,而不应在于其“占有的无本权性”,即此时应当适用无因管理的规则,认定只有在管理人具有“故意或重大过失”的情况下,方才承担损害赔偿责任。

四、拾得遗失物:“无权占有”与“不当得利”“无因管理”之关系的实证分析

至此,本书以无权占有制度为核心,考察了无权占有制度与不当得利、无因管理制度在法律适用上的关系。上述两个方面的关系问题,在《物权法》“拾得遗失物”制度中,得到了集中的体现。我国《物权法》第109条至第113条,规定了“拾得遗失物”制度,而以上述无权占有与不当得利、无因管理的关系为线索,“拾得遗失物”制度可以被划分为以下三个逻辑层面:

1.“拾得遗失物”的定性:无权占有,还是不当得利?

《物权法》第109条规定:“拾得遗失物,应当返还权利人。拾得人应当及时通知权利人领取,或者送交公安等有关部门。”由这一规定所产生的问题在于,既然“拾得遗失物,应当返还权利人”,即“权利人(失主)”对于拾得人便享有的遗失物返还请求权,那么,这种请求权,究竟是物权请求权,还是债权请求权?换言之,拾得人对于遗失物,究竟是无权占有,还是不当得利?这一问题,对于遗失物返还请求权是否适用诉讼时效、是否具有优先于拾得人的其他普通债权人的受偿效力均至关重要。如前文所述,上列问题的判断,应取决于遗失物的属性:倘若所拾得的遗失物为“消耗物”,如货币,则拾得人因“占有”该物而构成不当得利。此时,对于拾

得人而言，其应当按照前述《意见》第131条的关于“不当得利”的规定返还拾得物。对于“权利人”而言，其返还请求权为债权请求权性质，适用诉讼时效的规定，且不具有优先受偿的效力。反之，倘若所拾得的遗失物为“非消耗物”，则拾得人无法基于拾得、占有事实而“取得”该物，因而只能构成无权占有——此时，拾得人应当按照前述《物权法》第243条的规定返还拾得物。相应地，“权利人”所享有的返还权利为物权请求权，其不适用诉讼时效的规定，并具有优先受偿的效力。

2. 拾得人对遗失物的自主占有：无因管理，还是恶意占有？

在遗失物为“非消耗物”的情况下，拾得人对遗失物构成无权占有。由“拾得”行为的性质所决定，拾得人必然“知道”拾得物非为自己之物，因而构成前述一般意义上的“恶意无权占有”。在此基础上，这种“恶意占有”是否同时构成“无因管理”，则应当取决于拾得人是否具有“为他人利益”的主观心态。详而言之，拾得人在拾得遗失物之后，如果其按照《物权法》第109条的规定，及时、积极地寻找、通知失主，或者将遗失物送交有关部门，那么其对于遗失物的占有，因没有“据为己有”的意思，构成他主占有。尽管《物权法》第109条规定了“拾得遗失物，应当返还权利人”的拾得人义务，但是，从拾得人本来并无义务实施“拾得”行为的角度来讲，其拾得遗失物、及时通知权利人领取，或者送交有关部门的行为，仍然具有“为失主利益”的无因管理的性质。故而，在拾得人按照法律的要求，“及时”通知权利人领取，或者送交有关部门的情况下，对于拾得人行为的要求，应当根据无因管理制度，而不应适用恶意的无权占有制度。由此出发，《物权法》第111条“因故意或者重大过失致使遗失物毁损、灭失的，（拾得人）应当承担民事责任”的规定，以及第112条“权利人领取遗失物时，应当向拾得人或者有关部门支付保管遗失物等支出的必要费用”的规定，均可理解为无因管理制度中管理人“谨慎管理义务”与“费用请求权”在拾得遗失物制度当中的具体化。进而，尽管《物权法》第112条未能明确当拾得人为了寻找失主或者保管遗失物而遭受的“损失”，失主是否应当偿付，但是从其无因管理的本质出发，应当解释为此时依然可适用《民法通则》第93条以及《民通意见》第132条关于无因管理的规定，即确认失主应予偿付。

3. 拾得人对遗失物的他主占有：无因管理，还是恶意占有？

在拾得人没有及时、积极地寻找、通知失主，或是将遗失物交送有关机关，甚至面对失主请求而拒不返还时，其对于遗失物的占有构成自主占有，即“侵占遗失物”。这种情况下，拾得人“为了失主利益”的无因管理色彩已经褪尽，其对于遗失物的占有，遂还原其无权恶意占有的本来面目。因此，《物权法》第 112 条“拾得人侵占遗失物的，无权请求保管遗失物等支出的费用”的规定，应视为该法无权占有制度中“不动产或者动产被占有人占有的，权利人可以请求返还原物及其孳息，但应当支付善意占有人因维护该不动产或者动产支出的必要费用”（第 243 条）规定在拾得遗失物制度中的延伸；相应地，在拾得人侵占遗失物的情况下，倘若发生遗失物的毁损、灭失，此时拾得人的返还义务，此时法律的适用，不应当按照无因管理的原理来确定，即不应当适用《物权法》第 111 条“因故意或者重大过失致使遗失物毁损、灭失的，（拾得人）应当承担民事责任”的规定，而应当依据恶意无权占有的返还规则，即应当适用《物权法》第 242 条“占有人因使用占有的不动产或者动产，致使该不动产或者动产受到损害的，恶意占有人应当承担赔偿责任”的规定。

五、结语：从立法研究到体系解释研究

《物权法》是我国民法典制定进程中的一个重要的里程碑，是我国民法由各自为政的单行立法、互不关联的制度构建走向法典化的一个重要的阶段性成果。《物权法》的颁布，在确立了一系列崭新的规范，并使得我国民事法律制度进一步趋于完善的同时，也产生了其与我国原先民事立法及其司法解释的衔接与协调问题。因此，在民法典之制定的背景之下，考察法典化的民法对于民事制度规范体系内在的逻辑性要求，民法学的理论研究，在关注制度设计、完善的立法论研究的同时，更应当关注民法体系解释论的研究，即通过对于现行立法的解释，全面、系统对现有法律制度之间的关系进行梳理与发现，在民法宏观的制度逻辑体系基础上，进一步完善微观制度的逻辑体系，使民法体系解释研究的细致化、精确

化，为达到民法法典化的体系性要求进行理论准备。

第二节　遗失物返还请求权的诉讼时效

一、引言及问题的提出

《民法总则》第196条所列举的“不适用诉讼时效的请求权”类型中，规定了“不动产物权和登记的动产物权的权利人请求返还财产”（第2项）。从诉讼时效制度的强行法性质出发，诉讼时效适用范围的判断，应当遵循“反对解释”的逻辑方法，即法律未规定不适用诉讼时效的请求权，均应适用诉讼时效。据此，在物权返还原物请求权的领域，依《民法总则》第196条之规定，排除了“不动产物权人返还原物请求权”与“登记的动产物权人返还原物请求权”之后，“未经登记的动产物权人的返还原物请求权”逻辑上即应当适用诉讼时效。

在大陆法系民法理论及其立法上，返还原物请求权是否应适用诉讼时效，是一个极具争议性的问题。反对返还原物请求权适用诉讼时效的观点，其最为核心的依据是，倘若物权返还原物请求权适用诉讼时效的话，那么一旦诉讼时效期间届满，返还义务人将获得诉讼时效抗辩权。由此导致的结果是：无权占有人可以永久性地占有他人之物，而物权人则永久地丧失对自己之物的占有。“如果适用诉讼时效的是物权，则存在权利真空问题，因为，物权因诉讼时效届满而消灭，物权人之相对人尽管事实上支配着标的物，但并未同时取得物权，这样，该标的物在法律上就无从归属，陷入权利真空状态。”①正是由于适用于返还原物请求权之上的诉讼时效，将会导致上述“古怪、不自然”的物权与占有相分离的局面，从而成为“窃贼的天堂”。《法国民法典》《意大利民法典》《欧洲合同法通则》《欧洲民法典共同参考框架草案》等均将返还原物请求权排斥于诉讼时

---

① 李建华、杨代雄、赵军：《论我国物权请求权诉讼时效制度的立法选择》，载《法学评论》2003年第5期。

效的适用范围之外。[①] 在我国,《民法总则》颁布之前,最高人民法院也采取相同的立场,在最高人民法院《关于审理民事案件适用诉讼时效制度若干问题的规定》第1条明文规定,"当事人可以对债权请求权提出诉讼时效抗辩"。然而,上述返还原物请求权不适用诉讼时效的立法模式,其实并非大陆法系民法立法模式的通例,仍有一系列国家和地区,认可诉讼时效制度在返还原物请求权上的适用,如德国民法和我国台湾地区"民法"。《德国民法典》第194、902条规定,要求他人作为或者不作为的权利(请求权),因时效而消灭(第194条),但是已登记的权利所产生的请求权,不因超过时效而消灭(第902条)。据此可知,该法典第902条规定之外的返还原物请求权,应当适用诉讼时效。在我国台湾地区"民法"第125条规定:"请求权,因十五年间不行使而消灭。"关于这一规定是否应适用于返还原物请求权,根据我国台湾地区"大法官会议"第107、164号解释,对于已经登记的不动产所有人的物上请求权,不适用"民法"第125条的规定,但是对于未登记的不动产或动产所生的物上请求权,仍应适用第125条的规定。[②]

显而易见,《民法总则》第196条将"返还原物请求权"纳入诉讼时效的适用范围,是采纳了德国、我国台湾地区"民法"立法模式的结果。这意味着,《民法总则》的立法价值取向是,以接受返还原物请求权适用诉讼时效所导致的弊端为代价,来追求由此形成的制度性收益。那么,这个收益究竟是什么呢?就制度本身的意义而言,诉讼时效所具有的督促权利人及时主张权利、防止权利人"躺在权利上睡眠"、减轻义务人的举证责任、降低司法成本等制度价值,是各国民法演变、发展至今,仍然保留着诉讼时效制度的根本原因。在此基础上,诉讼时效在返还原物请求权上的适用,还具有充分发挥物之使用和交换价值的特别功能。具体而言,一方面,由于物之占有人因获得诉讼时效抗辩权的缘故,无需再有"未来需返还予他人"的顾虑,其可以放开手脚、对物加以利用;另一方面,在返还

① 朱虎:《返还原物请求权适用诉讼时效问题研究》,载《法商研究》2012年第6期。

② 王泽鉴:《民法总则》,中国政法大学出版社2001年版,第253页。

请求权届满诉讼时效的情况下,占有人对受让人的物之交易,也可以使受让人免于返还请求权的追索,从而有利于交易安全。事实上,以上理由也正是德国民法将返还原物请求权纳入诉讼时效适用范围的原因。按照《德国民法典》立法理由书的阐释,"此(返还原物)请求权若不因时效而消灭,则容许多年不行使之权利继续存在,有害于交易之安全"。①

然而,在《民法总则》颁布之前,《物权法》第107条已经对动产物权返还原物请求权及占有返还原物请求权,规定了法律期间的限制,即失主请求遗失物受让人返还遗失物的请求权,应当自知道或应当知道遗失物受让人之日起2年内主张。在《民法总则》颁布之前,最高人民法院《关于审理民事案件适用诉讼时效制度若干问题的规定》(以下简称《诉讼时效解释》)明确将诉讼时效的适用范围限定在"债权请求权"领域(第1条),物权请求权并不适用诉讼时效。在这一背景之下,《物权法》第107条所规定的法律期间,并不涉及诉讼时效的问题,也不涉及与诉讼时效的关系。现在,《民法总则》第196条将诉讼时效的适用范围,扩展至物权请求权领域,上述《物权法》第107条所规定的请求权,也被这一范围所覆盖。由此所产生的问题就是,《物权法》第107条中的法律期间,与诉讼时效的关系是什么?

二、对《物权法》第107条规定的法律期间的逻辑分析

《物权法》第107条对失主请求遗失物受让人返还遗失物的请求权,施加了应当自知道或应当知道遗失物受让人之日起2年内主张的期间限制。由于第107条允许失主在2年内有权请求受让人返还遗失物,故在学理上,该条文经常被作为"遗失物不得善意取得"的法律依据。② 然而,依笔者所见,这种论证方式不无商榷之处。从第107条的内在逻辑上看,既然失主有权自应当自知道或应当知道遗失物受让人之日起2年内请求返还遗失物,那么在2年期限届满后,失主的遗失物返还请求权即应归于

① 史尚宽:《民法总论》,中国政法大学出版社2000年版,第631页。
② 刘耀东:《占有脱离物之善意取得研究——以〈物权法〉第107条为中心》,载《时代法学》2011年第1期。

消灭。此时,遗失物的权利归属,应当如何界定?

要回答上述问题,需要首先明确一个立法背景,即《物权法》制度设计是以“物权返还原物请求权不适用诉讼时效”这一基本判断为基础的。在《物权法》的制定过程中,曾经出现过将物权请求权纳入诉讼时效的“征求意见稿”,且立法机关在2005年下半年还就“物权请求权是否应受诉讼时效限制”组织过专家论证会。由于学者的质疑和反对,最终物权请求权适用诉讼时效的规则从法律草案中被删除。[①] 在上述立法背景之下,既然物权请求权不适用诉讼时效,那么在《物权法》上便自始至终存在这样一个基本判断:物权请求权作为物权的一种效力表现,其与物权密不可分:物权存在,物权请求权就会存在;反之,物权请求权的消灭,则意味着物权的消灭。如果将上述判断运用于对《物权法》第107条的解释,我们就可以顺理成章地得到一个结论,即在失主自知道或应当知道受让人之日起2年内,未请求受让人返还遗失物的,受让人即可取得遗失物上的物权。

由此所引出的下一个问题就是,受让人通过遗失物转让人的无权处分行为,取得遗失物上的物权,依据是什么?答案只能是:基于善意取得。从《物权法》第106条与第107条之间的逻辑关系来看,第106条规定了善意取得的一般要件,即任何物权的善意取得,所需要具备的法定条件。在此基础上,第107条所规定的内容,就应是“善意取得一般要件”在“遗失物”上的适用。相应地,前述第107条所规定的“自知道或应当知道受让人之日起二年”,逻辑上就是对“遗失物善意取得”的期限限制,即失主自上述2年期限内未请求受让人返还遗失物的,受让人即发生善意取得。由此出发,根据《物权法》第107条的规定,遗失物并非不能善意取得,而是遗失物的善意取得,应当受到失主“知道或应当知道受让人之日起二年”期限的限制。需要指出的是,上述解释也可以得到民法学理的印证。在理论上,关于在失主自知道或应当知道受让人之日起2年内,遗失物归属于失主还是受让人这一问题,存在“原权利人归属说”“善意受让人归

① 孙宪忠:《中国物权法总论》,法律出版社2009年版,第398~399页。

属说”等不同认识。按照“原权利人归属说”，在上述2年期限届满之前，遗失物归属于失主，故而失主的返还原物请求权，本质就是物权请求权。这意味着，在2年期间届满后，受让人发生善意取得。按照“善意受让人归属说”，在上述2年期限届满之前，遗失物归属于善意受让人，即受让人已经发生善意取得，只不过受让人所善意取得的物权并不稳定，因为可能受到失主的遗失物返还请求权的追夺。相应地，失主的返还请求权，本质是对自己本已消灭的所有权的“回复”。[①] 由此可见，无论采取何种学说，在“遗失物可以善意取得，但需受到2年期限限制”这一结论上，是没有分歧的。

在《物权法》“返还原物请求权不适用诉讼时效”的背景下，以上述思维作为进路，《物权法》第107条的逻辑层次即可展开如下：

第一，在遗失物处于拾得人的占有之下时，失主对拾得人的返还请求权，不受任何法律期间的限制。

第二，在遗失物因处分行为而处于受让人的占有之下时，在受让人符合《物权法》第106条所规定的善意取得一般要件的情况下，适用第107条之规定，即受让人的善意取得，应当受到自失主知道或应当知道受让人之日起2年时间的限制。反之，受让人不符合《物权法》第106条所规定的善意取得一般条件的情况下，则不应适用第107条的规定。需要指出的是，受让人符合《物权法》第106条善意取得的一般条件，应作为适用《物权法》第107条“失主自知道或应当知道受让人之日起2年内有权请求返还遗失物”之规定的逻辑前提。“遗失物之现占有人必须符合法律所定善意取得之要件，否则即无善意取得可言，自不受无偿回复之限制。”[②]换言之，倘若受让人连善意取得的一般要件都不具备，则纵然标的物不是遗失物，受让人也不得善意取得，那么失主对受让人的返还请求权，也就不再受第107条所规定的2年期间的限制。此时，在上述《物权法》“返还原物请求权不适用诉讼时效”的立法背景下，失主对受让人的

---

① 刘耀东：《占有脱离物之善意取得研究——以〈物权法〉第107条为中心》，载《时代法学》2011年第1期。

② 谢在全：《民法物权论》（下），中国政法大学出版社1999年版，第973页。

返还原物请求权,将不受任何法律期间的限制。

第三,在受让人具备善意取得一般要件的前提下,受让人就遗失物再次处分的,失主对次受让人的遗失物返还请求权的行使规则,则可以在前述分析的基础上,顺理成章地展开如下逻辑关系:

首先,如果受让人再次处分遗失物时,《物权法》第 107 条所规定的 2 年期间已经届满的,由于此时受让人已经发生善意取得,失主的遗失物所有权随之消灭,次受让人系基于受让人的有权处分行为取得物权,故失主无权对次受让人主张返还原物请求权。

其次,如果受让人再次处分遗失物时,《物权法》第 107 条所规定的 2 年期间尚未届满,且次受让人同样具备善意取得的一般要件的,此时应解释为"失主自知道或应当知道次受让人之日起 2 年内,有权请求返还遗失物"。其理由在于,《物权法》第 107 条所规定的 2 年期间的起算点,即"失主自知道或应当知道受让人之日",是以失主"能够"行使返还原物请求权的时间为界定依据。在遗失物再次处分的情况下,根据上述立法目的,失主知道或应当知道的对象,即应界定为"次受让人"。这意味着,受让人对遗失物的再次处分行为,将会导致失主对受让人返还遗失物请求权法律期间的中断,而失主对符合善意取得一般要件的次受让人返还遗失物请求权的法律期间,则自其知道或应当知道次受让人之日起重新计算。

最后,如果受让人再次处分遗失物时,《物权法》第 107 条所规定的 2 年期间尚未届满,但次受让人却不具备善意取得的一般要件,如受让人将遗失物赠与给次受让人。此时,因受让人的再次处分行为,失主对受让人的遗失物返还请求权的法律期间中断;又因次受让人不具备善意取得的一般要件,失主对次受让人的遗失物返还请求权不再适用《物权法》第 107 条所规定的 2 年期间的限制。进而,在《物权法》"返还原物请求权不适用诉讼时效"的立法背景下,失主请求次受让人返还遗失物的请求权,不再受到任何法律期间的限制。

综上所述,《物权法》第 107 条"失主自知道或应当知道受让人之日起 2 年内有权请求返还遗失物"的规定,其立法目的依然在于寻求一种利益平衡：一方面，遗失物作为“占有脱离物”，失主丧失占有公示外观并非出于自愿，故应得到较之于自愿放弃占有公示外观的所有权人更多的保护，这是第107条规定失主有权请求受让人返还遗失物的原因；另一方面，由于受让人已经符合了善意取得的一般要件，法律对其加以保护的必要性与其他的善意第三人并无不同，这是第107条规定失主的返还请求权应当受到“2年限制”的原因。这样一来，在“返还原物请求权不适用诉讼时效”的背景下，《物权法》第107条在逻辑上可以实现自洽。

三、《民法总则》第196条与《物权法》第107条关系的逻辑分析

随着《民法总则》的颁布，其第196条关于返还原物请求权适用诉讼时效的规定，对上述《物权法》第107条内在逻辑结构带来巨大冲击。根据前文对《民法总则》第196条之规定的“反对解释”，“未登记的动产物权返还原物请求权”应当适用诉讼时效。由于在绝大多数情况下，遗失物正是属于“未登记的动产”，故失主对遗失物受让人的返还请求权，不仅涉及现行《物权法》第107条所规定的“2年”期间的适用，而且需受到《民法总则》第196条所规定的“3年”诉讼时效期间的限制。由此就产生了上述两种法律期间在遗失物返还请求权的适用关系问题。

在遗失物为“未经物权登记的动产”的前提下，根据《民法总则》第196条的规定，失主的返还请求权应当适用诉讼时效。这首先意味着，在遗失物处于拾得人的占有之下时，失主对拾得人的返还请求权应当适用诉讼时效：在诉讼时效期间届满之前，拾得人依法应将遗失物返还予失主，而在诉讼时效期间届满之后，拾得人即对失主享有诉讼时效抗辩权。在此基础上，如果拾得人将遗失物处分给受让人，便会产生如下问题：

第一，失主对拾得人的遗失物返还请求权届满诉讼时效之后，拾得人处分遗失物给受让人。现失主请求受让人返还遗失物，受让人能否对失主主张诉讼时效抗辩权？

对于这一问题的回答，首先需要辨析一个前提性的问题，即失主对拾得人的返还遗失物请求权，与对受让人的返还遗失物请求权，究竟是一项请求权，还是两项请求权？从返还原物请求权的对象角度以观，由于“返

还请求权的相对人为无权占有所有物的人”,[①]故在拾得人占有遗失物时,失主有权请求拾得人返还遗失物。而当拾得人将遗失物处分予受让人(如出卖)并且将遗失物向受让人交付之后,由于此时拾得人已经丧失对遗失物的占有,故失主不得再对拾得人请求返还遗失物,而只能对作为无权占有人的受让人主张返还遗失物的权利。由此可见,失主对拾得人的请求权与对受让人的请求权,不仅相对人不同,而且导致请求权产生法律事实也不同:前者是基于“遗失 + 拾得”而产生,后者则是基于“处分 + 交付”而产生。那么,能否据此得出结论,这是两项不同的请求权?依笔者所见,回答是否定的。其理由是,对上述“返还请求权的相对人为无权占有所有物的人”之法学教义的阐释,应当将其中的“无权占有人”界定为一个抽象的法律地位,而与具体的占有人相分离。这意味着,返还原物请求权就是“一个”请求“无权占有人”返还原物的请求权,至于“谁”来充当这个无权占有人,并不妨碍该“返还原物请求权”的同一性。“在返还原物请求权的情形,请求权权利人对义务人返还行为的标的物有支配权,返还请求权首先指向的标的物,而不是非法占有标的物的人。因此,标的物由非法占有人甲辗转到非法占有人乙,对请求权的内容并无影响。”[②]事实上,将权利的对象视为一个抽象的法律地位从而确保权利同一性的法律技术,在民法上司空见惯。例如,债权的对象就是“抽象的债务人地位”,因此在免责的债务承担中,尽管债权人对原债务人债权的发生事实(如买卖合同)与对新债务人(债务受让人)债权的发生法律事实(债务承担合同 + 债权人同意)判然有别,但是债权人最终对新债务人的债权,仍旧是其原来所享有的那一项对原债务人的债权。因此,失主对拾得人的遗失物返还请求权,与对受让人的遗失物返还请求权,应为同一项民事权利。

上述判断导向两个结论。首先,既然失主对拾得人的请求权与对受让人的请求权并不是两项不同的权利,那么我们就可以排除这样一种思

---

① 王利明、尹飞、程啸:《中国物权法教程》,人民法院出版社 2007 年版,第 64 页。

② 梅夏英、邹启钊:《请求权:概念结构及理论困境》,载《法学家》2009 年第 2 期。

考方向,即将失主对拾得人的请求权与对受让人的请求权分别计算诉讼时效。其次,既然失主对拾得人的请求权与对受让人的请求权是同一项权利,那么就应遵循“抗辩权延续”的法律技术逻辑。具体来讲,一旦失主对拾得人的返还请求权届满诉讼时效,失主的返还请求权就具有了权利瑕疵。又由于该项请求权所指向的相对人,为抽象的“无权占有”地位,因此任何居于这一地位的人——包括最初的占有人,也包括继受取得占有地位的受让人——均可向失主主张诉讼时效抗辩。换言之,在遗失物转让的情况下,拾得人的返还义务届满诉讼时效的,受让人得以之抗辩失主;在遗失物再次转让的情况下,受让人的返还义务届满诉讼时效的,次受让人也得以之抗辩失主。

第二,失主对拾得人的遗失物返还请求权届满诉讼时效之前,拾得人处分遗失物给受让人。现失主请求受让人返还遗失物,应如何适用诉讼时效期间?

如前文所述,《物权法》第 107 条“失主有权自知道或应当知道受让人之日起二年内的受让人请求返还原物”之规定,以遗失物的受让人符合《物权法》第 106 条所规定的善意取得的一般要件为前提。故对于这一问题,应当区分情况来回答。

第一种情况是,遗失物受让人符合善意取得的一般条件的,根据《物权法》第 107 条的规定,失主对受让人的遗失物返还请求权,应当受到 2 年法律期间的限制;又根据《民法总则》第 196 条之规定,在失主的物权未经登记的情况下,失主对遗失物受让人的返还原物请求权,还应当适用 3 年诉讼时效的限制。由此所产生的问题是,此时失主对受让人的遗失物返还请求权,是否可能同时适用上述两种法律期间的限制?笔者认为,对于这一问题,需要区分加以梳理。

首先,根据《物权法》第 107 条与《民法总则》第 196 条之间“特别法”与“普通法”的关系,在受让人具备善意取得的一般要件的情况下,失主的遗失物返还请求权的法律期间,应当首先适用《物权法》第 107 条的规定。换言之,在《物权法》第 107 条所规定的 2 年期间届满后,受让人即发生善意取得。既然此时受让人已经善意取得遗失物,那么失主的返还请求权即归于消灭，自然不再有诉讼时效适用的问题。

其次，由于《物权法》第 107 条将失主未在知道或应当知道受让人之日起 2 年内请求返还遗失物界定为受让人善意取得的前提，故倘若失主在此法律期间内，对受让人主张请求权，则受让人善意取得遗失物即不再可能，需要对失主承担返还遗失物的义务。在失主的遗失物物权未经登记的情况下，由于《民法总则》第 196 条不容许一项不受法律期间限制的请求权永久存在，故此时失主对受让人的返还遗失物请求权，应当适用诉讼时效期间。

第二种情况是，遗失物受让人不符合善意取得的一般条件的，由于不能适用《物权法》第 107 条的规定，故而在失主的物权未经登记的情况下，失主对遗失物受让人的返还请求权，应当适用《民法总则》第 196 条的规定，即适用诉讼时效期间的限制。然而，此时失主对拾得人的遗失物返还请求权尚未届满诉讼时效，现在失主对受让人的遗失物返还请求权又要适用诉讼时效，由此所产生的问题就是，其两者的关系是什么？

首先，如前文所述，无论失主对拾得人请求返还遗失物，还是对受让人请求返还遗失物，失主所享有的乃是同一项请求权。因此，在拾得人转让遗失物予受让人后，失主的请求权受到同一诉讼时效的制约，而不可能存在失主对拾得人的返还请求权的诉讼时效归于消灭、对受让人的返还请求权诉讼时效重新起算的判断。

其次，仍如前文所述，失主的返还原物请求权的相对人，以无权占有人为限。在遗失物拾得人转让遗失物予受让人时，失主的遗失物返还请求权即不能对拾得人主张，而只能对受让人主张。相应地，“知道或应当知道受让人”就成为失主的返还原物请求权能够继续主张的前提。由于事实上确实存在失主“不知道”且“不应当知道”受让人的可能性，故在遗失物转让的情况下，如果失主的遗失物返还请求权的诉讼时效不受任何影响，将背离诉讼时效法律制度的立法宗旨，损害失主应受保护的财产权利。那么，如何建立起“拾得人对遗失物的转让行为”与“失主遗失物返还请求权的诉讼时效变动”之间的法律连接？在诉讼时效的制度体系中有中止和中断两项规则可供选择。

再次,从法律效果上看,将“遗失物转让行为”界定为“遗失物返还请求权”的中断事由,并将失主“知道或应当知道受让人”的事实界定为诉讼时效中断后的重新计算的事实,能够使失主获得完整的、对受让人主张权利的诉讼时效期间,因而最有利于失主利益的保护。但是,从制度体系上讲,诉讼时效中断的事由,归根结底在于“权利人不行使权利”的状态被打破——“诉讼时效的适用条件是权利人在法定的期间能行使权利而不行使权利,其制度上的价值在于保护对长期所形成事实状态的信赖,因此,一旦权利人行使权利或义务人同意履行义务,就不存在因期间的经过而变更了的新的法律状态,诉讼时效制度也就失去了其存在的基础,在制度上也就不存在值得保护的因期间的经过而产生的信赖利益”。[①] 以此审视“遗失物转让行为”,我们无法从中发现任何的“失主请求返还”或“拾得人同意返还”的蕴意。由于这一行为并未打破“失主不行使权利”的状态,故将其界定为遗失物返还请求权诉讼时效的中断事由,将会发生与固有的诉讼时效制度体系的冲突。

最后,比较而言,诉讼时效的中止规则却可以为我们提供更为妥当的解决方案。众所周知,诉讼时效的中止事由,在于“权利人主张权利的障碍”,且构成这种“障碍”的事由具有开放性。[②] 就此以观,在拾得人转让遗失物,且失主不知道且不应当知道受让人的情况下,失主的返还请求权即处于无法行使的状态,即“障碍”状态,故而适用诉讼时效的中止规则是顺理成章的。将“遗失物转让行为”界定为遗失物返还请求权诉讼时效的中止事由,意味着倘若该行为发生在诉讼时效的最后 6 个月之前,且失主始终不知道且不应当知道遗失物受让人的情况下,诉讼时效仍会继续计算,直至最后 6 个月,方能产生中止的法律效力。而当失主知道或应

---

① 戚兆岳:《论诉讼时效中断事由》,载《云南大学学报》(法学版)2005 年第 5 期。

② 《民法通则》第 139 条将中止事由界定为“不可抗力或其他障碍”,从而在明确了中止事由的“权利不能行使的障碍”本质的同时,保留其事由的开放性。在此基础上,《民法总则》第 194 条则延续最高人民法院《诉讼时效解释》第 20 条的规定,将中止事由具体化为“不可抗力”“行为能力障碍”“权利能力障碍”“人身自由障碍”“其他障碍”,从而继续保留中止事由的开放性。

当知道受让人后，中止事由消除。根据《民法总则》第 194 条第 3 款的规定，失主必须在 6 个月内向受让人主张返还遗失物。进而，在受让人返还义务的诉讼时效届满之前，其再次转让遗失物予次受让人的，其再次转让的行为也应界定为失主的遗失物返还请求权诉讼时效的中止事由，并适用上述中止规则。

四、法律漏洞：遗失物善意受让人与恶意受让人的法律期间利益比较

随着《民法总则》第 196 条“未经登记的动产返还原物请求权适用诉讼时效”规定的横空出世，失主对遗失物受让人的返还请求权，均受到法律期间的限制。相应地，遗失物的受让人，包括具备善意取得一般要件的受让人(以下简称“善意受让人”)，也包括不具备善意取得一般要件的受让人(以下简称“恶意受让人”)，均受到法律期间的保护。区别仅仅在于，善意受让人所受到的法律期间的保护，为《物权法》第 107 条所规定的 2 年特别期间，而恶意受让人所受到的法律期间的保护，则为《民法总则》第 188 条所规定的 3 年诉讼时效期间。在此基础上，我们来考察遗失物返还请求权法律关系的当事人双方的利益。对于失主一方而言，其应受法律保护的原因，在于其遗失物所有权人的法律地位。失主的这一地位，无论是其面对善意受让人还是恶意受让人，均无不同。对于受让人一方而言，如前所述，善意受让人因具备善意取得的一般要件，法律赋予其期间利益具有特别目的，即在于平衡两个均应受法律保护的人(失主与善意受让人)的利益；比较而言，不具备善意取得一般要件的恶意受让人，法律对其无权占有给予诉讼时效的保护，不过是出于督促失主主张权利、减少司法成本等一般目的之考量。换言之，较之于恶意受让人，善意受让人具有更为充分的应受法律保护的理由。这就意味着，遗失物受让人之法律期间保护的制度设计目标，应当使失主对善意受让人返还遗失物的请求权的实现，具有比请求恶意受让人更高的难度。然而，从上述《民法总则》第 196 条与《物权法》第 107 条的关系梳理来看，这一目标其实并未实现。

首先,失主对拾得人的返还请求权诉讼时效,构成了其对于受让人返还请求权的第一个法律期间的屏障。如前所述,一旦失主对拾得人的返还请求权届满诉讼时效,无论是善意受让人还是恶意受让人,均可对失主的返还请求主张诉讼时效抗辩。可见,此时善意受让人与恶意受让人所受到的保护并无区别。

其次,法律对于善意受让人与恶意受让人所给予的法律期间保护的长度有 2 年和 3 年之分,从表面上看,失主对善意受让人的返还请求权主张的时间更短,也就更有利于善意受让人的保护。然而,如前文所述,在遗失物转让的情况下,失主对善意受让人的返还请求权所受的法律期间限制,为"知道或应当知道受让人之日起 2 年"。据此,在拾得人转让遗失物予受让人而失主并不知道受让人的情况下,上述 2 年的期间并不起算。相应地,一旦失主得知善意受让人,其对于善意受让人的返还请求权的行使,必定为 2 年的时间。比较而言,失主对恶意受让人的返还请求权诉讼时效,则只能适用中止规则。这意味着,在拾得人转让遗失物予受让人而失主并不知道受让人的情况下,已经起算的诉讼时效未必会暂停计算。相应地,失主得知恶意受让人后,其对于恶意受让人的返还请求权诉讼时效期间的长度,最长为"少于 3 年",最短则仅有"6 个月"。因此,在遗失物转让的情况下,失主对恶意受让人的返还原物请求权未必会比对善意受让人来得更为从容。相反,因遗失物早已脱离了失主的控制,故在拾得人转让遗失物时,失主并不知道受让人的情形更为普遍,在中止规则下,法律为失主对恶意受让人的遗失物返还请求权所预留的时间,很可能更为紧迫。

再次,对于恶意受让人而言,由于诉讼时效适用中断规则,故如果失主在诉讼时效期间内,对恶意受让人主张权利,可以发生诉讼时效的中断。随着中断后的诉讼时效重新计算,失主对恶意受让人的返还请求权可以在完整的 3 年诉讼时效期间内主张,自不待言。对于善意受让人而言,如前文所述,倘若失主在 2 年返还请求权期间内主张权利,善意受让人亦不可能根据《物权法》第 107 条的规定善意取得遗失物。此时失主对善意受让人的返还请求权,同样适用为期 3 年的普通诉讼时效。可见,因失主对受让人主张权利所引起法律效果,善意受让人与恶意受让人的法律期间利益其实并无区别。

最后,从法定期间届满的后果来看,《民法总则》第 196 条所规定的诉讼时效期间届满后,恶意受让人只能享有诉讼时效抗辩权,但不能取得遗失物;《物权法》第 107 条所规定的法律期间届满后,善意受让人则可以善意取得遗失物。比较而言,法律对善意受让人的保护更为彻底。但是,这种看似迥然相异的法律后果,在事实层面其实并无本质区别:尽管恶意受让人不能取得遗失物,但是其所享有的诉讼时效抗辩权已经彻底阻断了失主将遗失物重新纳入支配范围的可能性。由此所导致的结果就是,恶意受让人对遗失物的占有、使用、收益和处分,与真正的所有权人不会产生任何不同。进而,由于前述“抗辩权延续”的法律技术,次受让人同样可以获得对遗失物完整的支配,故而恶意受让人也可如所有权人一样,对遗失物进行自由的转让。

由此可以看出,《民法总则》第 196 条所规定的失主对恶意受让人返还请求权的时间限制,与《物权法》第 107 条所规定的失主对善意受让人返还请求权的时间限制,其实并无本质的区别。甚至在有些情况下,失主对恶意受让人的返还请求权的时间限制更为严格。前述“失主请求善意受让人返还遗失物的难度应大于对恶意受让人”的利益比较并未得以落实,法律对善意受让人与恶意受让人应有的区别对待的原则也未得到体现。就此可以判断,在遗失物的返还问题上,《民法总则》第 196 条与《物权法》第 107 条的并用,出现了法律漏洞。在笔者看来,未来民法典中对这一法律漏洞的弥补方法有三:

一是在保持《物权法》第 107 条的规定不变的情况下,修改《民法总则》第 196 条的规定,将所有的“物权请求权”排斥于诉讼时效的适用范围之外,即回归《民法总则》颁布之前《物权法》的立法背景之下。如前文所述,由此导致的结果是,只有善意受让人方有可能根据《物权法》第 107 条的规定取得遗失物,而失主对恶意受让人的返还遗失物请求权,不受任何法律期间的限制。如此一来,法律对善意受让人与恶意受让人的区别对待泾渭分明,上述法律漏洞可以得到弥补。

二是在保持《物权法》第 107 条及《民法总则》第 196 条的规定均不

变的情况下,修改《民法总则》第188条所规定的“3年”普通诉讼时效期间长度,将物权请求权的诉讼时效大幅度延长。例如,将适用于物权请求权的诉讼时效期间,仿效我国台湾地区“民法”规定为15年(第125条),或效仿《德国民法典》规定为30年(第195条)。由此所导致的结果是,善意受让人只需失主在2年内不行使权利,即告善意取得;而恶意受让人获得诉讼时效抗辩权,纵然按照诉讼时效的中止规则,仍需经过更为漫长的时间。如此一来,法律对善意受让人与恶意受让人的区分对待也得以彰显,上述法律漏洞也可以得到弥补。

三是保持《民法总则》第188、196条的规定不变的情况下,删去《物权法》第107条的规定,即将遗失物排斥于善意取得的适用范围之外。如此一来,因遗失物不适用善意取得,故“遗失物的受让人是否具备善意取得的一般要件”这一判断的前提条件被消除,故“善意受让人与恶意受让人应受到不同的对待”这一判问题本身也就不复存在。随着失主对受让人的遗失物返还请求权统一适用诉讼时效期间的限制,上述法律漏洞同样可以得到弥补。

五、结语

《民法总则》颁布的背景不同于《民法通则》。《民法通则》是在我国改革开放起步不久,各类社会关系剧烈变化的历史时期,为填补民事法律制度的空白,所制定的“简易民法典”。随着改革开放进程的不断深入,在《民法通则》的基础上,《合同法》《物权法》等一系列民事单行法律相继颁布,我国的实质民法体系也逐渐地由简单走向复杂、由不完备走向完备。时至今日,一个以《民法通则》为基础、各个民事单行法律并行的较为完善的民事法律体系已经形成,并且已经融入民事生活和民事司法实践之中。因此,我国当前的民法典制定,是在现有的、相对完善成熟的民事法律体系基础上的民法典的制定。“中国民法典编纂的主要任务并不是大规模地创制民事法律规范,而是对现有的民事法律规则进行整理,消除其彼此之间存在的矛盾冲突和不一致之处。”①在此基础上,《民法总

① 薛军:《中国民法典编纂:观念、愿景与思路》,载《中国法学》2015年第4期。

则》作为未来我国民法典的第一编,是其后分则各编的“公因式”所在。《民法总则》的内容,尤其是制度创新的内容,必然会对已经形成并长期适用于我国民事社会生活的固有法律制度及其体系产生影响。这些影响,在以后的民法典制定过程中,是立法必须谨慎对待、法学也必须高度关注的问题。

第八章　海域使用权视角下的公物与用益物权

《物权法》“用益物权”编第 122 条“依法取得的海域使用权受法律保护”的规定表明，我国法律采取了以用益物权框架来构建海域使用制度的立法模式。这一立法模式是我国长期以来所遵循的、将国有自然资源的利用纳入民法制度，并以民事权利的形式加以实现的立法思路的体现，并且与我国民法理论普遍将包括海域使用权在内的国有自然资源利用权视为一种“特别物权”或者“准物权”的认识相适应。然而，当我们把目光由陆地转向海洋，并试图将“国有土地使用权”的构造模式运用于国有海域的时候，我们却不难发现这样一个显在的事实：尽管地球的主要部分是海洋，但是人类活动的主要领域却在于陆地。人类对于海洋的支配能力在不断地提升，但是这种支配至今仍未能摆脱陆地的依托。相应地，人类对于海洋的支配，其所涉及的支配目的和支配利益的复杂性、支配方式的独占性以及支配时间的持久性，从整体上讲，均远没有在陆地那里来得强烈。正是因为人对于海洋的独占性支配能力相对较弱，所以自古以来，海洋便具有“可为公众利用”的事实属性。当这种事实属性成为一项被普遍接受的法律原则时,海洋便以其典型的"自然法之物""公物"的规范属性,而呈现出与陆地迥然相异的特性。因此,如何使海洋的公物属性与用益物权的制度构造相协调,是海域用益物权制度之科学构建的基础性问题。进而,这一问题的考察,对于在我国民法领域确立公物的观念,并对海域之外的其他公物类型的用益物权客体化制度安排的审视和反思,均有所裨益。

第一节　对海域公物属性的古今考察

一、罗马法之考察

在罗马法上,物有"可有物"与"不可有物"之分。可有物又称为"财产物"(res in nostro patrimonio),是指能够成为个人所有权客体的物;不可有物则又称为"非财产物"(res extra nostro patrimonio),指不能作为个人财产所有权客体的物。在此基础上,不可有物进而分为"神法物"与"人法物"两种。前者是指因服务的神圣目的而被排除于个人所有权客体之外的物品;后者则是指因服务于不特定人的目的而被排除于个人所有权客体之外的物品。在罗马法上,人法物包括三类:一是"共用物"(res communes),指供全体人类共享之物品,如空气、阳光和海洋;二是"公有物"(res publicae),指由罗马法全体市民公共享有的物品,如公共土地、牧场、公路、河川等;三是"公法人物"(res universitatis),又称"团体物",是指由市府享有的物品,如斗兽场、剧场、浴场等。

可见,在罗马法物的分类序列中,海洋是"共用物",属于"不可有物"中的"人法物"。考察罗马法关于"人法物"概念及其类型的法律意义,我们不难发现,作为共用物的海洋,具有如下两个方面的特性:

第一,海洋作为"人法物"的组成部分,其为不特定的公众自由支配,并排除私法之适用。在罗马法上,"可有物"与"不可有物"的本质区分,在于该物能否作为排他性支配权的客体,由特定的个人或者群体形成独占。在此分类标准下,作为"不可有物"逻辑下位的"人法物"概念即表明,此类物品之所以排斥特定人的独占性支配,原因在于服务于不特定人利益的需要,即此类物品具有为公众所自由支配的法律性质。进而,为实现包括海洋在内的"人法物"的法律性质,保障公众的自由支配,罗马法拒绝适用私法制度来调整"人法物"上的支配活动。例如,依罗马法,在作为"人法物"的公共场所不得适用占有时效规则——"若某人即使在公共河流的某个地方钓了若干年的鱼,他也无权阻止别人享有同样的权利"。[①] 又如,在罗马法上,经过当局的许可,个人可以在海滨修建建筑,并取得该建筑物的所有权。[②] 然而,罗马人却没有按照"地上权"的模式来对之加以塑造:这种修建建筑并取得所有权的权利,并不及于建筑物所占用的海滨土地或海面,后者共用物的性质并不会因此发生改变,因而在"建筑物被摧毁后,地皮仍属共用"。[③]

第二,海洋作为"人法物"中的"共用物",其服务于全人类的利益,并排斥任何实证法上的负担。在区分市民法与万民法的古罗马时期,海洋属于"万民法上之物",[④]不仅罗马市民可得享有海洋上的支配利益,非罗马市民也可以对海洋加以利用。进而,作为全人类的共同财富,海洋具有鲜明的"自然法之物"的特性,正如马尔西安所言,"根据自然法(Jus naturalis),空气、流水、大海及海滨是共用物"。[⑤] 海洋作为"自然法之物",其超然于国家治权与实证法权之外,国家不能够通过立法,将其划归特定的个人或者群体。换言之,海洋不能成为所有权——包括私人所有权与国家所有权——的客体。比较而言,同样作为"人法物"的组成部分,"公有物"与"公法人物"则与之不同:尽管"公有物"与"公法人物"也

---

① [意]桑德罗·斯契巴尼选编:《物与物权》,范怀俊译,中国政法大学出版社1999年版,第15页。

② [意]彼德罗·彭梵得:《罗马法教科书》,黄风译,中国政法大学出版社1992年版,第186页。

③ [意]彼德罗·彭梵得:《罗马法教科书》,黄风译,中国政法大学出版社1992年版,第186页。

④ [意]桑德罗·斯契巴尼选编:《物与物权》,范怀俊译,中国政法大学出版社1999年版,第12页。

⑤ [意]桑德罗·斯契巴尼选编:《物与物权》,范怀俊译,中国政法大学出版社1999年版,第8页。

具有“服务于不特定人的目的”,但是其却不具有超然于实证法权之外的品格,因而可得成为所有权的客体:在罗马法上,“公有物”归国家所有,“公法人物”则归相应的国家机关所有。顺便提及的是,如果将“公有物”“公法人物”上的国家、国家机关所有权与“公有物”“公法人物”的“不可有的人法物”性质并列考察,我们可以看出,在罗马法上,由国家或者国家机关所享有的“人法物”上的“所有权”,以统治、管理为其内容,而不具有私法上的所有权的对世排他性,因而不能作为阻止公众对“人法物”进行自由支配的法律屏障。

罗马法“不可有物”“人法物”的概念向我们表明,在民法形成之初,便存在“公物”的概念。这个概念有别于、且对立于“私人之物”,其所表明的理念是:并不是任何对人有价值的物品,均得成为排他性支配权的客体,并有特定人成立独占——有那么一些被称为“公物”的物品,基于传统、基于观念,或基于物之属性,其是为全体社会成员乃至全人类的共同福祉而存在,为不特定人的自由支配利益而存在。纵然是国家公权,也必须服从并服务于公物的这一目的。其中,海洋作为“人法物”中的“公用物”,其与阳光、空气并列,是最为典型的公物。

无须讳言,罗马法将海洋视为“共用物”的做法,也与当时海洋主权观念的阙如有关。尽管在公元前4世纪,亚里士多德就提出,“在所有的社会团体中,以国家为最高,它可以凌驾于一切之上。国家与社会的主要区别是国家有统治权”,①但受到当时人类海洋支配能力的限制,亚里士多德的上述论断并未在罗马法上衍生出海洋统治权的观念。及至近代,随着国家主权观念由陆地向海洋的延伸,海洋已经不能够再如空气、阳光那样,被无条件地视为全人类的共同财富了。从主权概念出发,“领海”与“公海”之间呈现出异质性的同时,“领海”与“领土”之间则具有了同质性。由此所产生的问题就是,源自罗马法的海洋的公物属性,在近、现代社会的海洋主权观念之下,就此被抹去了吗?回答是否定的。

---

① [古希腊]亚里士多德:《政治学》,吴寿彭译,商务印书馆1981年版,第7页。

二、国际法之考察

从国际法的角度以观,1703年英国海洋事务专家宾克斯胡克在他的《海上主权论》中,首先提出陆上武器力量终止之处,即为陆上权力终止之处的领海界线的理论。据此,1782年,加利亚尼根据当时大炮的射程大约3海里,便提出领海宽度为3海里的主张。这就是当时划定领海范围的"大炮射程论"。[①] 作为海洋主权观念之滥觞的"陆上武力支配说"和"大炮射程论",表明海洋主权具有从陆地向海洋的"辐射性"特征——国家权力所统治的领域,核心在于陆地,而海洋主权不过是陆地主权所衍生的,是陆地控制力向海洋"辐射"的结果。因此,随着海陆距离的由近及远,陆地主权所施予海洋的强度也便逐渐衰减。与这种国家主权在海洋上由近及远的衰减同步的,恰恰是海洋作为人类的共同财富的"公物"属性由弱到强的逐步伸展。这一点,在联合国《海洋法公约》上得到了清晰的说明。

考察《海洋法公约》的规定,首先,海洋面积的绝大部分为公海,这意味着海洋面积的绝大部分排斥主权的分割。《海洋法公约》第89条宣告,"任何国家不得有效地声称将公海的任何部分置于其主权之下"。因而,今日之公海仍保留着昔日罗马法上的"共用物"属性,与阳光、空气一样,是人类的共同财富。其次,国家在专属经济区仅仅享有部分主权,即资源主权。尽管在专属经济区内存在国家主权对于自然资源的独占,但是这一海域仍然保留着相当广泛的共用性特征。根据《海洋法公约》第58条的规定,在专属经济区内,所有国家,不论为沿海国或内陆国,在《海洋法公约》有关规定的限制下,享有航行和飞越的自由,铺设海底电缆和管道的自由,以及与这些自由有关的海洋其他国际合法用途,诸如同船舶和飞机的操作及海底电缆和管道的使用有关的并符合《海洋法公约》其他规定的那些用途。最后,国家在领海上享有完整的主权,但是,《海洋法公约》第17条仍然规定了外国船舶对于本国领

---

① 牛保成:《人类对海洋的四次大分割》,载《党政论坛》2000年11月号。

海的“无害通过权”。为了保障这一权利,《海洋法公约》第24条对沿海国家的领海主权给予必要的限制:“除按照本公约规定外,沿海国不应妨碍外国船舶无害通过领海,尤其在适用本公约或依本公约制定的任何法律或规章时,沿海国不应:(a)对外国船舶强加要求,其实际后果等于否定或损害无害通过的权利;或(b)对任何国家的船舶、或对载运货物来往任何国家的船舶或对替任何国家载物的船舶,有形式上或事实上的歧视。”由此可见,就“海上通行”这一海洋支配方式而言,纵然是领海海域,仍不失其人类共同财富的属性。

比较而言,同样作为主权的客体,陆地在国际法上并不具有领海那样鲜明的“公物”属性。尽管在国际法上,领土主权亦应受到一定限制,如边界河流、土地利用的限制、国际地役权的限制等。但是这种领土主权的限制与扩张,仅仅发生在相邻国家之间;非相邻国家之间,则不存在这一问题。而领海上的无害通行权,则并非仅仅为相邻国家而创设。世界上各个国家基于国际条约,对任何一个国家的领海均享有这一权利。因此,领海所具有的开放性和共用性特征,是领土所不能比拟的。

三、行政法之考察

从国内法角度以观,主权作为最高统治权,自其产生之初,便面临与被统治者之间的利益协调问题。在这一问题上,严格区分主权与私利之间的界限,禁止以主权侵害私利的主权学说,构成了近、现代国家主权理论的基础。对此,作为近代主权理论奠基人,博丹在他的《主权论》中即有明确论述:“君主拥有治理国家的一切权力,私人则拥有管理自己私产的一切权利。”[1]根据这一界限,“如果君主没有权力逾越上帝所构建的自然法界限,并且君主只不过是上帝的影子,那么君主没有正当、合理的理由就不能获得他人的财产”。[2] 由此出发,如果将公众对

① [法]让·博丹:《主权论》,李卫海、钱俊文译,北京大学出版社2008年版,第85页。

② [法]让·博丹:《主权论》,李卫海、钱俊文译,北京大学出版社2008年版,第83~84页。

于公物的支配利益也视为一种具有"公共福祉"性质的私利,那么这种私利在不受他人侵害的同时,也同样不受主权的侵害——按照博丹的主张,主权者应当"使公共福祉优位于个人利益,而使个人利益又优位于国王本人的私利"。[①] 因此,对于当时米兰的大公菲利普·马利亚(Philip Maria)禁止他人在其拥有主权的河流上通航和跨越的做法,博丹持批评态度。[②]

上述观念,为后世所继受,并成为现代法学上"公产""公物"理论的基础。在法国公产法理论上,公产的固有含义就是"根据自然性质属于公众使用的财产",即"共用公产",而海洋则是共用公产中最为重要的组成部分。[③] 在日本,自明治宪法时代开始,日本行政法上一直维持下来的公物的概念界定是:"公物,是指国家或者公共团体直接为了公共目的而提供使用的有体物。"其中,海洋属于"公共用物""自然公物"。[④] 公物"为公众所利用"的属性,对公众与国家两个方面同时发生作用:对于公众而言,法国公产法理论强调社会公众对于共用公产的利用,受三个传统原则的支配,即自由使用原则、免费使用原则和平等使用原则;[⑤]对于作为公物的管理者的国家或者公法机关而言,日本行政法理论则主张"由于管理者负有维持、保存公物,使该公物适合于其公共目的的义务,所以,不能自由地废止其公用,只有在其失去应该提供于公共目的之必要的情况下,才能废止其公用"。[⑥]

现代行政法学关于"公产""公物"的理念,对以公物为客体的国家所有权理论产生了深刻影响。在国家对于公物的管理过程中,存在一系列问题,如由谁负责公物的维修与维持、由谁受领的公物的损害赔偿金、公物的收益由谁来收取等。这些问题的解决,均需要一个"公物所有权"的

---

① [法]让·博丹:《主权论》,李卫海、钱俊文译,北京大学出版社2008年版,第87页。
② [法]让·博丹:《主权论》,李卫海、钱俊文译,北京大学出版社2008年版,第87页。
③ 王名扬:《法国行政法》,北京大学出版社2007年版,第237、238、242页。
④ [日]盐野宏:《行政组织法》,杨建顺译,北京大学出版社2008年版,第237、246页。
⑤ 王名扬:《法国行政法》,北京大学出版社2007年版,第269页。
⑥ [日]盐野宏:《行政组织法》,杨建顺译,北京大学出版社2008年版,第265页。

概念作为支撑,这是促成许多国家确立起公物上的国家所有权[①]的原因。由此可见,这种公物所有权的法律意义,仅仅在于为公物正常运作过程中所涉及的私法问题提供一个法律逻辑支持,而并不在于确立起国家的公物管理人地位(因为这个问题可以通过国家主权来解决),更不在于使国家获得公物上的排他性支配地位(因为这种地位与公物的公众利用属性相冲突)。因此,国家的公物所有权与普通的私法上的所有权的相异性,始终为法学理论所强调。依德国公产法理论,人人都有权进入作为"公产"的自然界的各个部分,特别是免费进入森林、山地、山崖、荒地、空闲地、滩涂、水岸和农地等。只有在严格的条件下,公产的所有人或者其他权利人才能拒绝他人进入;与公产不同的是,非公产的所有权或者其他权利人并不承担绝对的容忍义务。由于公产的本质是"用于公共目的",因此对其法律地位不能仅从私法认识,相反,应当将其作为行政法上的一项专门制度。[②] 与之相对应,德国私法理论认为,"国家对海域的所有权同样具有民法上的所有权的性质和效力,但是出于海域的公共利益和公共使用的需要而限制其私法上的效力,如海岸属于国家所有,但是由于其公共使用的性质排斥了所有权本身所具有的排他性占有和所有物保全请求效力"。[③] 国家对于公物的所有权,是一种打上了"公共使用"标记的所有权。这不仅意味着其不能获得一般私法上所有权的排他效力,而且也意味着权利人的行使权利不得享有一般私法主体的意思自治——公物所有权"具有对所有权者(在这里,是公物管理权者)的恣意管理加以限定的意思……作为法概念的公物,本来就被赋予了提供于公共之用的目的,管理作用(所有权的行使)也要受到该公物目的的拘束"。[④]

---

① 例如,大陆法系的德国则在其《关于联邦水道财产关系之联邦立法》中宣称,内河水道的所有权归沿岸各州享有,海水水道的所有权归属于联邦。此外,大陆法系的其他国家,如意大利、智利均通过民法典确立了领海上的国家所有权;在英美法系,英美等国均将内水或领海视为"水下底土",并以公共信托理论为基础,通过立法明确规定"水下底土"归国家或地方政府所有。参见李永军主编:《海域使用权研究》,中国政法大学出版社 2006 年版,第 226、229、232 页。

② [德]汉斯·J.沃尔夫、奥托·巴霍夫、罗尔夫·施托贝尔著:《行政法》(第 2 卷),高家伟译,商务印书馆 2002 年版,第 456、457、459 页。

③ 李永军主编:《海域使用权研究》,中国政法大学出版社 2006 年版,第 229 页。

④ [日]盐野宏:《行政组织法》,杨建顺译,北京大学出版社 2008 年版,第 256 页。

由此可以看出,在海洋主权观念盛行的现代社会,无论是基于国际法上的海洋法,还是基于国内法上的公产法,海域始终保持着自罗马法时期即被赋予的"不可有物""人法物"的公物属性。只不过,随着海域的国家所有权观念的确立,海域的法律属性在国内法上发生了由"共用物"到"公有物"的转变而已。作为一种公物,海域以其固有的"公众使用"的秉性,甚至改变了传统的所有权的内在结构,导致了法学理论上"私物所有权"与"公物所有权"的分立局面。"公产所有权应当认为是和私法上的所有权不同的另一种形式的所有权,它是行政法上的所有权。这种所有权的观念来自民法,因而和民法上的所有权有相似之处。但是已由行政法加以改造,使它具有公共使用因素,成为行政法上的公所有权。"[①]至于海域的公物属性的由来,恐怕只能从传统上人对于海洋与陆地不同的利用方式上寻找原因了。正如昭和 61 年日本最高法院在一个判例中所表述的那样,"海,自古以来保持着自然的状态,被提供于一般公众的共同使用,是所谓公共用物,应服从国家的公法性支配管理,是不能允许由特定人进行排他性支配的。因此,在自然状态下,应当说,不属于作为所有权客体的土地"。[②]

第二节 海域用益物权客体化的法理基础分析

一、私物与公物:用益物权逻辑的差异

我国《海域使用管理法》第 2 条、第 3 条规定,中华人民共和国内水、领海的水面、水体、海床和底土,属于国家所有,国务院代表国家行使海域所有权。这一条文确立了国家的海域所有权,并为《物权法》第 46 条"矿藏、水流、海域属于国家所有"的规定所重申。在此基础上,我国《物权法》采取了在"用益物权"体系中,将"海域"作为了用益物权的客体。在

① 王名扬:《法国行政法》,北京大学出版社 2007 年版,第 248 页。
② [日]盐野宏:《行政组织法》,杨建顺译,北京大学出版社 2008 年版,第 250 页。

我国公有制条件下,国家、集体所有的社会资源利用价值的充分发挥,最终要通过非所有人——个人或者组织的直接支配来实现。因此确有必要利用民法的权利框架,对这种公有资源的实现方式加以规范。从我国民事立法的思路上看,从“农村土地承包经营权”到“建设用地使用权”,再到“宅基地使用权”,选择用益物权制度作为构建公有资源实现方式的框架,已经成为我国民事立法的传统模式。《物权法》中对于海域的用益物权客体化的界定,也是这一传统立法模式的体现。

然而,海域用益物权作为一种“公物”上的用益物权,其法律制度所赖以建立的法理基础,却不能够按照传统私法上的用益物权模式来予以解读。按照大陆法系的传统私法理论,用益物权是所有权权能转移的结果,即“所有权人有可能为了他人的利益,自其完全权利中‘分离’出去一部分权能,并且这种分离可以采取使该他人取得一项物权性权利的方式。……这些权利类型,就是所谓的一系列的限制物权”。[①] 所有权“权能转移”的用益物权理论,其实存在一个预设前提,即“所有权具有排他性”之判断。由此预设前提出发,传统民法的用益物权法律逻辑由两个环节构成:(1)所有权人有权支配所有物,并排斥他人的支配。相应地,任何人支配他人之物,原则上均属不法,均将为所有权所排斥。(2)非所有权人要获得支配他人之物的正当性,只能由所有权的正当性所“派生”,即必须以所有权的“权能转移”来实现。就此逻辑关系以观,如果法律上不存在用益物权(以及用益他人之物的债权)制度的话,任何人均无法正当地支配他人之物。从这个意义上讲,传统的用益物权具有“解决物之所有权人因主观或客观的障碍而不能有效利用物质资源,但非所有人又因不享有所有权而无法对他人之物加以利用之间的矛盾”[②]的社会功效。

比较而言,海洋无论是被看成是“共用物”而排斥任何的权利负担,还是被看成是“公有物”而可得成为国家主权或者国家所有权的客体,其“公物”的属性即可得由公众自由支配的属性,自古至今,从未发生改变。

---

① [德]鲍尔、施蒂尔纳:《德国物权法》(上),张双根译,法律出版社2004年版,第32页。

② 徐涤宇:《物权法定主义和物权立法》,载《法商研究》2002年第5期。

相应地,作为一种以“公物”为客体的权利,国家的海域所有权从来不是以“对内排斥国民的自由支配”为内容的,这是世界各国立法的通例。在我国社会主义公有制下,国家所有权是全民所有制在法律上的表现形式,在西方私有制基础上尚且得到承认的国民对于海洋的自由支配利用,在我国更应当得到承认。因此,在传统民法中作为用益物权法律逻辑前提的“所有权排他性”,在海域用益物权那里,并不存在。由此所决定,与传统民法的用益物权不同,海域用益物权的法律逻辑包括三个环节:(1)原则上,任何人均可以对海域进行自由支配;(2)在海域用益物权制度所覆盖的范围内,公众的海域利用受到法律的限制;(3)在上述范围内,特定的私法主体要正当地支配相应海域,必须以海域使用权的取得为条件。就此以观,在逻辑上并不是由于国家海域所有权的存在,排斥了国民对于海域支配的可能,才使海域用益物权制度有了建立的必要。恰恰相反,基于海域的“公物”属性,假定在没有海域用益物权制度的场合下,国民对于国家所有的海域,将享有完全的支配自由。因此,海域用益物权制度的建立,与其说是“赋予”了国民支配国有海域的权利,倒不如说是对这种自由的“限制”。由此所产生的问题是,本来可以为公众自由支配的海域,国家为什么要通过海域用益物权制度对这种支配自由予以限制呢?答案只能在于,这是有效配置、保护海洋资源的公共利益之需要。

具体来讲,海洋作为公共资源,其在为社会公众自由支配过程中,个人所考虑的仅仅是自己的支出的成本与所得收益的比例,而不会考虑其“外部成本”,即自己公物的支配给别人造成的损失和所带来的社会成本。因此,在自己不能限制他人对同一海域实施支配的情况下,个人唯有最大化地攫取公共资源,方不至于承受他人同样的支配方式给自己造成的损失。由此导致的结果,就是公共资源的掠夺式支配,即美国学者G.哈丁所称的“公地悲剧”。基于此,哈丁指出,“就作为公共物品的自然资源本身来看,人类过度使用空气、水、海洋水产等看似免费的资源,必将付出无形而巨大的代价”。[①] 为了避免海域资源“公地

① 转引自李晓峰:《从“公地悲剧”到“反公地悲剧”》,载《经济经纬》2004年第3期。

悲剧”的上演,国家有必要通过有偿使用制度,使海洋资源的支配者的“外部成本”内在化,并通过确立海域使用人专有的、排他性的支配权,使其个人利益与资源的合理利用相互统一。事实上,为“有效配置、保护海洋资源”之目的,而限制海域支配自由的理念,已经为我国相关立法中得到体现。《海域使用管理法》第1条规定:“为了加强海域使用管理,维护国家海域所有权和海域使用权人的合法权益,促进海域的合理开发和可持续利用,制定本法。”此外,《渔业法》第1条也规定:“为了加强渔业资源的保护、增殖、开发和合理利用,发展人工养殖,保障渔业生产者的合法权益,促进渔业生产的发展,适应社会主义建设和人民生活的需要,特制定本法。”

二、公物用益物权上的物权法定主义与《海域使用管理法》

将海域用益物权制度“有效配置、保护海洋资源”的设立目的与海域的公众使用属性联系起来加以考察,我们可以顺理成章地得到如下结论:公众的海域利用,以自由支配为原则,以法定限制为例外。只有为“有效配置、保护海洋资源”之公共利益需要而限制公众的海域支配自由,才是正当的,而海域用益物权制度没有涉及的范围,仍然是公众的海域支配自由的领地。从海域用益物权所依托的民法角度以观,这一结论意味着,作为一项用益物权,其必须在内容(海域使用目的)上奉行严格的物权法定主义原则。我们知道,传统民法上的物权法定主义,系出于“确保物权的特性,建立物权的体系”、“清理旧物权、防止封建物权制度之复活”以及“便于物权公示、确保交易之安全与迅速”等方面的需要,①体现着资产阶级革命与物权法技术上的要求。在此基础上,我们更需明确,物权法定主义之于海域用益物权,还具有“界定限制个人自由的公共利益范围”的特殊意义。哈耶克指出:“法治的意思就是指政府在一切行动中都受到事前规定并宣布的规则的约束——这种规则使一个人有可能十分肯定地预见到当局在某一情况中会怎样使用它的强制权力,和根据对此的了解计划

① 谢在全:《民法物权论》,中国政法大学出版社1999年版,第41~42页。

他自己的个人事务。"[①]由此出发,由于海域用益物权制度,本质上是国家基于公共利益的需要,对个人海洋支配自由施加限制的制度,因此海域支配上公共利益的界定,便直接决定着个人自由应受限制的范围。在"法无限制即自由"的原则之下,作为限制个人自由依据的公共利益,应当立足于以"法定列举主义"的立法方式明确加以限定,即通过对海域用益物权制度之调整事项进行界定,明确哪些海域支配事项涉及"有效配置、保护海洋资源"的公共利益,需要纳入海域用益物权制度的调整范畴,这是法治原则的要求。

我国《海域使用管理法》是规范海域使用制度的基本法律。从上述海域用益物权之法定主义要求的角度,对该法加以审视是必要的。《海域使用管理法》第2、3条规定,在中华人民共和国内水、领海持续使用特定海域3个月以上的排他性用海活动,适用本法。单位和个人使用海域,必须依法取得海域使用权。据此,"三个月以上的排他性用海活动",就是基于该法第1条"促进海域的合理开发和可持续利用"之公共利益需要,应当对海域支配自由予以限制的范围。由此推论,"非排他性用海"和"三个月以内的排他性用海",则应当属于国民公物支配自由的领域。这一推论与《海域使用管理法》的规定完全吻合——该法第23条规定,"海域使用权人对不妨害其依法使用海域的非排他性用海活动,不得阻挠";同时,该法第52条的规定,3个月以内的排他性用海,如果其无涉其他公共利益,即不会"对国防安全、海上交通安全和其他用海活动造成重大影响",则无须征得国家的同意,用海人可得自由行事。由此可以看出,在《海域使用管理法》的制定中,立法者显然是将海洋当作一种"公物"来看待的,其并没有通过宣告领海、内水的国家所有权,向国民发出禁海令,而是将海域的支配自由限制,严格界定在公共利益的基础之上,这一立法思路殊值称赞。

然而,应当指出的是,《海域使用管理法》中"三个月以上的排他性用

① [英]弗里德里希·奥古斯特·哈耶克:《通往奴役之路》,王明毅、冯兴元译,中国社会科学出版社1997年版,第73页。

海活动”的规定本身,仍失之空泛。因为,海域是集合物,其用益方式具有多样性,海域使用权的享有,并不表明权利人可以在特定海域不受限制地从事任何形式的“排他性用海活动”,否则将严重压缩该法第 23 条的适用空间,过分干涉公众的海域支配自由。因此,“海域使用权”必然要受到“用途”的约束,即只有在“法定用途”之下的“三个月以上排他性用海活动”,才应当属于事关公共利益、需要取得海域用益物权方得支配的领域。《海域使用管理法》第 28 条“海域使用权人不得擅自改变经批准的海域用途;确需改变的,应当在符合海洋功能区划的前提下,报原批准用海的人民政府批准”的规定,也表明将“用途”作为海域使用权之约束的立法态度。然而,这些应当作为海域使用权约束附款的“用途”究竟包括哪些类型?恰恰在这个问题上《海域使用管理法》欠缺一个明确规定。考察该法的内容,对海域使用权的“用益目的”有所涉及的条文有二:一是该法第 4 条“国家实行海洋功能区划制度。海域使用必须符合海洋功能区划。国家严格管理填海、围海等改变海域自然属性的用海活动”的规定,其言明了海域使用权的用途应当与海洋功能区划制度相适应,并且填海、围海属于应当严格管理的海域使用权用途之一,但是该条文却并未界定除了填海、围海外,符合海洋功能区划的海域使用权用途还有哪些。二是该法第 25 条的规定,即“海域使用权最高期限,按照下列用途确定:(一)养殖用海十五年;(二)拆船用海二十年;(三)旅游、娱乐用海二十五年;(四)盐业、矿业用海三十年;(五)公益事业用海四十年;(六)港口、修造船厂等建设工程用海五十年”。该条文虽然界定了六种海域使用权用途,但是其本身作为一个针对权利期限的规则,从中并不能得到关于权利类型的解释。由此,《海域使用管理法》立法方式便导向了这样的解释结论:凡 3 个月以上的排他性用海,必须以获得海域使用权为条件;至于其海域使用用途是否在应当授予海域使用权的范围之内,则由授予机关自由裁量。

这样的结论是不符合海域用益物权之法定主义要求的。首先,从海域的公物属性来看,如前所述,海域用益物权制度作为一项基于公共利益需要对社会公众海域利用自由加以限制的制度,对这种公共利益的范围在立法上作明确界定乃是法治原则的要求。《海域使用管理法》将这一公共利益之判断交由主管机关自由裁量的做法,将导致在国家机关和公众之间,无法形成可供共同遵守的关于自由的保障与限制规则,从而为公共权力无视海域的公共属性、恣意干预公众的海域支配自由敞开大门。其次,从民法上一般用益物权的内容与种类的关系来看,以他人之物的用益目的之内容,来确定用益物权之种类,是自罗马法以来大陆法系民法普遍采用的用益物权立法模式,并且为我国物权立法所沿袭——《物权法》专章规定的土地承包经营权、建设用地使用权、宅基地使用权和地役权四种用益物权种类,其类型化的基础就是土地用途,即农业生产、自建住宅、土地开发和为自己土地支配之便利。由此对照海域使用权,我们不难发现,"海域使用权"之概念系与"土地使用权"概念处于同一逻辑阶位,这种概括性的概念仅仅表明了用益物权的客体属性,但却并未反映出用益目的。因此,如果说"土地使用权"只有被具体化为土地承包经营权、建设用地使用权、宅基地使用权和地役权等种类,才具有了用益物权的意义的话,那么若不根据海域使用目的对"海域使用权"作进一步细化,"海域使用权"这一概念本身是难以被纳入到用益物权体系的。而对"海域使用权"作进一步细化的前提,则是海域使用用途的法定化。

第三节　海域的公物属性对海域用益物权设立行为的约束

一、海域的公物属性与民法用益物权原理的内在冲突

我国立法将单位、个人的"三个月以上排他性用海"地位界定为"海域使用权",并将"海域使用权"纳入"用益物权"体系的做法,在形式逻辑上,使得民法制度取代行政法制度在该领域加以适用成为可能。从民法角度以观,国家机关与海域使用人之间创设"海域用益物权"的行为,即为"海域用益物权合同"。"海域用益物权合同"的"法律行为"性质对于海域使用人一方而言,意义在于使用海人的意思表示在这一权利创设过程中的能动、积极的作用可得以显现。"从现实意义上来说,强调他物权

设定需要当事人的合意，意味着他物权的设立不应采取由行政机关单方审批的形式来完成，即仅通过审批是不能设立他物权的，这对于完善他物权设定的立法具有重要意义。"[1]然而，我们不能忽视的是，民法制度的适用对于国家机关而言，却有可能产生一种危险，即原本蕴含于公物独占许可行为中的公共利益考量因素，被法律行为所蕴含的意思自治因素所湮没。

具体来讲，海域作为一种公物，以由国家管理并提供于公众自由利用为基本特征，而特定人对于海域的排他性支配，本质则是对海域公物属性所施加的限制。这就意味着，国家对这种排他性支配的许可应当进行利益衡量，对这种支配需要所导致的公众自由利用限制的必要性与合理性进行考量。"行政主体（授予公产使用许可）的自由裁量权不是绝对性质，受到某些限制。不能授予违背公产公共使用目的和保管规则的许可，不能妨碍第三者的权利。"[2]然而，如果我们仅仅从法律行为的角度来看待海域的排他使用许可行为，则公众海域支配自由之公共利益考量将被民法上的意思自治原则所取代，"既然海域属于国家所有，向谁授予海域使用权是国家机关的自由"的观念将应运而生。因此，按照我国沿袭已久的将国有自然资源的使用纳入民法体系加以调整的立法传统，海域之排他性使用地位在被界定为一种用益物权、对这种地位的许可在被界定为一种法律行为的同时，我们必须明确，许可机关对于海域排他使用之"要约"予以"承诺"的基础，并不在于国家作为海域所有权人所享有的所有权自由，而在于海域上特定人的排他性支配与公众的自由利用之间的利益权衡。进而，为了使海域用益物权制度在民法上真正得到确立，在海域排他性支配许可行为中，应当强调民法对海域的公物属性的关注，并在公序良俗、公益公德、第三人利益保护等法律行为效力要件中得到体现。

二、公物支配自由对民法用益物权原理的介入

从我国海域使用之社会实践来看，由海域的公物性质所决定，许可机

---

① 王利明：《论他物权的设定》，载《法学研究》2005年第6期。

② 王名扬：《法国行政法》，北京大学出版社2007年版，第272页。

关在海域使用权授予行为上,所应当关注并加以考量的公众海域支配自由,有如下问题。

(一)保障海域利用人的生存利益

海域用益物权的配置,应当在符合海洋功能区划的前提下,保障具有生存利益的利用人的排他性海域利用地位。一个显而易见的事实是,海域之于渔民,具有耕地之于农民相同的生存利益。然而,在“海域国家所有”的前提下,渔民对于海域的支配地位却不存在一个类似于“集体土地所有权”的专属性保障法律机制。这种事关生存的海域支配利益,如果其具有排他性的特征,如设立盐场、海域养殖,根据《海域使用管理法》的规定,取得海域用益物权,就成为相关利益人群维持其生存物质基础的唯一途径。在这一背景下,如果将海域排他性使用许可纳入用益物权合同的范畴加以审视,则必然得出作为许可机关的承诺人的意思自治必须受到限制的结论。其理由在于,面对这部分生存利益人群所提出的海域使用“要约”,倘若允许许可机关基于合同法上的“承诺自由”,任意地作出是否“承诺”的决定,则相关利益群体的生活乃至生存的基础,必将遭到破坏。鉴于此,海洋用益物权合同之订立,必须排除“承诺自由”的适用。现代合同法关于强制缔约的理论,恰恰为此提供了私法理论上的基础。根据这一理论,由于“公共事业居于独占地位,欠缺真正的缔约自由的基础。为保障消费者的需要得到满足和合法利益不受侵害,法律规定非有正当理由,不得拒绝消费者和用户的缔约请求”。① 对于海域用益物权合同而言,许可机关恰恰处于“海域”这一公共产品的独占提供者的地位,在面对具有生存利益的要约人的场合下,“强制缔约”理论及其制度对于海洋用益物权合同,有适用的余地。

由此,便衍生出一个问题,即自然资源的有偿使用制度与利用人生存利益的关系。《物权法》第 119 条规定,“国家实行自然资源有偿使用制度,但法律另有规定的除外。”这种“有偿使用制度”,又往往与“竞争方

---

① 王利明、崔建远:《合同法新论·总则》,中国政法大学出版社2000 年版,第 86 ~87 页。

式”“价高者得”联系在一起——《行政许可法》第53条规定，有限自然资源开发利用、公共资源配置以及直接关系公共利益的特定行业的市场准入等事项的行政许可，行政机关应当通过招标、拍卖等公平竞争的方式作出决定。但是，法律、行政法规另有规定的，依照其规定。诚然，以竞争方式配置自然资源，有利于实现自然资源的经济最优化配置，并减少资源配置过程中的人为因素，确保资源配置过程中的公正。但是，在海域资源的配置上，特定人群生存利益保障的需要，决定着以经济效益最大化为导向的配置原则，必须受到约束。实践中，发生的地方政府在传统渔业作业区招标招商，致使渔民丧失谋生手段的情况，[①]即表明这种约束存在的必要。正如马俊驹教授所指出的，“市场原则不应侵入非市场的公共领域，那些非商品的自然资源不能商品化，否则就等于剥夺了民众生而享有的对公共自然资源的权利，使这些自然资源成为一些特权人物和富裕人群所独占的财产”。[②] 因此，海域用益物权的配置，除应当遵循经济效益原则，将有限的资源配置给出价最优者之外，还应坚持社会效益原则，即将有限的资源配置给最需要者。在这两种价值取向之间，后者与人的生存利益相关，应具有更为优先的价值顺序。

(二)尊重传统非排他海域使用现状

对于固定化的传统非排他性海域使用现状，在符合国家海洋功能区划的前提下，应予尊重。公众对于海域的利用，随着时间的推移，会在许多领域形成相对固定的利用格局。例如，海滨城市长期以来供市民散步、游泳的海滩，意味着特定海域的用途固定化；沿海村落渔民传统的捕鱼作业区，则意味着特定海域的使用人群固定化。在这些海域利益的场合，由于海域的利用方式不具有排他性，其无法通过海域用益物权实现权利化；但与此同时，这种固定化的传统海域利用利益，却有可能因他人的海域用益物权的设立而受到损害。因此，由于这种场合下特定海域所寄托的公共福祉已经在时间的沉积中固定化，其所蕴含的以“公众自由利用”为内

① 孙宪忠主编：《中国渔业权研究》，法律出版社2006年版，第421页。

② 马俊驹：《国家所有权的基本理论和立法结构探讨》，载《中国法学》2011年第4期。

容的公共利益较为强烈，具有与海域用益物权上“有效配置、保护海洋资源”之公共利益相抗衡的效力，国家的海域所有权以及民法上的意思自治原则，不能作为许可机关对这种“自由利用”的公共福祉任意剥夺的法律依据。日本行政法理论认为，“共用废止并不属于管理者的完全裁量，由于管理者负有维持、保存公物，使公物适合于其公共目的的义务，所以，不能自由地废止其共用，只有在其失去应该提供于公共目的之必要的情况下，才能废止其共用”。[①] 这一主张应当为我国所借鉴。在我国海域管理实践中频繁发生的“祖宗海”“祖宗滩”“滩涂在我们村就是我们村里的，谁也拿不走”等传统用海观念与海域使用制度之间的冲突，以及主管部门对“无证用海”进行“全面清理”“严厉打击”的做法，[②]均表明在我国的海域使用制度的设计，未曾将这种历史形成的、具有固定化的公共福祉意义的海域利用现状，纳入考量到范围的立法缺陷。这一缺陷在实务操作中的弥补方式就是“在两种公共利益间进行衡量”，即许可机关在决定是否准予特定人通过用益物权对特定海域成立排他性独占时，必须充分考虑这种用益物权所涉及的“有效配置、保护海洋资源”之公共利益的具体内容，考察其是否达到足以废止该海域业已形成的、固定化的公共福祉的强度。

由此出发，海域用益物权合同之订立，在制度设计上，需要对合同的相对性加以限制，并将第三人利益保护的考量纳入其间。从海洋的公物属性来看，用益物权人对海域的排他支配地位的取得，往往意味着同一公共领域的第三人利益的损害。当这种对公共领域的独占被纳入到民法的体系，由用益物权合同来加以实现时，相关的利害关系人的利益，就有可能被湮没在民法“合同相对性”的观念之下。由此所导致的对于第三人利益的忽视，被我国学者称为“缺席的第三人和一般公众的‘最痛’”。[③]近年来频频发生的地方政府不征求当地渔民意见，甚至不顾当地渔民的

---

① [日]盐野宏：《行政组织法》，杨建顺译，北京大学出版社2008年版，第265页。

② 《关于莱州非法填海的调查》，载 http://bbs.shm.com.cn/thread-622094-1-1.html；邓建华：《海口全面清理祖宗海自留海》，载《海南日报》2008年3月22日。

③ 陈端洪：《行政许可与个人自由》，载《法学研究》2004年第5期。

反对，而与他人订立海洋用益物权合同，允许他人建设施工、从事渔业活动、污物排放，给当地渔民生活造成重大不利影响的事例，[①]均表明"合同相对性理论"在海洋用益物权设立上的不适用性。因此，在海洋用益物权合同的订立中，应当参照我国《行政许可法》第36、47条的规定，[②]建立"利害关系人陈述、申辩与听证"制度，或者直接规定海域用益物权合同之订立，准用《行政许可法》第36、47条的规定，从而消除合同的相对性所造成的局限。事实上，"利害关系人陈述、申辩与听证"制度，直接以被许可的事项存在于"公共领域"并可能损及第三人利益为其前提，因而无论在行政许可的实施中，还是在海域用益物权合同的订立中，均有适用的基础。

值得指出的是，上述做法是兼顾利害关系人保护与国家经济发展的一条切实可行的途径。从经济分析的角度来看，特定的海域支配者因其支配活动给他人造成的影响，称为"外部性"。由于这种影响是消极的，因此这是一种"不经济"的"外部性"（"外部不经济"）。对这种不经济的外部性的消除，其实不一定要通过禁止致害行为来实现，而是可以采取交易的方式来达到这一目的，即由致害人向受害人进行补偿。然而，这种交易得以发生的前提，则是在制度的安排上，受害人必须首先享有免受该"外部不经济损害"的权利。[③] 在海域属国家所有，非排他性海域支配又无法获得海域用益物权的法律条件下，利害关系人无法基于所有权或者用益物权取得消除"外部不经济"之谈判、交易的地位，进而也将无从取得补偿。此时，如果将"利害关系人陈述、申辩与听证"制度直接引入海洋用益物权合同的订立制度中，那么"利害关系人"则可依此制度，在合

---

① 孙宪忠主编:《中国渔业权研究》，法律出版社2006年版，第297、323、341页。

② 《行政许可法》第36条规定:"行政机关对行政许可申请进行审查时，发现行政许可事项直接关系他人重大利益的，应当告知该利害关系人。申请人、利害关系人有权进行陈述和申辩。行政机关应当听取申请人、利害关系人的意见。"该法第47条第1款规定:"行政许可直接涉及申请人与他人之间重大利益关系的，行政机关在作出行政许可决定前，应当告知申请人、利害关系人享有要求听证的权利;申请人、利害关系人在被告知听证权利之日起五日内提出听证申请的，行政机关应当在二十日内组织听证。"

③ ［美］理查德·A.波斯纳:《法律的经济分析》，蒋兆康译，中国大百科全书出版社1997年版，第61页。

同订立的阶段，即对该外部行为人形成制约，并以“不提出异议”为筹码换取补偿，从而交易消除“外部性”，实现经济发展中效率与公平的兼顾。

第四节 《渔业法》与《海域使用管理法》的协调问题

一、对“两次授权”观点的质疑

《渔业法》第 11 条规定：“单位和个人使用国家规划确定用于养殖业的全民所有的水域、滩涂的……由本级人民政府核发养殖证，许可其使用该水域、滩涂从事养殖生产。”《海域使用管理法》第 3 条第 2 款则规定：“单位和个人使用海域，必须依法取得海域使用权。”根据该法第 25 条的规定，须要取得海域使用权的“海域使用”，包括“养殖用海”。于是，在“养殖用海”的问题上，《渔业法》与《海域使用管理法》的法律调整发生了重叠。由此所产生的问题就是，如何处理《渔业法》上的“渔业养殖许可”与《海域使用管理法》上的“海域使用权证”之间的关系。对此，有观点认为，应当比照“土地使用权”与相应的“建设许可”的关系模式来构建“渔业养殖许可”与“海域使用权证”之间的关系。按照这种观点，既然获得国有土地使用权后还要取得建设许可以进行相应的利用行为，那么获得海域使用权仅仅是获得了相应区域的使用权，而以养殖方式进行作业还需要相应的养殖资质认定。因此，渔民从事海域养殖活动，仅仅取得“海域使用权”是不够的，其还需要获得从事渔业养殖活动的“资质”。笔者认为，这种“两次授权”的观点不无商榷的余地。

首先，这种观点所采用的将“建设许可”与“渔业养殖许可”相类比的论证方式，难谓妥恰。从我国《建筑法》的规定来看，“建设许可”其实包括两种，即建设单位的“建筑工程施工许可”（第 7 条）与施工单位的“从业资格认定”（第 14 条）。就“建筑工程施工许可”而言，其是针对特定建筑施工活动的许可，而是否许可的准据则是特定建筑施工活动是否符合城乡建设规划等强制性规范。比较而言，在海域渔业养殖场合，可以与“建筑工程施工许可”相类比的事项，是在特定海域从事渔业养殖活动是否符合国家海洋功能区划的要求，而这一要求是《海域使用管理法》与《渔业法》颁发“海域使用权证”或者“养殖证”的共同前提。因此，并不存在“海域养殖人先根据《海域使用管理法》取得使用海域的权利，再根据《渔业法》判断其海域养殖是否符合国家海洋功能区划要求”的制度衔接关系。可见，“渔业养殖许可”与“建筑工程施工许可”之间不具有类比关系。再就“从业资格认定”而言，其所认定的对象是施工单位，而非建设单位。由于施工单位并非是建设用地的使用权人，因此这种认定与“获得国有土地使用权后还要取得建设许可”之“两次授权”的论点之间，其实并无关联。因此，由“获得国有土地使用权后还要取得建设许可”的事实，并不能当然得到“获得海域用益物权后还要取得渔业养殖许可”的结论。

其次，从我国《渔业法》“加强渔业资源的保护、增殖、开发和合理利用”（第1条）与《海域使用管理法》“促进海域的合理开发和可持续利用”（第1条）的立法目的以观，这两部法律对于个人海域支配自由所施加的限制，系建立于相同的公共利益基础之上，均以“自然资源的开发利用与有效配置”为本旨。既然“渔业养殖许可”与“海域使用权”具有相同的公共利益基础，那么在“特定的海域养殖行为能否得到国家的许可”这一问题上，只存在一个判断标准，即该行为是否符合“有限自然资源开发利用”与“公共资源配置”之公共利益需要。进而，在海域用益物权制度的设计中，由于海域用益物权制度的基础，与“渔业养殖许可”“海域使用权”并无任何差别，故而不存在国家“两次判断、两次授权”的必要。

最后，“海域养殖”与“海域使用”本是一个无法分割的问题——国家既然许可渔民从事海域养殖，那么即意味着许可其对养殖所需的海域进行使用；同样，国家授予渔民以养殖为目的海域使用权，也当然意味着授予其从事养殖活动自由。事实上，这正是我国现行立法的做法。从上述《渔业法》第11条与《海域使用管理法》第25条的规定即可看出，前者对于养殖行为的许可，总是将该行为核定在特定的“国家规划确定用于养殖业的全民所有的水域、滩涂”之上；后者对于海域使用权的授予，也总是以“养殖用海”的目的为其内容。因此，将“海域养殖活动的实施”与“海域用益物权的取得”两者割裂开来的观点，是不符合我国现行立法的精神的。

二、海域渔业养殖与资质许可

根据我国《行政许可法》第 12 条第 3 项的规定，“提供公众服务并且直接关系公共利益的职业、行业，需要确定具备特殊信誉、特殊条件或者特殊技能等资格、资质的事项”，需要获得资质许可。由此所产生的问题是，海域渔业养殖究竟是否属于该条文所要求的资质许可事项？换言之，海域渔业养殖行为的实施，究竟需不需要获得特定的“养殖资质”？笔者认为，这一问题的答案是否定的。其理由在于：

第一，根据《行政许可法》第 12 条第 3 项的规定，需要设置资质许可的职业、行业，必须以“提供公共服务”为其内容，即直接以不特定的社会公众为其服务的对象。比较而言，海域养殖业并不直接面向社会公众，并不是“提供公共服务”的行业。诚然，海域养殖的产品会经由一定途径，向社会公开销售，但倘若就此认定其即为一种“提供公共服务”的行业的话，那么在一个有着社会分工的商品经济社会，我们恐怕再也找不出一个不属于“提供社会服务”的行业了。

第二，《行政许可法》第 12 条第 3 项所规定“特殊信誉、特殊条件或者特殊技能”，应当直接与公共利益相关联。这意味着，倘若从业者不具有相应的“信誉、条件或技能”，不仅会导致其自身执业活动的失败，而且会损害社会公共利益。就渔业养殖而言，养殖者从事养殖活动，无疑需要具备相应的养殖技术。但养殖技术的掌握程度，仅仅事关养殖者自身渔业利益的取得，而不会影响到社会公共利益。正如在农户在家畜饲养、农作物种植活动，也会遇到畜牧、种植技术问题，但法律并没有必要因此即设置“饲养资质”与“种植资质”制度一样。

第三，值得指出的是，根据《渔业法》第 11 条的规定，只有在“国家所有”的水域、滩涂从事养殖，方须获得养殖许可，而在“集体所有”或者“全民所有由农业集体经济组织使用”的水域、滩涂，则无须办理养殖许可证书，养殖人仅依照承包合同，即可实施养殖活动。这一规定将渔业养殖许可所赖以建立的“公共资源配置与合理利用”的法理依据,充分地表达了出来:如果“渔业养殖”是一种事关公益、需要特殊技能、条件的职业,需要获得相关资质许可的话,那么何以在“集体所有、使用的水域、滩涂”进行养殖,法律网开一面,听任“不具资质”的养殖者“损害”公共利益呢?

由此可见,海域本属公物,本可由国民自由支配,海域用益物权之建立,只能出于“有限自然资源开发利用”与“公共资源配置”的公共利益之需要。在海域养殖事项之上,《渔业法》所规定的“养殖许可证”要求与《海域使用管理法》所规定的“海域使用权证”的要求,其所建立的公共利益基础以及授予条件,并无本质区别。因此,《渔业法》与《海域使用管理法》在海域养殖事项上所发生的法律调整的重叠,本质上是一种法律间的冲突。对于这种冲突的解决方法,只能是在立法和实务操作中实现两者统一、合并,而不能通过“两次授权”的学说,由海域使用人对这种法律间的冲突来埋单。

自古至今,由国际法到国内法,海洋始终以其公物的属性,赋予了不特定的社会公众以支配的自由。在现代社会,国家通过法律制度对国民海洋支配自由予以限制,乃是出于海洋资源配置和保护的社会公共利益之考量。海域用益物权制度,不过是将基于公共利益需要所产生的海洋支配自由的限制,通过“物权制度”表现了出来。基于此,海域用益物权制度的设计、构建,必须将对公众海域支配自由的限制,界定在“维持社会公共利益之需要”的基础之上,时刻注意其与海洋所固有的“公物”属性以及国民所固有的“自由支配权利”之间的协调。由此引申开来,公物的概念及其公共利用的属性在我国民事立法与民法理论中,尚未得到足够的重视。在我国所采取的以民法用益物权的框架来界定国有公共资源使用制度的立法思路之下,公物概念的缺位,使得公物与“私物”的区分无从显现,进而使得以“私物”为逻辑前提预设的“民法一般原理”即“国家享有所有权,而所有权具有排他性,因而其他民事主体支配国家所有之物,需要取得国家所有权的用益权能,而其实现的方式则是与国家订立用益物权合同。合同之订立,奉行意思自治原则,国家可以自由地决定是否对利用人的要约予以承诺。且合同具有相对性,与第三人无关”,在以公物为客体的所有权、用益物权上的适用,成为我国民事立法与法学的惯性思维。这种惯性思维所导致的结果,则是在貌似周全、严密的法律逻辑推导下,公物所寄托的公共利用的福祉被无视乃至剥夺,"科学的"法学原理与公众内心朴素的公平观念之间发生冲突。因此,在我国民法理论上确立公物概念,并将公物与"私物"的区分引入民事立法,对公物私权客体化的法律制度设计进行审视和检讨,在我国民法用益物权制度的背景下——《物权法》上的用益物权客体涉及大量具有公物属性的物品,如矿藏、水流、海域、森林、山岭、草原、荒地、滩涂等自然资源——具有突出而迫切的现实意义。

参考文献

1.《马克思恩格斯全集》(第 1 卷),人民出版社 1956 年版。

2. 恩格斯:《家族、私有财产及国家的起源》,张仲实译,生活·读书·新知三联书店 1949 年版。

3.《圣经·保罗达哥林多前书》。

4.[古希腊]亚里士多德:《政治学》,吴寿彭译,商务印书馆 1981 年版。

5.[意]朱塞佩·格罗索:《罗马法史》,黄风译,中国政法大学出版社 1994 年版。

6.[意]彼德罗·彭梵得:《罗马法教科书》,黄风译,中国政法大学出版社 1992 年版。

7.[意]桑德罗·斯契巴尼:《契约之债与准契约之债》,丁玫译,中国政法大学出版社 1998 年版。

8.[意]桑德罗·斯契巴尼:《物与物权》,范怀俊译,中国政法大学出版社 1999 年版。

9.[法]卢梭:《社会契约论》,何兆武译,商务印书馆 1980 年版。

10.[法]孟德斯鸠:《论法的精神》(下册),张雁深译,商务印书馆 1963 年版。

11. [法]雅克·盖斯旦、吉勒·古博:《法国民法总论》,陈鹏译,法律出版社 2004 年版。

12. [法]马克·布洛赫:《封建社会》(上卷),张绪山译,商务印书馆 2004 年版。

13. [法]西耶斯:《论特权 第三等级是什么》,冯棠译,商务印书馆 1990 年版。

14. [法]古郎士:《希腊罗马古代社会研究》,李玄伯译,中国政法大学出版社 2005 年版。

15. [法]伊夫·居荣:《法国商法》,罗结珍等译,法律出版社 2004 年版。

16. [法]让·博丹:《主权论》,李卫海、钱俊文译,北京大学出版社 2008 年版。

17. [德]F. 缪勒利尔:《家族论》,王礼锡译,商务印书馆 1990 年版。

18. [德]阿图尔·考夫曼、温弗里德·哈斯默尔:《当代法哲学和法律理论导论》,郑永流译,法律出版社 2002 年版。

19. [德]康德:《法的形而上学原理——权利的科学》,沈叔平译,商务印书馆 1991 年版。

20. [德]费希特:《自然法权基础》,谢地坤译,商务印书馆 2004 年版。

21. [德]罗尔夫·克尼佩尔:《法律与历史——论〈德国民法典〉的形成与变迁》,朱岩译,法律出版社 2003 年版。

22. [德]马克斯·韦伯:《新教伦理与资本主义精神》,于晓等译,生活·读书·新知三联书店 1987 年版。

23. [德]卡尔·拉伦茨:《德国民法通论》,王晓晔等译,法律出版社 2003 年版。

24. [德]迪特尔·施瓦布:《民法导论》,郑冲译,法律出版社 2006 年版。

25. [德]马克斯·韦伯:《韦伯作品集(Ⅲ)》,康乐等译,广西师范大学出版社 2004 年版。

26. [德]马克斯·韦伯:《韦伯作品集(Ⅶ):社会学的基本概念》,顾忠华译,广西师范大学出版社 2005 年版。

27. [德]马克斯·韦伯:《论经济与社会中的法律》,张乃根译,中国大百科全书出版社1998年版。

28. [德]马克斯·韦伯:《经济与社会》(下卷),林荣远译,商务印书馆1997年版。

29. [德]迪特尔·梅迪库斯:《德国民法总论》,邵建东译,法律出版社2000年版。

30. [德]弗里德里希·卡尔·冯·萨维尼:《论立法与法学的当代使命》,许章润译,中国法制出版社2001年版。

31. [德]K. 茨威格特、H. 克茨:《比较法总论》,潘汉典等译,贵州人民出版社1992年版。

32. [德]考夫曼:《法律哲学》,刘幸义等译,法律出版社2004年版。

33. [德]C. W. 卡纳里斯:《德国商法》,杨继译,法律出版社2006年版。

34. [德]黑格尔:《法哲学原理》,范扬、张企泰译,商务印书馆1961年版。

35. [德]鲍尔、施蒂尔纳:《德国物权法》(上册),张双根译,法律出版社2004年版。

36. [德]卡尔·恩吉施:《法律思维导论》,郑永流译,法律出版社2004年版。

37. [德]罗伯特·霍恩、海因·科茨、汉斯·G. 莱塞:《德国民商法导论》,楚建译,中国大百科全书出版社1996年版。

38. [德]卡尔·拉伦茨:《法学方法论》,陈爱娥译,五南图书出版公司1996年版。

39. [德]曼弗雷德·沃尔夫:《物权法》,吴越等译,法律出版社2002年版。

40. [德]K. 茨威格特、H. 可茨:《"抽象物权契约"理论——德意志法系的特征》,孙宪忠译,载《外国法评译》1995年第2期。

41. [德]汉斯·J. 沃尔夫、奥托·巴霍夫、罗尔夫·施托贝尔:《行政法》(第2卷),高家伟译,商务印书馆2002年版。

42. [美]路易斯·亨利·摩尔根:《古代社会》,杨东莼译,商务印书馆 1977 年版。

43. [美]顾素尔:《家族制度史》,黄石译,开明书局 1931 年版。

44. [美]汤普逊:《中世纪经济社会史》(上册),耿淡如译,商务印书馆 1961 年版。

45. [美]汤普逊:《中世纪经济社会史》(下册),耿淡如译,商务印书馆 1961 年版。

46. [美]汤普逊:《中世纪晚期欧洲经济社会史》,徐家玲译,商务印书馆 1992 年版。

47. [美]哈罗德·J. 伯尔曼:《法律与革命——西方法律传统的形成》,贺卫方译,中国大百科全书出版社 1993 年版。

48. [美]E. 博登海默:《法理学、法律哲学与法律方法》,邓正来译,中国政法大学出版社 1999 年版。

49. [美]列奥·施特劳斯:《自然权利与历史》,彭刚译,三联书店 2003 年版。

50. [美]迈克尔·D. 贝勒斯:《法律的原则——一个规范的分析》,张文显等译,中国大百科全书出版社 1996 年版。

51. [美]莫里斯:《法律发达史》,王学文译,中国政法大学出版社 2003 年版。

52. [美]理查德·A. 波斯纳:《法律的经济分析》,蒋兆康译,中国大百科全书出版社 1997 年版。

53. [英]伯特兰·罗素:《婚姻革命》,靳建国译,东方出版社 1988 年版。

54. [英]洛克:《政府论》(上篇),瞿菊农译,商务印书馆 1982 年版。

55. [英]洛克:《政府论》(下篇),叶启芳译,商务印书馆 1964 年版。

56. [英]M. M. 波斯坦主编:《剑桥经济史》(第 1 卷),郎立华等译,经济科学出版社 2002 年版。

57. [英]迈克尔·曼:《社会权力的来源》,刘北成等译,上海人民出版社 2002 年版。

58. [英]佩里·安德森:《绝对主义国家的系谱》,刘北成等译,上海人民出版社 2001 年版。

59. [英]霍布斯:《论公民》,应星等译,贵州人民出版社 2003 年版。

60. [英]弗雷德里希·奥古斯特·哈耶克:《自由宪章》,杨玉生等译,中国社会科学出版社 1999 年版。

61. [英]E. E. 里奇、C. H. 威尔逊:《剑桥欧洲经济史》(第 5 卷),高德步等译,经济科学出版社 2002 年版。

62. [英]F. H. 劳森等:《财产法》(第 2 版),施天涛等译,中国大百科全书出版社 1998 年版。

63. [英]弗里德里希·奥古斯特·哈耶克:《通往奴役之路》,王明毅、冯兴元译,中国社会科学出版社 1997 年版。

64. [日]滋贺秀三:《中国家族法原理》,张建国、李力译,法律出版社 2003 年版。

65. [日]滋贺秀三等:《明清时期的民事审判与民间契约》,王亚新等编译,法律出版社 1998 年版。

66. [日]铃木禄弥:《物权的变动与对抗》,渠涛译,社会科学文献出版社 1999 年版。

67. [日]我妻荣:《债权在近代法中的优越地位》,王书江等译,中国大百科全书出版社 1999 年版。

68. [日]近江幸治:《担保物权法》,祝娅等译,法律出版社 2000 年版。

69. [日]穗积陈重:《法律进化论》,陶汇曾等译,中国政法大学出版社 2003 年版。

70. [日]仁田井陞:《明清时代的一田两主习惯及其成立》,载刘俊文主编:《日本学者研究中国史论著选译》,中华书局 1992 年版。

71. [日]盐野宏:《行政组织法》,杨建顺译,北京大学出版社 2008 年版。

72. [奥]尤根·埃利希:《法律社会学基本原理(一)》,叶名怡等译,九州出版社 2007 年版。

73. [奥]凯尔森:《法与国家的一般原理》,沈宗灵译,中国大百科全书出版社 1996 年版。

74. [比]亨利·皮朗:《中世纪欧洲经济社会史》,乐文译,上海人民出版社 2001 年版。

75. [澳]维拉曼特:《法律导引》,张智仁等译,上海人民出版社 2003 年版。

76. 董安生:《民事法律行为——合同、遗嘱和婚姻行为的一般规则》,中国人民大学出版社 1994 年版。

77. 郭锋、常风编:《中外票据法选》,北京理工大学出版社 1991 年版。

78. 何勤华、李秀清主编:《外国法制史》,复旦大学出版社 2002 年版。

79. 胡旭晟等点校:《民事习惯调查报告录》,中国政法大学出版社 2000 年版。

80. 江平:《法人制度论》,中国政法大学出版社 1994 年版。

81. 李宜琛:《日耳曼法概说》,中国政法大学出版社 2003 年版。

82. 李永军:《海域使用权研究》,中国政法大学出版社 2006 年版。

83. 李志敏:《中国古代民法》,法律出版社 1988 年版。

84. 梁治平:《清代习惯法:社会与国家》,中国政法大学出版社 1996 年版。

85. 林诚二:《民法理论与问题研究》,中国政法大学出版社 2000 年版。

86. 柳经纬:《商法》(上册),厦门大学出版社 2002 年版。

87. 马洪主编:《商法》,上海财经大学出版社 2003 年版。

88. 梅仲协:《民法要义》,中国政法大学出版社 1998 年版。

89. 丘汉平:《罗马法》,中国方正出版社 2004 年版。

90. 史尚宽:《民法总论》,中国政法大学出版社 2000 年版。

91. 史尚宽:《物权法论》,台湾荣泰印书馆 1957 年版。

92. 史尚宽:《债法总论》,中国政法大学出版社 2000 年版。

93. 苏号朋主编:《美国商法——制度、判例与问题》,中国法制出版社 2000 年版。

94. 孙宪忠:《德国当代物权法》,法律出版社 1997 年版。

95. 孙宪忠:《中国物权法总论》,法律出版社 2009 年版。

96. 孙宪忠主编:《中国渔业权研究》,法律出版社 2006 年版。

97. 田士城、宁金成:《担保制度比较研究》,河南大学出版社 2001 年版。

98. 王利明、崔建远:《合同法新论 · 总则》,中国政法大学出版社 2000 年版。

99. 王利明、尹飞、程啸:《中国物权法教程》,人民法院出版社 2007 年版。

100. 王利明:《我国民法典重大疑难问题之研究》,法律出版社 2006 年版。

101. 王名扬:《法国行政法》,北京大学出版社 2007 年版。

102. 王泽鉴:《民法物权》(2),中国政法大学出版社 2001 年版。

103. 王泽鉴:《民法学说与判例研究(一)》,中国政法大学出版社 1998 年版。

104. 王泽鉴:《民法学说与判例研究》(三),中国政法大学出版社 1998 年版。

105. 王泽鉴:《民法总则》,中国政法大学出版社 2001 年版。

106. 武步云:《法与主体性原则的理论》,法律出版社 1995 年版。

107. 谢怀栻:《票据法概论》,法律出版社 1990 年版。

108. 谢在全:《民法物权论》,中国政法大学出版社 1999 年版。

109. 谢振民编著,张知本校订:《中华民国立法史》,中国政法大学出版社 2000 年版。

110. 杨国桢:《明清土地契约文书研究》,人民出版社 1988 年版。

111. 虞政平:《股东有限责任:现代公司法律之基石》,法律出版社 2001 年版。

112. 张俊浩:《民法学原理》,中国政法大学出版社 1997 年版。

113. 赵立行:《商人阶层的形成与西欧社会转型》,社会科学出版社 2004 年版。

114. 赵万一:《商法》,中国人民大学出版社 2003 年版。

115. 郑玉波:《民法物权》,台湾三民书局 1984 年版。

116. 周谷成:《世界通史》,商务印书馆 2005 年版。

117. 周枏、吴文翰、谢邦宇:《罗马法》,群众出版社 1983 年版。

118. 周枏:《罗马法原论》,商务印书馆 1994 年版。

119. 曾世雄:《民法总则之现在与未来》,中国政法大学出版社 2001 年版。

120. 法学教材编辑部、《外国法制史》编写组:《外国法制史资料选编》(上册),北京大学出版社 1982 年版。

121. 蔡立东、曹险峰:《中国特色社会主义民法学理论研究》,载《当代法学》2013 年第 3 期。

122. 陈端洪:《行政许可与个人自由》,载《法学研究》2004 年第 5 期。

123. 陈运雄、蔡梅娥:《论我国商人概念的法律界定》,载《求索》2005 年第 12 期。

124. 冯果、柴瑞娟:《我国商事登记制度的反思与重构——兼论我国的商事登记统一立法》,载《甘肃社会科学》2005 年第 4 期。

125. 高立忠:《隐私权与知情权的法律边界》,载《社会科学家》2008 年第 6 期。

126. 郭晓霞:《关于商主体几个基本问题的研究》,载《山东社会科学》2007 第 4 期。

127. 倪永品:《商事登记立法若干问题探讨》,载《中国工商管理研究》2000 年第 4 期。

128. 霍政欣:《中国不当得利制度——以比较法为视角》,载《求是学刊》2006 年第 2 期。

129. 李琛:《质疑知识产权之"人格财产一体性"》,载《中国社会科学》2004 年第 2 期。

130. 李建华、杨代雄、赵军:《论我国物权请求权诉讼时效制度的立法选择》,载《法学评论》2003 年第 5 期。

131. 李君临:《商事主体权利义务简论》,载《天府新论》2005 年第 11 期。

132. 李婉丽:《论我国典权制度之演变》,载《当代法学》2002 年第 7 期。

133. 李锡鹤:《论共有》,载《法学》2003 年第 2 期。

134. 李晓峰:《从"公地悲剧"到"反公地悲剧"》,载《经济经纬》2004 年第 3 期。

135. 李永军:《论权利能力的本质》,载《比较法研究》2005 年第 2 期。

136. 梁慧星:《中国民法典编纂的几个问题》,载《山西大学学报》(哲学社会科学版)2003 年第 5 期。

137. 刘绍成:《人格权主观权利地位的确立与立法选择》,载《法学》2013 年第 6 期。

138. 刘涛:《婚内强奸应当犯罪化》,载《国家检察官学院学报》2003 年第 5 期。

139. 刘耀东:《占有脱离物之善意取得研究——以〈物权法〉第 107 条为中心》,载《时代法学》2011 年第 1 期。

140. 马俊驹、王恒:《未来我国民法典不宜采用"一般人格权"概念》,载《河北法学》2012 年第 8 期。

141. 马俊驹、张翔:《人格权的理论基础及其立法体例》,载《法学研究》2004 年第 6 期。

142. 马俊驹:《国家所有权的基本理论和立法结构探讨》,载《中国法学》2011 年第 4 期。

143. 王成:《权利质权一般理论研究》,载马俊驹主编:《清华法律评论(二)》,清华大学出版社 1999 年版。

144. 马特:《隐私权制度中的权利冲突》,载《法学论坛》2006 年第 1 期。

145. 马占超:《婚内强奸的理论争鸣和立法探究》,载《湘潭工学院学报》(社会科学版)2003 年第 4 期。

146. 梅夏英、邹启钊:《请求权:概念结构及理论困境》,载《法学家》2009 年第 2 期。

147. 米健:《典权制度的比较研究——以德国担保用益和法、意不动产质为比较考察对象》,载《政法论坛》2001 年第 4 期。

148. 牛保成:《人类对海洋的四次大分割》,载《党政论坛》2000 年 11

月号。

149. 戚兆岳:《论诉讼时效中断事由》,载《云南大学学报》(法学版)2005 年第 5 期。

150. 孙宪忠:《物权法基本范畴及主要制度的反思》,载《中国法学》1999 年第 2 期。

151. 王雷:《我国民法典编纂中的团体法思维》,载《当代法学》2015 年第 4 期。

152. 王利明:《论他物权的设定》,载《法学研究》2005 年第 6 期。

153. 王利明:《人格权与民法典》,载《求索》2002 年第 5 期。

154. 王远明、唐英:《公司登记效力探讨》,载《中国法学》2003 年第 2 期。

155. 熊静波:《表达自由和人格权的冲突与调和》,载《法律科学》2007 年第 1 期。

156. 徐涤宇:《物权法定主义和物权立法》,载《法商研究》2002 年第 5 期。

157. 薛军:《中国民法典编纂:观念、愿景与思路》,载《中国法学》2015 年第 4 期。

158. 杨立新、曹英博:《论人格权的冲突与协调》,载《河北法学》2011 年第 8 期。

159. 尹田:《论一物一权原则及其与"双重所有权"理论的冲突》,载《中国法学》2002 年第 3 期。

160. 虞政平:《法人独立责任质疑》,载《中国法学》2001 年第 1 期。

161. 虞政平:《论早期特许公司——现代股份公司之渊源》,载《政法论坛》2000 年第 5 期。

162. 张乃和:《近代英国法人观念的起源》,载《世界历史》2005 年第 5 期。

163. 张鹏:《论罗马法中所有权概念的演化——从 mancipium 到 dominium》,载《云南大学学报》(法学版)2003 年第 4 期。

164. 张双根:《共有中的两个问题》,载《比较法研究》2006 年第 2 期。

165. 折喜芳、赵颖:《商事登记制度的立法完善》,载《河北法学》2005年第2期。

166. 周晨、张惠虹:《中德民法中一般人格权制度之比较》,载《德国研究》2003年第2期。

167. 朱慈蕴:《一人公司对传统公司法的冲击》,载《中国法学》2002年第1期。

168. 朱虎:《返还原物请求权适用诉讼时效问题研究》,载《法商研究》2012年第6期。

169. [法]阿·布瓦斯泰尔:《法国民法典与法哲学》,钟继军译,载徐国栋主编:《罗马法与现代民法》(第2卷),中国法制出版社2001年版。

170. [德]霍尔斯特·埃曼:《德国民法中的一般人格权制度——论从非道德行为到侵权行为的转变》,邵建东等译,载梁慧星主编:《民商法论丛》(第23卷),金桥文化出版(香港)有限公司2002年版。

171. 杨与龄:《论典权制度之存废》,载梁慧星主编:《民商法论丛》(第12卷),法律出版社1999年版。

172. 张鹏:《役权的历史渊源与现代价值定位》,梁慧星主编:《民商法论丛》(第18卷),金桥文化出版(香港)有限公司2001年版。

173. 刘绍猷:《将来债权之让与》,载郑玉波主编:《民法债编论文选辑》,台北,五南图书出版公司1984年版。

174. 王文:《典权期限之研究》,载郑玉波主编:《民法物权论文选集》,台北,五南图书出版公司1984年版。

175. 张龙文:《典权与不动产质权之比较研究》,载郑玉波主编:《民法物权论文选辑》,台北,五南图书出版公司1984年版。

176.《十二表法》,载周枏、吴文翰、谢邦宇:《罗马法》,群众出版社1988年版。

177.《法国民法典》,罗结珍译,中国法制出版社1999年版。

178.《德国民法典》(修订本),郑冲、贾红梅译,法律出版社2001年版。

179.《德国民法典》,陈卫佐译注,法律出版社2006年版。

180.《瑞士民法典》,殷根生、王燕译,中国政法大学出版社1999年版。

图书在版编目(CIP)数据

民法上的人与物之支配 / 张翔著. -- 北京 : 法律出版社, 2019
(西北政法大学学术文库)
ISBN 978-7-5197-3991-1

Ⅰ. ①民… Ⅱ. ①张… Ⅲ. ①所有权-研究 Ⅳ. ①D913.204

中国版本图书馆 CIP 数据核字(2019)第 244128 号

西北政法大学学术文库	**民法上的人与物之支配** **MINFA SHANG DE REN YU WU ZHI ZHIPEI**	张　翔　著	责任编辑　韩满春 装帧设计　马　帅

出版 法律出版社
总发行 中国法律图书有限公司
经销 新华书店
印刷 三河市龙大印装有限公司
责任校对 郭艳萍
责任印制 陶　松
编辑统筹 学术·对外出版分社
开本 710 毫米×1000 毫米　1/16
印张 19
字数 258 千
版本 2019 年 12 月第 1 版
印次 2019 年 12 月第 1 次印刷

法律出版社/北京市丰台区莲花池西里 7 号(100073)
网址/www.lawpress.com.cn
投稿邮箱/info@lawpress.com.cn
举报维权邮箱/jbwq@lawpress.com.cn
销售热线/400-660-8393
咨询电话/010-63939796

中国法律图书有限公司/北京市丰台区莲花池西里 7 号(100073)
全国各地中法图分、子公司销售电话:
统一销售客服/400-660-8393/6393
第一法律书店/010-83938432/8433　西安分公司/029-85330678　重庆分公司/023-67453036
上海分公司/021-62071639/1636　深圳分公司/0755-83072995

书号:ISBN 978-7-5197-3991-1　**定价**:78.00 元
(如有缺页或倒装,中国法律图书有限公司负责退换)